NONGCUN GANBU
JINGYING GUANLI PEIXUN JIAOCAI
JICHU LILUN ZHISHI CONGSHU

《农村干部经营管理培训教材》
基础理论知识丛书

U0818014

农村经济管理教程

王　平　王文信　主编

中国环境出版社 · 北京

图书在版编目（CIP）数据

农村经济管理教程/王平，王文信主编. —北京：中国环境出版社，2010.2（2016.9 重印）
（《农村干部经营管理培训教材》基础理论知识丛书）

ISBN 978-7-80209-451-2

Ⅰ. ①农… Ⅱ. ①王… ②王… Ⅲ. ①农村经济—经济管理—中国—干部教育—教材 Ⅳ. ①F32

中国版本图书馆 CIP 数据核字（2013）第 019741 号

出 版 人　王新程
责任编辑　俞光旭　徐于红
封面设计　龙文视觉

出版发行　中国环境出版社
（100062　北京市东城区广渠门内大街 16 号）
网　　址：http://www.cesp.com.cn
电子邮箱：bjgl@cesp.com.cn
联系电话：010-67112765（编辑管理部）
010-67147349（生态图书出版中心）
发行热线：010-67125803，010-67113405（传真）
印　　刷　北京市联华印刷厂
经　　销　各地新华书店
版　　次　2010 年 2 月第 1 版
印　　次　2016 年 9 月第 7 次印刷
开　　本　880×1230　1/32
印　　张　10
字　　数　280 千字
定　　价　30.00 元

《农村干部经营管理培训教材》
基础理论知识丛书编委会

主　任　宋洪远

副主任　吕彩霞　刘继标　史根治　张卫宪　刘士欣

委　员　（按姓氏笔画排序）

王　平　王兰坤　王兰英　王怀友　厉从军

朱学良　刘书喜　米青山　许克中　孙诚忠

李秋生　李保国　张西成　张全发　范德良

郑明琛　郑　峰　袁洪恩　韩　枫　程振生

戴军廷

《农村经济管理教程》

编委会

主　编　王　平　王文信

副主编　刘明杰　刘春香　赵进才　刘新星

编　委　（按姓氏笔画排序）

王　平　王文信　刘立彬　刘明杰

刘春香　刘新星　刘慧娟　张　飞

赵　伟　赵进才

前　言

建设“生产发展、生活富裕、乡风文明、村容整洁、管理民主”的社会主义新农村，是党中央提出的一项战略任务，是贯彻落实科学发展观、建设小康、构建和谐社会在广大农村的综合体现。要顺利完成这一重大的战略任务，培养一支扎根农村、贴近农民、服务农业，有文化、懂技术、会经营、善管理的村级组织带头人至关重要。因此，充分了解农村干部培训的需求，有针对性地加强农村干部培训，是基层党校搞好农村干部培训工作的重中之重，但是，在农村干部培训的教学过程中，往往缺乏理论与实践相结合的实用、可行的教材。现行的培训教材，一般讲政治理论、形势任务多，教实用技术、工作方法少，与希望获得新知识、新技术的村级组织带头人的要求相去甚远。“工欲善其事，必先利其器”，做好农村干部培训工作，重要的一环是要有一套适应本地农村经济发展特点、适应农村干部需求的好教材。为了满足农村干部学习的愿望，落实上级关于实施农村干部素质工程的意见，我们组织有关教学研究人员和实际工作者，根据新时期党对农村工作的要求和农村工作的特点，本着实际、实用、实效的原则，编写这套农村干部经营管理培训教材。

这套教材融党的农村政策法规、各地改革实践和现代农业新科技于一体，内容丰富翔实、技术先进、信息权威，突出实用性、时效性和规范性，注重总结农业生产实践中的经验，实现知识与技能的有机结合，达到既能使农村基层干部掌握基本理论和基本技能知识，又能触类旁通，扩展知识面，切实提高自身素质，增强工作能力的目的。这套教材将极大地方便各地党校的教学培训工作，同时在提高农民科技文化素质，促进农业增效，农民增收，农村和谐，进而推进农村经济社会全面发展方面发挥积极重要的作用。

在编写这套教材的过程中，得到了有关部门和单位的大力支持，参考了近千种农业专著及报刊资料，在此一并致谢，恕不一一注明。

由于水平有限，加之时间紧迫，缺点错误在所难免，敬请各位同仁及广大读者批评指正。

编者

2010年2月

目　录

第一章　农村经济管理概述

农村经济管理是国民经济管理的重要组成部分，涵盖的内容相当广泛。本章主要讲农村经济管理的含义、特点、原则和方法。

第一节　农村经济管理的概念

一、管理的一般含义

由于管理概念本身具有多义性，它不仅有广义和狭义的区分，而且还因时代、社会制度和专业的不同，产生不同的解释和理解。随着生产方式社会化程度的提高和人类认识领域的拓展，人们对管理现象的认识和理解的差别还会更为明显。

长期以来，许多中外学者从不同的研究角度出发，对管理作出了不同的解释，然而，因为不同学者在研究管理时的出发点不同，因此，他们对“管理”一词所下的定义也就不同。截至目前，管理还没有一个统一的定义。特别是 20 世纪以来，各种不同的管理学派，由于理论观点的不同，对管理概念的解释更是众说纷纭。如：

泰罗：“确切知道要别人去干什么，并注意他们用最好最经济的方法去干。”

[美]F.泰勒在《科学管理原理》中指出：管理是所有的人类组织（不论是家庭、企业或政府）都有的一种活动，这种活动由五项要素组成：计划、组织、指挥、协调和控制。管理就是实行计划、组织、指挥、协调和控制。

法约尔在《工业管理和一般管理》中指出：管理就是设计和保持一种良好环境，使人在群体里高效率地完成既定目标。

[美]哈罗德·孔茨、海因茨·韦里克在《管理学》中指出：管理就是由一个或更多的人来协调他人活动，以便收到个人单独活动所不能收到的效果而进行的各种活动。

[美]小詹姆斯·唐纳利，詹姆斯·吉布森，约翰·伊凡在《管理学基础职能、行为、模型》中指出：归根到底，管理是一种实践，其本质不在于“知”，而在于“行”，其验证不在于逻辑，而在于成果；其唯一权威就是成就。

管理定义可以列举很多，以上几种具有一定的代表性，综合分析各种不同观点，总的来说，它们各有真知灼见，也各有不足之处。那么，如何对管理这一复杂的概念进行比较全面和一般的概括呢？

让我们对管理活动的一般情况先做一下剖析。我们知道管理是一种行为，作为行为，首先，应当有行为的发出者和承受者，即谁对谁做；其次，还应有行为的目的，为什么做。因此，形成一种管理活动，首先要有管理主体，即说明由谁来进行管理的问题；其次要有管理客体，即说明管理的对象或管理什么的问题；再次要有管理目的，即说明为何而进行管理的问题。

以上分析说明，任何一种管理活动都必须由以下四个基本要素构成，即：

（1）管理主体，回答由谁管的问题；

（2）管理客体，回答管什么的问题；

（3）组织目的，回答为何而管的问题；

（4）组织环境或条件，回答在什么情况下管的问题。

既然管理行为本身就是由上述这四个管理要素决定的，构成管理行为的这四个管理要素当然应在管理的定义中首先得到体现。其次，由于要真正进行管理活动，还必须要运用为达到管理目的的管理职能和管理方法，即解决如何进行管理的问题，这一点也应该在管理的定义中能够得到体现。管理的定义应该反映客观管理活动的一般的、本质的特征，或者说，管理的定义中一定要反映管理的本质，即追求效率。

根据上述管理要素在实际管理活动中的作用和地位以及它们之间的内在逻辑联系，我们就可从一般意义上来概括管理，即管理最基本的含义是指人们在认识事物内部条件和外部环境及其相互关系的基础上，确定管理目标，并通过对人力、物力、财力和各个活动环节的计划、组织、指挥、协调、控制等活动，从而达到预期目标的一种自觉的、有组织的行为。

管理具有两种属性：自然属性和社会属性。管理的自然属性，是指管理是生产力发展和社会分工发展的结果，它反映劳动和社会化大生产的客观要求，表现为指挥生产、组织和协调生产过程中各种活动的职能，处理再生产过程中人与物、物与物的关系，即生产力的组织。

管理的社会属性，是指由于物质资料的生产是在特定的国家和特定的生产关系下进行的，它的管理必然要涉及生产关系性质方面的问题，同时要和一定的政治经济体制及意识形态发生联系。其中生产关系问题包括各部门、各环节、各地区、各企业之间以及他们同国家之间和他们内部人与人之间的关系。此外，还要适时采取某些措施调整上层建筑。

要正确理解管理的含义还必须理解管理的五大职能，即计划、组织、指挥、控制和协调。

（1）计划

这是管理的首要职能，它对未来事件作出预测，以制定行动方案。计划工作是为事物未来的发展规定方向和进程，重点要解决好两个基本问题：一是目标的确定问题，如果目标选择不对，计划再周密具体也枉费心机，这是计划的关键；二是进程的时序，即先做什么，后做什么，可以同时做什么，均不能错位，这是计划的准则。在管理科学中，研究的是计划的动态过程，也就是说，要研究计划是如何产生的这一过程，从而探索制订计划的一系列科学程序和方法，为管理提供科学的计划决策。管理的计划职能就是要选择组织的整体目标和各部门的目标，决定实现这种目标的行动方案，从而为管理活动提供基本依据。因此，计划职能是管理的首要职能，是从现在通向未来的桥梁。

（2）组织

是指完成计划所需的组织结构、规章制度、人财物的配备等。它有两个基本要求：一是按目标要求设置机构、明确岗位、配备人员、规定权限、赋予职责，并建立一个统一的组织系统；二是按实现目标的计划和进程，合理地组织人力、物力和财力，并保证它们在数量和质量上相互匹配，以取得最佳的经济和社会效益。

（3）指挥

是指对所属对象的行为进行发令、调度、检查。指挥职能就是运用组织权限，发挥领导的权威作用，按计划目标的要求，把所有的管理对象集合起来，形成一个高效的指挥系统，保证人、财、物在时间和空间上的相互衔接。

（4）协调

是指使组织内部的每一部分或每一成员的个别行动都能服从于整个集体目标，是管理过程中带有综合性、整体性的一种职能。它的功能是保证各项活动不发生矛盾、重叠和冲突，以建立默契的配合关系，保持整体平衡。与指挥不同，协调不仅可以通过命令，也可以通过调整人际关系、疏通环节、形成共识等途径来实现平衡。

（5）控制

是促使组织的活动按照计划规定的要求展开的过程。控制职能是按照既定的目标、计划和标准，对组织活动各方面的实际情况进行检查和考察，发现差距，分析原因，采取措施，予以纠正，使工作能按原计划进行。或根据客观情况的变化，对计划作适当的调整，使其更符合于实际。控制必须具备三个基本条件：一是有明确的执行标准，如数量、定额、指标、规章制度、政策等；二是及时获得发生偏差的信息，如报表、简报、原始记录、口头汇报等；三是纠正偏差的有效措施。缺少任何一个条件，管理活动便会失去控制。控制职能与计划职能密不可分。计划是控制的前提，为控制提供目标和标准，没有计划就不存在控制；控制是实现计划的手段，没有控制工作，事先拟定的计划是不会自动实现的。控制活动为计划的实现提供保证。

有时，也把管理的指挥和协调职能合称为领导职能。即管理的四职能说：计划、组织、领导、控制。管理的上述职能是相互关联、不可分割的一个整体。通过计划职能，明确组织的目标与方向；通过组织职能，建立实现目标的手段；通过指挥协调职能，把个人的工作与所要达到的集体目标协调一致；通过控制职能，检查计划的实施情况，保证计划的实现。管理的这几个职能的综合运用，归根结底是为了实现组织的目标。

二、经济管理的内涵

管理包括各种各样的管理。如政治、经济、文化、科学、教育、卫生、体育等各个领域都存在管理。经济管理只是其庞大系统中的一个组成部分。经济管理主要研究对社会经济活动进行合理组织、合理调节的规律和方法，包括两大方面：宏观经济管理，即国家对国民经济体系和社会经济活动的控制、指导、调节、监督；微观经济管理，即各类企业、合作经济组织、个体劳动者的经营管理。经济管理是综合应用性学科，它融合多种社会科学、自然科学的学科知识，注重总结实践经验和可行性研究。宏观经济管理从纵向划分又分为工业、农业、交通运输、商业等部门管理；从横向划分又分为全国、省、地、县、乡、村的经济管理。

经济管理都有两重性。经济管理是在物质资料的再生产过程中进行的。由于社会再生产过程本身具有两重性，既是人与自然结合的过程，又是人与人结合的过程，因而决定着管理的两重性。这两重性就是指管理的自然属性和社会属性。

三、农村经济管理的内涵

农村经济管理是根据市场需求和国家对经济手段运用情况等外部环境和本地区的内部条件，确定经济发展目标，并对再生产过程中的生产、分配、交换、消费环节和人、财、物、信息等生产要素进行决策、计划、组织、指挥、协调、控制，以达到预期目标的一种自觉的、有组织的活动。

我国农村经济管理经过了一个改革和发展的过程。在计划经济时期，农村经济管理实质上就是计划的下达和计划的执行过程。十一届三中全会以后，我国农村率先进行了经济管理改革，从经营管理体制、分配方式、所有制、组织形式、计划体制、流通、价格等多方面，进行了有步骤的改革，使农村生产力得到了迅速发展，市场经济空前活跃。农村逐步从自给自足经济的阶段转入市场经济阶段。

科学地理解农村经济管理的内涵还必须理解其职能。农村经济管理的职能与管理的一般职能既有联系又有区别，是一般与个别的关系。农村经济管理的职能是农村经济管理的任务所要求的，是由农村经济管理的性质所决定的。目前我国农村经济管理职能可以概括为：决策、计划、指导与服务、协调、控制、组织、指挥和激励等①。

1．决策

决策就是对经济活动中的一些重大问题作出选择和决定。在目前市场经济迅速发展、科学技术日新月异、市场需求瞬息万变的情况下，搞好经济决策，对经济的发展具有决定性作用。正是如此，一些经济学家认为“管理就是决策”，“管理的关键在于决策”，或者说“决策是高度重要的管理职能”。管理过程就是决策过程，决策贯彻于管理的始终。所以，把决策作为农村经济管理的首要职能。

2．计划

计划就是对未来的活动进行规定和安排。“凡事预则立，不预则废”。国家经济管理机关对农村经济活动要进行宏观管理，一个县的经济和整个国民经济一样，有农、林、牧、渔，农、工、商、交通运输等各部门，有生产、交换、分配、消费各个环节，有乡、村和企业的经济，纵横交错，内容繁多。因此，必须有长期计划、中期计划和短期计划，对决策目标和方案在时间上和空间上进行安排，才能使各部门、各环节、各地区、各生产经营单位的工作协调配合，互相促进，避免盲目性，保证农村经济健康发展。

3．指导与服务

指导与服务是指国家经济管理机关和合作经济组织为农村生产经营活动提供指导和服务。指导与服务是农村经济管理职能的一个重要

---

① 陶益清. 农村经济管理概论. 北京：中国农业出版社.

方面。为了避免农村生产经营活动的盲目性，满足农村经济适应市场经济的需要，国家经济管理机关和合作经济组织还必须根据生产经营单位的需要提供产前、产中、产后的指导服务，确保农村生产经营活动的顺利进行。

4．协调

协调又称调节。农村经济管理的协调职能可分为：农村经济管理的宏观调节和微观调节两方面。农村经济管理的宏观调节是指国家各级经济管理机关运用经济手段，特别是价格、税收、信贷、补贴、奖惩等经济杠杆来影响生产经营单位对生产经营活动的决策，使其大体符合宏观经济发展目标和指导性计划的要求。农村经济管理的微观调节就是调整和处理农村企业和农业生产过程中各部门、各环节的相互关系，解决他们之间出现的一些矛盾和分歧，以便加强相互间的配合能力，达到同步发展的管理活动。通过农村经济管理的宏观调节和微观调节职能的发挥来实现农村经济的平衡发展。

5．控制

控制是指国家经济管理机关或企业为了保证实际工作与原定的目标、计划一致，而对经济活动过程的执行情况进行检查、监督和调节的活动。经济活动是一种由各种要素有机组成，并有着极其复杂的内部联系和外部联系的活动。因此经济活动的组织实施状况与计划的要求会产生不同程度的偏差。为了保证经济管理目标、计划的顺利实现，就必须进行控制。农村经济管理的宏观控制主要是指国家经济管理机关对生产经营单位执行党和国家的方针、政策、法律、法规、条例以及日常的生产经营活动所进行的督促和检查。主要的控制形式有行政监督、经济监督、法律监督等。

6．组织

组织职能是指生产经营单位将经济活动中的各个要素及生产过程的各个环节，在时间和空间上组织起来，形成有机的整体，使人、财、物得到最合理使用。组织职能是各项职能的基础，是实现经济管理目标和计划的保证。经济活动的计划任务是由许多人的共同劳动所组成的，要把这些任务落实到不同的时间和空间，落实到不同集体和个人身上，就必须依靠组织来完成。可见，组织职能对于提高管理效率、劳动效率和经济效益是十分重要的。

7．指挥

指挥职能是指领导者依靠权威，以下达命令、指示等方式，指挥下级从事某种活动。在农村经济活动中，需要有统一的指挥和正确的调度，以保证所有的下属工作人员步调一致，协同动作，使农村经济活动得以正常运转。

8．激励

激励职能是指调动经济活动参加者的主动性、创造性的一种活动。只有充分调动管理者和劳动者的积极性，才能使人、财、物各因素达到充分结合，保证经济管理目标和计划的实现。所以说，激励是经济管理必不可少的重要职能，而且应当贯穿于计划、组织、协调、控制等各种职能之中，它不仅能保证这些职能的有效实施，而且具有这些职能所不能代替的作用。激励职能的内容包括鼓励和惩罚两个方面。鼓励是用于激发劳动者的积极性。惩罚是用于抑制劳动者的消极因素。思想政治工作、表扬奖励等，都是行之有效的内容。

上述农村经济管理的各种职能是一个完整的体系，各种职能既有自己的含义、特殊作用，又相互联系、密切配合。其中任何一种职能不能正常发挥作用都会影响到经济活动的进行，影响经济活动的效益。因此，只有全面综合地运用各种职能，才能实现农村经济管理工作高效协调运转。

第二节　农村经济管理的特点

农村经济管理是对我国农村区域内的一切经济活动所进行的管理，因此具有其自身的特点。

一、农村经济管理综合性

农村经济管理综合性的特点主要体现在：一是以合作经济为主体，多种经济成分共存的经济体制得到确立和发展。经过农村改革，国家的、合作的、个体的、混合的经济成分同时存在，并与不同层次的如承包的、租赁的、合伙的、股份的经营方式相结合，已经或正在形成各种模式。二是产业结构的综合性。我国农村目前已经由比较单一的种植业向农、林、牧、渔全面发展，农、工、商、运、服综合经营的方向发展。农村产业结构已不是单一的农业生产结构，而是拥有包括一、二、三产业全部内容的综合结构。面对这样一个庞大的地域经济系统的经济管理，就不能仅仅只是对某个产业或某几个行业的管理，而是需要对包括生产、交换、分配、消费在内的经济活动全部过程的全面管理，从而实现农村经济系统优化运行和农村社会的高效发展。

二、农村经济管理区域性

农村经济管理的研究对象是广大的农村。农村不同于城市，农村以合作经济为主体，多种产业并存；它地域辽阔，但交通运输条件差；信息闭塞，生产活动受自然条件的影响大；劳动力资源丰富，但素质低，同时农村的科技水平低，文化落后等。从而决定了农村经济管理的区域性特点。主要体现在：

1．由农村所处的区域不同决定

广大的农村所处的地理位置不同，那么他们所面对的自然、地理、经济环境、生产条件、技术水平、劳动者的素质等方面就各不相同，因此农村经济发展的水平也各不相同，从而农村经济管理水平发展也不平衡。例如我国东部沿海地区农村与西部边远地区农村相比，经济发展上就存在着显著的差异性。据国家统计局提供的资料，东部沿海的北京、天津、河北、辽宁、上海、江苏、浙江、福建、山东、广东10个省市的农村从事第一产业的劳动力占70%以上，从事第二和第三产业的劳动力占 30%左右；而西部边远地区的内蒙古、云南、贵州、西藏、甘肃、青海、宁夏、新疆 8 省区的农村从事第一产业的劳动力占 90%左右，从事第二和第三产业的劳动力占 10%[①]；同时造成人均劳动力创造的产值也相差悬殊。因此，在农村经济管理中，要利用地域之间的差异，调配不同地区的生产要素的最佳比例，使不同地区的农村经济得到稳步发展。

---

① 陶益清. 农村经济管理概论. 北京：中国农业出版社.

2. 由农业的发展特性决定

农业作为农村经济管理的主要对象，是人们利用生物机体的生命力，通过物质和能量的转换以取得动植物产品的生产活动。而生物机体的发展要受各种自然因素的影响，具有明显的地域性，这就决定了农村经济管理具有区域性特点。

3. 由农民的综合素质决定

农民作为农村经济管理的主体，其综合素质各不相同。目前我国广大农民的综合素质还很低，在文化教育、科技水平、劳动技能、思想观念等方面与城市相比，其差距是明显的，就是在不同的经济发展区域，他们的差别也相当明显。这也决定了我国农村经济管理具有区域性特点。

三、农村经济管理阶段性

农村经济管理的阶段性特点取决于以下两方面原因。

（1）目前我国仍然处在社会主义初级阶段，所以农村经济目标模式的选择就不能超越这一阶段，这是基本国情。一切目标模式和发展目标的选择都不能脱离这一基本国情。再者，我国正处在国民经济发展的三大战略步骤的第二步，即实现到 2020 年人均国内生产总值达到 3 000 美元。因此，农村经济的发展也必须在这一前提下来制定相应的政策、步骤、措施。在这种情况下，我国农村经济管理也应针对不同阶段农村经济发展的具体状况，实施具体的管理措施。只有这样，才能使农村经济实现较快而又健康的发展。

（2）农村经济发展阶段性决定了农村经济管理阶段性。农村经济发展的阶段性是指农村经济在其发展过程中的不同情况和条件下的相对时间限额内的差异性，它决定了农村经济的总体目标体系是通过各个具体目标的阶段性控制实施来实现的。比如，改革开放之初，农村改革和发展的目标是实现温饱，我国在农村实行了家庭联产承包责任制，促进了农业生产的发展，出现了劳动力和产品的剩余；进而农村进行了产业结构调整，以推动农村商品经济的发展；在目前我国市场经济的条件下，产业化经营又进一步推动了农村经济的发展，而农村经济管理必须适应新的经济发展状况而进行调整。

第三节　农村经济管理的原则和方法

一、农村经济管理的原则

农村经济管理原则是指人们在对农村经济活动的管理过程中所遵循的法则。包括五大原则：

1．坚持整体效益原则

农村经济管理的整体效益原则是指农村经济管理追求的是经济效益、社会效益和生态效益相统一的整体效益。坚持农村经济管理的整体效益原则就是要从农村经济和农村社会整体出发，寻找三大效益在不同情况下的最佳组合点，推动农村经济的发展。

农村经济管理相对于我国国民经济管理来讲是微观经济管理，但是它同时又是一个包含经济、社会、生态的大系统，是微观中的宏观。农村这个大系统是一个有机的整体，各个组成部分彼此相互联系、相互影响。因此，在农村经济管理工作中，应当在系统论的整体性、综合性的基本思想指导下，从整体效益的观点出发，来研究农村经济管理。例如，发展某一项生产事业从地区或企业来看，可以取得较好的经济效益，但从全社会角度来看，可能由于部门之间的比例失调，配合不当，或产品不符合社会需要等造成损失或是对自然生态环境造成不良的影响，这是不可取的。

2．坚持民主管理原则

民主管理是相对于绝对服从绝对权威的管理而言的。即管理者在“民主、公平、公开”的原则下，科学地将管理思想进行传播，协调各组织各种行为达到管理目的的一种管理方法。农村经济管理必须坚持民主管理的原则。主要体现在：村务公开、村级事务的民主决策、村民民主理财等。

3．坚持利益协调原则

我国农村经济管理的利益协调原则，就是要正确处理好国家、集体和个人三者之间的关系，包括全部生产过程的生产、分配、交换、消费环节和人、财、物、产、供、销等方面的关系。当然，也要正确处理好企业与企业之间、个人与个人之间的关系，并协调好不同群体之间的利益。

4．坚持物质文明和精神文明互相促进的原则

建设社会主义新农村，构建和谐社会就要求农村经济管理必须坚持物质文明和精神文明互相促进的原则。一般来说，物质文明的主要标志是生产力的发展水平，表现为人们物质生产的进步和物质生活的改善；精神文明的主要标志是科学文化和伦理道德的发展水平，它具体地表现为两个方面：一是文化的进步状态，即教育、科学、文化知识的发展；二是思想进步的状态，即人的思想、政治、道德水平的提高。我们强调提高人们的思想境界，使之成为有理想、有道德、有文化、有纪律的劳动者。物质文明和精神文明互为因果、互为条件、互为目的。物质文明是精神文明的基础和源泉，因为文化科学的进步状态直接同物质生产、经济发展相联系，直接反映物质文明的程度，并为这种程度所制约。思想的进步状态除了受物质文明发展的制约外，还由社会制度的性质所决定，并为一定的社会制度服务。而精神文明又是物质文明的必要条件和保证。思想政治工作必须为经济建设服务，保证经济发展的方向。农村的发展也要坚持物质文明和精神文明的同步进行。

5．坚持责、权、利相结合的责任制原则

这是农村经济管理工作的一条重要的管理原则。责、权、利相结合是指在经济管理工作中正确划分经济活动的各个方面的责任、权力和经济利益关系的问题，并使各方面密切配合，协调一致。责任、权力、利益三者相互依存、相互制约，密切联系，缺一不可。责、权、利三者结合，责任是前提，是第一位的，权力是实现责任、获得利益的保证，利益则是尽责尽能的动力，只有建立和健全责、权、利相结合的经济责任制度，实现责、权、利三者有机统一，才能提高农村经济管理工作的效率，达到良好的工作效果。

二、农村经济管理的方法

农村经济管理方法是指在农村经济管理工作中，管理者执行管理职能和实现管理任务，运用各种旨在保证经济活动朝着预定方向发展的手段和措施的总和。依据其内容和作用不同分为行政方法、经济方法、法律方法和思想政治教育方法。

1．行政方法

（1）行政方法的概念。行政方法是指管理主体运用行政权力，按照行政层次，通过各种行政命令、指示、决议、规定、指令性计划和规章制度等手段，直接控制组织和个人的行为，以保证管理目标实现的方法。管理主体是指国家在乡村设立的各级经济管理机关。管理主体在行使行政手段时，必须依照既定的行政法规，针对特定的和具体的事项，作出必要的决定和处理。

（2）行政方法的特点：

① 权威性。行政手段以权威和服从为前提，行政命令接受率的高低在很大程度上取决于行政主体的权威大小。提高领导者的权威有助于提高行政手段的有效性。

② 强制性。行政强制要求人们在行动目标上必须服从统一的意志，上级发出的命令、指示、决定等，下级必须坚决服从和执行。

③ 垂直性。行政指示、命令是按行政组织系统的层级纵向直线传达，强调上下级的垂直隶属关系，横向结构之间一般无约束力。

④ 具体性。一定的行政命令、指示只在特定时间对特定对象起作用。

⑤ 非经济利益性。行政主体与行政对象之间的关系不是经济利益关系，而是一种无偿的行政统辖关系，两者之间不存在经济利益利害关系的纽带。

⑥ 封闭性。行政方法依靠行政组织和行政机构，以行政区划和行政系统的条块为基础实施，具有系统的内化约束力，因而产生封闭性。

（3）运用行政方法应坚持以下三个原则：

① 行政方法的运用，必须建立在尊重客观规律的基础上。

② 行政方法的运用，必须建立在民主集中制的基础上。

③ 行政方法要与其他方法，如经济方法、法律方法、社会心理方法等综合运用，才能相互配套，取长补短，充分发挥其自身的优越性。

2. 经济方法

（1）经济方法的概念。经济方法是指按照客观经济规律的要求，依靠经济组织，运用经济手段，对经济活动进行管理的方法。

经济组织是根据生产力水平和社会分工，按照社会需要与技术经济联系的要求建立起来的，如企业、专业公司、联合企业以及银行等组织机构。经济手段是指运用价格、税收、信贷、补贴、工资、奖金、罚款等经济杠杆以及经济合同、经济责任制、经济核算等经济措施。经济方法的实质，在于贯彻社会主义物质利益原则，正确处理国家、企业、劳动者个人三者的关系，使企业和劳动者从物质利益上关心劳动成果，充分发挥其积极性。

（2）经济方法的特点。经济方法具有如下特点：

① 有偿性，即各个经济组织和单位之间所有经济往来，都必须根据等价交换的原则进行。

② 非直接性，即是依靠经济杠杆，通过经济利益上的得失来引导、调节和控制经济活动的。

③ 平等性，即承认各经济组织和单位在获取自己的经济利益上是平等的。

④ 作用范围广，有效性强。一个经济组织的建立和发展会影响到一系列经济单位的一系列经济活动，一种经济杠杆运用的改变，会影响社会多方面的经济关系的变化。

（3）经济方法的局限性。在运用经济方法时，要注意其作用的有限性：

① 不能完全依靠经济方法来调动经济组织和劳动群众的工作积极性，否则会使人们产生“一切向钱看”的思想。

② 由于经济方法是一种强调物质利益的方法，容易使人们注重个人的、集体的、局部的和眼前的利益，忽视国家利益和长远利益，滋长个人主义、本位主义和经济主义。

③ 不能依靠经济方法来解决经济管理中许多需要严格规定或立刻采取措施的问题。特别是经济活动在技术业务方面的问题不能依靠它来解决。

3．法律方法

经济管理的法律方法是指动用各种经济法律、法规和经济司法工作，调整国家机关、企事业单位和其他社会组织之间以及它们与公民之间在经济活动中所发生的各种经济关系，保证社会经济活动顺利发展的方法。法律方法的基本特点是权威性、规范性、强制性、稳定性。

用法律方法管理经济包括两方面内容，即经济立法和经济司法。

经济立法解决经济管理过程中有法可依的问题。经济法并不调整一切经济关系，而是调整那些在国民经济管理和社会经济活动中形成的经济关系。经济法是我国法律的重要组成部分。但要做到有法必依、违法必究、执法必严，还必须有经济司法。

经济司法，通常是指国家的司法机关按照经济法律和法规，按照法定程序和制度，解决经济纠纷、审理经济犯罪与涉外经济案件的执法活动。它通过各种侦察、调解、仲裁、起诉和审判的手段来保证各种经济法律和法规的实施。

4．思想政治教育方法

思想政治教育方法是指通过对劳动者的思想教育和政治培训，以提高劳动者的工作积极性，从而保证经济管理工作的顺利进行所采用的方法。思想政治教育的内容包括：进行四项基本原则的教育，党的路线、方针、政策的教育和形势教育，建设社会主义精神文明的教育，民主、法制和纪律的教育，爱国主义和国际主义教育等。思想政治教育方法也具有局限性，表现在：一是它的作用范围有局限性。这种方法不直接干预经济利益的分配，也不直接干预人们的经济工作活动，它对经济活动只有间接的决定作用。尤其是经济活动过程中遇到一些需要立即改变行动和需要实行强制干涉的问题时，就不能只依靠思想政治教育方法来解决，而需要依靠行政方法和法律方法。二是思想政治教育方法要在一定条件下才能发挥积极作用。它不能脱离经济方法等其他管理方法的运用来起作用，尤其是物质利益问题。三是思想政治教育方法不能解决人们所有的思想意识问题，特别是经济工作中遇到的某些社会心理问题。它需要与其他方法结合使用，才能起到更好的效果。

上述各种管理方法既有区别，又有联系，在农村经济管理工作中，要因时、因地、因情而选择，而不能孤立地使用，必须将各种管理方法有机地结合起来，相辅相成，实现最佳的结合，从而促进农村经济的协调持续的发展。

思考题

1. 如何理解农村经济管理的内涵？
2. 农村经济管理的职能有哪些？
3. 农村经济管理的原则有哪些？
4. 如何理解农村经济管理的方法？

第二章　农村基本经济制度

我国农村基本经济制度是指以家庭联产承包为主，统分结合的双层经营制度，又称农村家庭联产承包经营制度。本章围绕农村家庭联产承包经营制度、农村集体经济和进一步完善农村双层经营制度问题进行阐述。

第一节　农村家庭联产承包经营制度

一、农村家庭联产承包制内涵

农村家庭联产承包制是指农户以家庭为单位向集体组织承包土地等生产资料和生产任务的农业生产责任制形式。其基本特点是在保留集体经济必要的统一经营的同时，集体将土地和其他生产资料承包给农户，承包户根据承包合同规定的权限，独立作出经营决策，并在完成国家和集体任务的前提下分享经营成果。一般做法是将土地等按人口或劳动力比例根据责、权、利相结合的原则分给农户经营，承包户和集体经济组织签订承包合同。这一经营制度没有改变农村土地的集体所有制，只是改变了农村土地的经营方式，符合生产关系一定要适应生产力发展的规律要求，符合农业生产自身的特点，符合我国农村经济发展的现状，也有利于推动我国的农业现代化。家庭承包经营责任制是我国农村经济制度的基础，也是农村集体经济组织经营方式的基础。家庭承包经营责任制和集体统一经营相互依存，构成了农村集体经济组织内部的双层经营体制，其中，家庭承包经营是基础。

家庭联产承包责任制是中国农民的伟大创造，是农村经济体制改革的产物。党的十一届三中全会以后，在党中央的积极支持和大力倡导下，家庭联产承包责任制逐步在全国推开。联产承包制度当时产生的时代背景，是在农村大包干的形势下，由农民创造，政府规范形成的。联产承包制度为农村生产力的解放，推进农村经济快速发展，增加农民收入，起到了不可替代的关键作用，其历史功绩不可磨灭。

农村家庭联产承包责任制不是一般企业中的生产责任制度，也不是一个单独运行的经济实体，它是与合作经济中统一经营部分结合运行的一个经营层次。它是一个新的经营制度，是生产关系的重大变革。具体表现在如下几个方面：

（1）农户通过承包土地，对集体所有的土地有了占有权、支配权、使用权。家庭承包经营后，仍然保持着土地的集体所有制，农户所获得的仅是土地的经营权。善于经营的农户，可以在这个基础上积累资金，兴办企业，购买大型生产资料。但是土地的集体所有制保证了任何一户农民都有权承包土地，农户在其经营发生困难时会得到集体的帮助，使其得到发展。为了经营承包地农户还购买了大量的工具、肥料等生产资料。合作社的生产资料所有制由过去的单一的集体所有，改变为集体所有和家庭私有并存的形式。

（2）农户虽说是集体经济组织的承包单位，但它已具有法人地位，是具有经营决策权的独立经营，自负盈亏的生产者，具有积累资金和再生产功能的经营实体。但在我国当前的农业生产中，家庭经营也只是集体经济组织的一个经营层次，它受集体统一经营层次的约束。

（3）集体统一的经营部分，仍然属于全体社员集体所有。集体内部的各农户之间、集体与农户之间的劳动交换关系，则变成了独立经营者之间的劳动交换关系。是以商品交换的形式代替了直接的劳动交换关系。

（4）在分配关系上，随着改革的不断深入，集体统一经营部分除了实行按劳分配，还可以实行按资分配，家庭经营收入则决定于家庭经营成果。因为承包土地时，一般是按人口多少分配承包土地面积，所以经营成果既决定于投入劳动力的数量和质量，又决定于投资的多少。

为了更好地理解农村家庭联产责任制，对新中国成立以来农地制度的历次变迁作以下简述：

新中国成立以来，我国农地制度大致经历了四次改革和调整，一是20世纪50年代初，依靠革命暴力摧毁了封建土地所有制，实行土地农民所有制；二是1953—1957年，在保留农民土地所有制基础上的农业互助组和初级合作社；三是1958—1978年，土地集体所有制下的高级农业合作社和人民公社；四是1979年以来的家庭联产承包责任制，实行土地集体所有，农户家庭经营。四次土地制度的改革和调整，对农业生产和农村经济产生了不同的作用和影响，其中既有成功的经验，也有沉痛的教训。只有通过认真回顾历史，总结历史，以史为鉴，才能在改革中少走弯路，由此来探索符合我国国情的科学可行的农地制度。

1. 20世纪50年代初的土地改革

新中国成立初期，通过土改，消灭了封建地主土地所有制，实行农民土地所有制，农村土地制度发生了根本性变革，真正实现了“耕者有其田”。这阶段农地制度的主要特点是：土地所有权和经营权高度统一于农民，农民既是土地的所有者，又是土地的自主经营者；土地产权可以自由流动，允许买卖、出租、典当、赠与等交易行为；国家通过土地登记、发证、征收契税等对土地进行管理。这次土改极大地解放了长期被封建制度束缚的生产力，激发了广大农民的生产积极性，促进了农业生产的恢复和发展，对稳定当时农村秩序作出了巨大贡献。但是，随着农业生产的进一步发展，这种分散落后的小农经济的局限性就凸显出来了：一是农民虽然拥有土地所有权，但由于农村生产力极其落后，个体农民拥有的生产工具严重不足，生产资料和资金也十分缺乏，不少农民在生产中遇到了很大的困难，单靠自身的力量难以解决。二是以一家一户为生产单位的分散个体经营，力量相当薄弱，积累率低。有的地方甚至连简单的再生产都难以维持，根本无法抵御农业生产过程中遭遇的各种自然灾害，更没有能力采用先进的农业生产工具和技术以及进行必要的大规模的农田水利基础设施建设。于是国家便倡导农民互助合作，建立各种形式的互助组，以此来克服小农经济的缺陷，因此便开始了第二次土地改革。

2．1953—1957 年的初级农业合作化

从 1953 年开始，我国进入了社会主义改造时期。为了在较短的时间内集中最大力量发展农业生产以支援国家大规模的工业建设，国家决定实行农业的社会主义改造，使农业能够由落后的小规模生产的个体经济变为先进的大规模生产的合作经济。于是全国各地掀起了大办农业合作社的热潮。初级农业合作社的基本做法是：在允许社员有小块自留土地的情况下，社员的土地必须交给农业生产合作社统一使用，合作社按照社员入社土地的数量和质量，获得土地收益。初级农业合作化还是承认土地归农民个人私有，只是使用权由个人使用变为集体共同使用。为了克服分散落后的小农经济的局限性，国家提倡发展互助合作，是适应当时国家经济形势发展需要的必然选择。尽管曾出现过一些急躁冒进的做法，但总的说来，其发展还是健康的。初级农业合作社的建立，克服了以自有土地、自我经营为主要特征的个体小农经济所不可避免的缺陷，表现出显著的优势，使弱小的农民在互助合作的基础上得以进一步增进利益，促进了农业经济的大发展，体现了广大农民的根本利益。但是国家确立的以农业生产促进工业发展的政策为后来的二元经济结构产生埋下了隐患，人为地损害了广大农民的利益。

3．1958—1978 年的高级农业合作社和人民公社

从 1956 年初开始，初级社没来得及巩固，高级社就在全国就进入了大发展阶段。12 月底，高级社达到 54 万个，入社农户已超过 1 亿，占农户总数的 87.8%。高级农业合作化废除了土地私有制，使土地由农民所有转变为农业合作社集体所有。这是农村土地所有制度的又一次重大变革，标志着农民土地私有制改造的成功和农村集体土地所有制的确立。但是农业合作化的改造过程中存在着过急、工作过粗、改变过快、形式过于简单划一的倾向，突出地表现在初级农业合作社在一年的时间内就全部过渡到了高级农业合作社，这在一定程度上挫

伤了农民的生产积极性。生产资料社会主义改造基本完成后，中国进入了全面建设社会主义时期。如何建设社会主义、发挥社会主义制度优越性，迅速改变贫穷落后的面貌，成为当时中国面临的迫切问题。“赶超英美”、“多快好省建设社会主义”的思想占据了人们的头脑，经济建设中“左”倾思想进一步发展，于是促成了“大跃进”和人民公社运动。人民公社化的途径是在高级合作社基础上小社并大社。至1958年11月初，全国共有人民公社26 572个，参加的农户占农户总数的99.1%。通过人民公社化运动，原属于各农业合作社的土地和社员的自留地、坟地、宅基地等一切土地，连同耕畜、农具等生产资料以及一切公共财产都无偿收归公社所有。公社对土地进行统一规划、统一生产、统一管理，分配上实行平均主义。农村土地仍然属于集体所有，由集体统一经营。但此时的集体已经由高级合作社转变为人民公社。公有化的程度越来越高，土地的经营使用权完全掌握在政社合一的人民公社手中，国家通过高度集中统一的计划来控制和管理土地的生产经营活动，土地上的任何权利都不能转移、出租。

从总体上讲，这阶段土地制度的变迁对我国农业发展的负面影响是巨大的，虽然这期间主要农产品产量和农业总产值有所增长，但增长的速度比较缓慢，农业经济效益呈下降趋势，人民生活水平并没有得到应有的提高。

4. 1979年以来的家庭承包责任制

1978年12月安徽凤阳小岗村由农民自发兴起的包干到户揭开了我国农村经济体制改革的序幕。特别是十一届三中全会后，农村土地改革在全国轰轰烈烈地展开。1982年1月1日，中共中央批转《全国农村工作会议纪要》，指出目前农村实行的各种责任制，包括小段包工定额计酬，专业承包联产计酬，联产到劳，包产到户、到组等，都是社会主义集体经济的生产责任制；1983年中央下发文件，指出联产承包制是在党的领导下我国农民的伟大创造，是马克思主义农业合作化理论在我国实践中的新发展，到1983年初，全国农村已有93%的生产队实行了这种责任制。当时的主要形式有：（1）包干到户。各承包户向国家交纳农业税，交售合同订购产品以及向集体上交公积金、公益金等公共提留，其余产品全部归农民自己所有。（2）包产到户。实行定产量、定投资、定工分，超产归自己，减产赔偿。

家庭联产承包责任制是我国农村集体经济的主要实现形式。主要生产资料仍归集体所有；在分配方面仍实行按劳分配原则；在生产经营活动中，集体和家庭有分有合。其分配特点是“缴够国家的，留够集体的，剩余是自己的”。

家庭联产承包责任制的实行取消了人民公社，又没有走土地私有化的道路，而是实行家庭联产承包为主，统分结合，双层经营，既发挥了集体统一经营的优越性，又调动了农民生产积极性，是适应我国农业特点和当前农村生产力发展水平以及管理水平的一种较好的经济形式。

家庭联产承包责任制的确立和发展，是农村土地制度的改革和创新，它打破了人民公社体制下全面集中土地所有权和经营权的格局，采用了把土地使用经营权发包给农民的办法，实行以农户家庭为单位的分户承包经营。家庭联产承包责任制的推行，纠正了过去长期存在的土地所有权和使用权高度集中统一、经营方式单调的弊端，改变了农民与土地的关系，使农民的利益与土地产出直接挂钩，受到农民的普遍欢迎，极大地调动了农民的生产积极性，极大地促进了农村经济的高速发展。1993 年开始的第二轮土地承包，国家又出台了相关文件和法律，规定土地承包期再延长 30 年不变，同时允许农户之间承包的土地可以以转包、转让、入股、租赁等形式流转。现行土地制度极大地激发了农民的生产积极性，保持了农村社会的稳定，有力地促进了农业和农村经济的发展。

家庭联产承包责任制实施初期，土地的承包期限一般都比较短，有的为 3～5 年，有的仅为 1～3 年。1984 年，党中央和国务院决定将土地承包期延长至 15 年；1993 年，又将延长期扩大为 30 年，称为“农村土地承包制度 30 年不变”；2009 年，党的十七届三中全会作出了“稳定和完善农村的基本经营制度”的战略部署，指出农村土地承包制度长久不变，这不仅符合农业生产经营的规律，也有助于推动双层经营体制的真正实现。

二、保持农地承包关系长久不变的重大意义

十七届三中全会《决定》指出今后将保持农村土地承包制度长久不变，其意义重大深远。

首先，农地承包关系长久不变，理清了双层经营中“统”、“分”层次对土地的分权问题。土地承包关系长久不变，可以解决传统双层经营“统”与“分”的合理分权，即合理分配农村土地所有权，具体包括土地的占有权、使用权、收益权和处分权四个方面。其中，双层经营中的“集体经营”作为土地所有者，有土地的处分权，即土地继承和转让中的监督管理权；双层经营中的“家庭经营”作为土地经营主体，有土地经营过程中的全部权利，即完整永久的土地使用权，包括继承权；国家则拥有对土地进行规划、利用和征用的权利。

其次，农地承包关系长久不变有助于农业组织的形成。农地承包关系长久不变为农民吃了“定心丸”，从而提高了其对土地的预期，农民在土地上才能有长远打算，进而成为投资主体和市场主体，这是激发农民组织需求的基础。我们认为农民组织的形成依赖三个条件：一是市场经济条件。在生产越来越社会化、现代化的背景下，单个农户的眼界、对市场行情的判断力、知识与技术能力、经济实力都十分有限，因此利用组织的力量来扩展个体理性的有限性就是一种合理的也是必然的选择。二是稳定的家庭经营。发达国家农民专业合作组织都是建立在家庭经营基础上的。我国农民合作组织产生于 20 世纪 80 年代初期，一部分农民为解决农户经营与社会化生产的矛盾，有的开始在生产技术领域进行合作与联合，但当时由于土地承包期短，土地承包关系不稳定，农民缺乏组织合作的意愿；我国从 20 世纪 90 年代中期开始，将土地承包期再延长三十年不变，在承包期内实行“增人不增地，减人不减地”的政策，稳定了土地承包关系。同时在农业产业化经营的推动下，农民围绕当地优势农产品的生产，形成了区域性专业生产格局，农民为解决生产与市场的矛盾，自愿联合建立了各类专业合作组织。但由于有限期承包，农民没有长远预期，也没有出现大规模的专业合作局面。十七届三中全会明确土地承包关系要保持稳定并长久不变，为农民对土地进行长期投资提供了动力机制和收益保

障机制，有利于调动农民兴建农田基础设施的积极性，提高农业综合生产能力，为农业组织的形成创造条件。依托新的农业组织（如农民专业合作组织、社区合作组织或股份合作组织等）形成新的双层经营体制。三是产业化经营。无论西方发达国家的合作组织，还是我国的农业合作事业发展，都显示出一个总的大趋势，那就是以某些农产品为纽带的专业合作组织的发展正日益取代着以社区为纽带的综合性合作组织的发展，农民合作组织的发展越来越以某个农产品生产的特定产业的发展为依托。没有形成产业化，农民就合作不起来。而农业产业的基础是农民拥有对土地稳定的承包权。

再次，农地承包关系长久不变，有助于解决农村土地流转的难题。《农村土地承包法》规定土地承包经营权可通过转包、出租、互换、转让、入股等形式流转，从法律上确立了土地承包经营权市场流转制度。然而事实上，在法律允许承包地流转的情况下承包地的流转却十分缓慢。分析起来，一个重要原因是土地承包经营权的流转仍然受到制度的制约。这主要表现在四个方面：一是土地承包经营权的法定承包期短，而流转的期限又不得超过承包期的剩余期限；二是土地家庭承包经营权向集体经济组织外的单位和个人流转，受到集体经济组织成员优先购买权和村民会议成员或村民代表大会代表三分之二以上同意的限制；三是家庭承包土地的土地承包经营权的抵押没有得到法律许可；四是土地承包经营权的继承在法律上没有得到明确的表述，法律只是规定继承人可以继承承包人应得的承包收益和继续承包。由于土地承包经营权的期限短，给农民的未来预期造成很大的不确定性，在转出承包地和受让承包地的问题上农民陷入制度预期不明的困惑，一些想种地的农民由于土地承包经营权的期限短而不愿支付过高的价款受让土地，一些不想种地的农民由于土地转让价款低而不愿意转出土地。由于土地承包经营权的流转范围受到人为限制，土地流转的需求和供给相应减少。给农民稳定长久的承包权，为农民流转自己承包的土地和土地的适度集中创造了条件。多种形式的土地流转，可以形成诸如家庭农场、股份制农场、农业企业等多种形式的双层经营体制。

总之，农地承包关系长久不变对推动多元化的双层经营发展具有明显优势，它不仅可以在一定程度上提高农民的土地预期，限制双层经营过程中过频的土地调整，而且对于解决农村土地流转和土地分权问题起到了积极作用，而更为重要的是农地承包关系长久不变为农村双层经营多元化创造了更大的制度创新空间。

三、家庭联产承包制的意义

家庭联产承包制的意义表现为：

（1）实现了农村劳动力的自由流动，促进了农村劳务经济的发展。家庭承包经营后，劳动力从集体生产中转入家庭劳动。劳动时间自由安排，生产中的剩余劳动力可以自由地开发其他生产项目或进入城市或到外地从事生产或服务，促进了劳动力的流动，并相应地带来了信息流动、资金流动、物资流动和技术流动，从而有利于农村经济发展。种植业的剩余劳动力向农村工商业的转移，向林牧业的调整，也提高了种植业的劳动效率。

（2）促进了农村二、三产业的发展。家庭联产承包责任制的推行实现了除土地以外的各种生产资料的农民家庭私有制和劳动力的自由流动，这就使农民可以充分发挥自己的能力，利用自己积累的资金、贷款，利用家庭生活资料（如住房、庭院），利用家庭剩余劳动力或雇请劳动力发展农业生产，或投资兴办第二产业或第三产业，为发展农村的个体企业、私人企业创造了条件。

（3）激发了劳动者积极性。承包经营收入在缴纳税金和集体提留后，归农户所有的收入分配方式，调动了农民的积极性。促使农民积极学习技术，节约投资，严格经营管理，精打细算，从而提高了劳动效率，降低了产品成本。

（4）促进了农村规模经济和现代农业的发展。土地的集体所有，既防止了农民因各种原因丧失土地，又保证了农业劳动力向工商业转移后，土地以较低的转移成本向种田能手集中，从而扩大土地经营规模，实现规模效益。

（5）有利于充分发挥农村集体经济的作用。家庭联产承包责任制，保留了集体统一经营层次，可以发挥集体规模大，有利于集中资金和劳动力的好处，兴办家庭难以兴办的投资较大、投入劳动力较多的农田水利事业和第二、第三产业。

四、现行的农业家庭承包经营责任制的制度缺陷

现行的农业家庭承包经营责任制的制度缺陷主要表现在：

（1）农户承包土地的产权不清，导致承包土地的所有权、使用权、收益权、处置权、租赁权、抵押权的不清晰、不明确，严重制约农民承包土地的生产效率。土地产权不清表现在：① 产权主体不明。这种主体不明，与城市各领域的公有制相仿。虽然法律规定，农地为集体所有，但在现实生活中很难找到这个“集体”究竟是谁，由谁来代表行使土地产权。② 农户承包土地的使用权具有非排他性特征。只要需要，上级组织随时有权将耕地转为他用，为农地被横向侵权留下空当。

（2）双层经营中的集体经济的有效实现形式尚未确立，集体经济的效用没有实现，不能给农民的家庭承包经营带来支持和帮助。中央一再提出要建立健全集体经济组织，但实际上很多乡村没有建立起来，就是建立了集体经济组织的，大多也流于形式。由于集体经济对农户的承包经营并没有实际上的好处，因而对农民难以产生吸引力和凝聚力，农民也难以为集体经济着想并作出贡献。

（3）实行家庭承包经营后，农民的组织化程度空前弱化，不能充分享有公共事务信息知情权，经济利益表达权，政治民主参与权，财产分配政策投票权，以及享有国家宪法明文规定的社会保障和基本公共服务的公民权。因为能真正代表农民利益的组织和机制尚未建立起来，既没有引导农民进行生产经营和进入市场的有效组织力量，也没有当农民利益受到侵害或者面临经营风险和市场风险时，能代表农民利益维护他们权益的国家法律、法规的保障。

（4）承包经营的小规模问题严重，而且有继续细小化的趋势。据农业部农业经济研究中心和中央政策研究室对 300 多个村、2.8 万农户十几年的调查，1986 年户均经营土地规模为 9.2 亩[①]，1990 年下降为 8 亩，1997 年又下降为 7.65 亩。这固然与人口增加、农业劳动力转移受阻有关，但从制度完善的角度看，土地规模过小，土地流转没

① 1 亩=$\frac{1}{15}$公顷。

有相应的政策与法规，势必严重制约农业规模化经营。

（5）农民在自己承包的少而有限的土地上，进行着“小而全”的生产和生活。这种有限的承包土地承载难以承载的巨大负荷及压力，土地是农民就业的基本载体，土地不仅承担着生产的职能，还承担着农民的社会保障的职能，具有社会福利性质。这就必然制约土地的专业化生产和土地使用权的流转。

五、进一步完善家庭联产承包责任制的措施

（1）根据各农户经营状况、合作社集体经济的实力情况，为不同农户提供不同服务和帮助，克服家庭生产的困难。

（2）完善承包合同。在合同上要明确规定土地的所有权与经营权，明确发包方和承包方各自的权利和义务，使承包合同规范化。

（3）稳定土地使用权。土地承包以后要稳定土地使用权，不能轻易变动，有利于社员对土地的长期投资。

（4）鼓励土地使用权转让。土地对我国农民一方面是进行农业生产的生产资料，另一方面也是农民取得生活资料的依靠和来源，起着保险和福利的作用，所以农民不愿意放弃土地使用权。为了提高土地的利用率，应鼓励已不从事农业生产而从事其他产业并能取得稳定收入的农民放弃土地使用权，把土地转让给从事农业生产的家庭经营，以扩大农户土地经营面积，提高规模效益。为了促进其转让，可以制定一些鼓励性措施。

（5）鼓励和帮助承包农民发展家庭经济，如发展家庭手工业、商业、运输业，利用家庭发展果树、蔬菜、养殖畜禽、各种林产等。家庭经济发展了也会反过来支援承包部分的经营。

（6）通过制定法律和政策，确认和保护家庭经营的独立生产者地位、法人地位，保护社员的承包权利。

第二节 农村集体经济

胡锦涛总书记在党的十七大报告中明确提出：坚持农村基本经营制度，探索集体经济有效实现形式。农村集体经济是农村经济的重要

组成部分，是农村合作经济的主体，是农村双层经营体制中“统”的物质基础，是对“分”进行服务的实力所在。发展壮大农村集体经济，这不仅是一个经济问题，更是关系党在农村执政基础和执政地位的一个重大政治问题。如果农村集体经济得不到长期有效发展和壮大，将直接制约农村经济的高效发展，影响党群干群关系的改善，削弱党的基层政权的巩固。

农村集体经济是农民按照一定区域或自愿互利原则组织起来，基本生产资料共有或按股份所有，在生产和交换过程中实行某种程度的合作经营、按劳分配和按生产要素分配相结合的所有制经济。

一、我国农村集体经济发展的基本历程

我国农村集体经济的发展历程，概括讲可划分为两个阶段：

第一阶段，人民公社体制下的农村集体经济时期（20 世纪 50 年代初至 1978 年）。新中国成立初期，为实行社会主义公有制改造，在自然乡村范围内，由农民自愿联合，将其各自所有的生产资料（土地、较大型农具、耕畜）投入集体所有，由集体组织农业生产经营，农民进行集体劳动，各尽所能，按劳分配。特别是伴随“大跃进”运动，在广大农村，公社、生产大队及生产小队都不同程度创办了不同数量和规模的社办、队办集体企业。这些社办、队办集体企业，在生产经营、用工制度、分配制度、福利制度等方面接受国家或当地政府的计划和政策约束，在其人民公社内部实行高度集中的统一管理；企业的领导人往往也由人民公社或生产大队的领导成员亲自担任或任命委派。由于在生产经营管理过程中，实行政社合一，强调“一大二公”，搞“一平二调”，严重脱离了农村集体经济组织的性质和发展规律，严重侵害了农民的利益，阻碍了生产力的发展，导致农村经济濒临崩溃的边缘。

第二阶段，改革开放后的新型农村集体经济时期（1978 年以来）。1978 年后，我国广大农村实行了家庭联产承包责任制，以家庭为单位的经营组织替代了低效率的人民公社体制下的农村集体经营组织。一方面，极大地激发了农民的积极性，结束了农产品供给长期短缺时代。另一方面，由于原来集体所有的以土地为核心的生产资料平均分给了

农户，使改革开放初期农村中的集体经济出现了“空壳”现象。进入20世纪80年代中后期，随着改革开放的不断深入，一些新型农村集体经济组织形式不断涌现，并且越来越多样化。如，对原有的人民公社体制下的集体企业采取了个人承包、租赁经营；以乡或村的名义投资兴办新的企业；以乡或村的名义将原集体企业改制为与个体或私营企业或外资企业联合投资的股份制企业；乡民或村民联合投资将原集体企业改制为股份合作经济或其他形式的合作制经济；村委会将已承包的土地在农民自愿并得到上级部门批准的前提下，将土地使用权收回，并对全村土地进行统一规划，发展村集体非农产业等。目前，我国广大农村集体经济不论在形式上还是在规模上都呈现出前所未有的发展势头。

二、大力发展农村集体经济的重要性

随着以工补农、以城带乡机制的建立完善，发展壮大集体经济的时机和条件都已成熟，需要抓住机遇，开拓创新，全力推进村级集体经济的发展壮大。

1. 发展壮大集体经济是增强基层组织凝聚力、号召力的经济保障

只有农村经济发展壮大了，才能从源头上减轻农民负担，增加农民收入，从而使党的形象和威信不断得到巩固和提高，改善干群关系和党群关系。

2. 发展壮大集体经济是构建和谐社会、建设社会主义新农村的坚强支柱

集体经济是农村经济的重要组成部分，要实现农业现代化，建设新农村，关键是不断发展壮大村集体经济，从目前情况来看，已经达到小康村的村子，往往是集体经济搞得好的村。只有把村级集体经济发展壮大起来，村一级组织才有属于自己自由运转的资金，才能真正为村民兴办公益事业等实事。

3. 发展壮大集体经济是乡村实现共同富裕的基本保障

实行家庭联产承包制以后，由于每户经营条件和经营能力存在差异，必然拉大收入差距，经营条件差和经营能力低的社员户，再遇到天灾人祸，就会面临难以承受的困难。有强大的集体经济就可以帮助这些困难户，改善经营条件，重新走上富裕道路。集体经济强大后，就可以从制度上帮助低收入者发展生产，提高技术，或吸收他们到集体兴办的企业中劳动，提高他们的收入。

4．集体经济的存在与发展壮大，有利于农业生产的发展

发展壮大集体经济，是发展农村经济、发展农业生产的需要。集体经济可以弥补家庭经营规模狭小的不足，使资金、技术、劳动力等生产要素顺畅协调地集中使用，可以购买较大型的或大型的农业机械，兴办家庭经营无力举办或举办不了的经营项目或农业技术措施，如统一种植计划、统一耕作、统一植保、统一灌溉等。既可以克服因家庭承包土地细碎不便于采用大型农业机械的困难，又可以收到规模效益、降低成本、提高产量的功效。

5．集体经济壮大后，还可以实行以工补农，成为农业投资的主体

壮大集体经济和统一经营层次是克服家庭经营在市场经济条件下的各种困难、增强市场竞争力的经济基础和组织基础。实力雄厚的集体经济是合作社强化产前、产中、产后服务的物质基础。集体经济强大了，可以运用组织功能和经济实力，收集信息，掌握市场动态。批量购买良种、化肥、农药，取得价格优惠利益。集体经济还可以集中每家每户的小量商品形成批量，进行加工和运销，增强市场竞争能力。集体经济实力增强后也就有能力根据市场变动调整产业结构，进行技术改革，承担市场风险。家庭经营有了集体经济的产前、产中、产后服务，就可以安心地组织承包土地的生产活动。

6．集体经济是发展农村公用事业、建设精神文明的经济支柱

集体经济壮大以后，不仅可以用利润支援家庭承包经营，还有经济能力发展本社的文化、教育、卫生、道路、邮电、通讯等公共事业，以提高本社成员的文化素质，为共同富裕提供坚实的经济基础。

7．集体经济是家庭经济沿着社会主义方向发展的保障

实行农业生产的家庭经营从根本上说就是调动农民个体经营的积极性。如果没有集体经济的存在和发展，家庭经营就是个体经济，其自发的发展趋势，只能沿着私有轨道走。家庭经营与集体经济结合是合作社的两个经营层次，集体经济处于主体地位，起领导方向的作用。

三、农村集体经济发展面临的困难和问题

1．村级班子创新发展能力不强

据调查了解，凡是集体经济较薄弱的村，其基层组织能力也较单薄。主要表现为：一是干部整体素质较低，文化低、年龄大。二是思想僵化，观念滞后，没有开拓创新精神。三是班子主要成员任期短，缺乏长远考虑。四是有的班子甚至不协调、不团结，软弱涣散，缺乏凝聚力和战斗力，在发展壮大集体经济中难以发挥对农民群众的带动作用。

2．村级集体经济底子薄，缺乏发展后劲

主要表现为：一是资金缺乏；二是资产有限；三是债务沉重；四是融资困难。

3．基础条件差，可利用资源有限

多数村为传统农业村，一无矿业，二无三产，仅有一些机动地，再加上村一级在土地开发、基础设施、服务体系等软硬环境上较差，很难招商引资。

4．没有形成良好的发展环境

集体经济薄弱是多年以来形成的，是一个客观存在的事实，从各级领导来说，重视程度不够，没有提到议事日程上来抓，过问少；从各级政府来说，没有制定出台扶持集体经济发展的政策措施；从全社会来讲，也没有形成全面关心、重视、支持集体经济发展的良好氛围。

四、强化农村集体经济管理的措施

1．要明确发展壮大集体经济的指导思想

（1）当前大多数合作社还处在一个低水平的集体经济阶段，这一阶段可能很长，发展集体经济不能要求过快、过急。

（2）尚无集体统一经营层次的合作社应先从小事做起，如先办为社员生活服务的小型商店，为社员代购化肥、种子等服务，逐步积累，逐步壮大。

（3）发展集体经济不能平调下属单位和家庭经营层次的财产，不抽调已承包给社员的土地。

（4）发展集体经济不要求是纯集体所有，可吸收社员入股，吸收社外资金入股。实现公有与私有的混合经济，合作社发动社员入股不能强迫，股金分红办法可由社员民主讨论决定。

（5）国家可通过贷款支援提供物资和技术，帮助合作社发展集体经济；也可以直接投资与合作社组成股份制企业，培训合作社干部。

2．强化农村集体经济管理的措施

我们要切实树立科学发展观，以统筹城乡发展，更加注重加快农村的高度发展壮大农村集体经济。当前要做好以下几方面的工作。

（1）加大政策扶持力度，优化农村集体经济发展环境。农村集体经济发展普遍感到困难重重，很重要的原因是现行政策环境有待完善，这就要求我们优化农村集体经济发展环境。一是要建立和完善农村集体建设用地使用权流转制度，盘活土地使用权。允许农村采取土地反租倒包、土地使用权有偿转让等形式推行土地经营权流转，盘活土地使用权。允许集体经济组织依法以集体所有的非农建设用地使用权为依托，积极引进外资和民间资本，兴办企业或开展物业经营，获得土地使用收益。二是要改进征地模式，确保农村集体经济发展空间。土地是农村集体经济发展的基础，要高度重视土地在农村集体经济发展中的重要作用。在镇级征用农村土地时，要按照征地规划预留一定比例的征地面积给被征地的村委会发展用，为农村集体经济发展预留空间。这样既有利于乡镇统一规划建设，又有利于村一级发展集体经济。三是要建立健全集体经济积累机制。要严格按照上级有关文件的规定，对征地款等集体经济收益进行规范管理，实行集体经济积累和量化到个人按比例分配，防止分光吃光，确保集体经济的发展后劲。

（2）因地制宜，科学决策，以市场为导向选准集体经济的发展路子。要实事求是，采取多种形式，不搞“一刀切”，要因地制宜，不搞一个模式，确定不同的发展路子。一是在发达地区及城市周边，应着力改善投资环境，盘活集体土地，开发工业区，引进外资兴办企业，以工业发展为主，实现工业拉动整个农村经济的发展；围绕本地支柱产业，发展有偿服务业，将现有集体资产进行承包、租赁或者以现有资产入股，参与民营企业发展，实行集体资产和资本运营的市场化管理，提高集体经济的运营水平和抗风险能力。二是在自然条件较差的农区，应根据本地资源与市场需求，进行资源开发型发展，通过培植农业“龙头”企业，推进农业产业化。在培养主导产业的基础上，拉长产业链条，实现农业的多次增值，在科技、贮藏、加工和销售等环节上发挥集体经济的优势，解决一家一户办不了的事，达到富民强村的目的。

（3）抓好基层组织建设，为集体经济发展提供组织保证。发展农村集体经济千头万绪，关键是选准、培养能够带领群众致富奔小康的一班人，尤其要选配好班长。要建立一个强有力的好班子。有一个好的班子，好的带头人，集体经济弱也能搞起来，反之即使集体经济再强，发展不好也会垮下去。首先，配好配强村级班子，重点是选好领头雁，把那些事业心强、懂经营、会管理、具有开拓精神和不怕吃苦、秉公办事的人选进班子，对一些相对贫困且又缺乏人才的地方，可通过下派途径解决好班子软弱的问题。其次，加强对班子成员的培养和教育。我们接触的村干部大都是想干一番事业的人，要对他们进行有目的、有计划的培训，或到集体经济发展较快的典型地方进行考察学习，提高他们的经营管理水平和科技素质。再次，进一步完善激励机制。要把发展村级集体经济纳入村干部目标责任制的主要内容，作为考核村干部的重要依据。制定能充分发挥村干部工作积极性的误工补贴制度，建立和完善对干部工作业绩和收益挂钩制度，充分调动农村干部村级集体经济的积极性。

（4）规范管理，确保农村集体资产保值增值。农村集体资产的管理好坏直接关系到农村集体经济能否长远发展。实践证明，农村集体资产管得好，集体经济就会积少成多；管不好，再强的集体经济也会垮下来。因此必须加强管理，确保农村现有集体经济的保值增值。一是要明晰农村集体资产的产权。要加强对集体资产的清产核资、资产评估、产权登记，明确集体资产的产权，坚决刹住挪占、私分集体资产的现象，防止集体资产的流失。二是加强农村集体资产的监督管理。要建立起农村集体资产财务统一归县（市）、镇管理的制度，即实行镇代管账目，堵塞村级财务管理漏洞。三是规范财务公开制度，实行民主理财。要严格实行财务公开制度，定期公开账目，接受群众监督，解决账目不清、滥支乱花等问题。要设立固定的公开栏及时公开要公开的内容，有条件的还要将公开的内容印发派发到农户手上，定期召开会议，发布村务动态、信息、总结部署工作，对村民提出的有关问题，相关领导在会上进行答复或解释等，让群众明白收支情况，以便得到群众的支持。

（5）探索一套好机制。发展壮大集体经济，要在体制机制上创新，在管理制度上完善。

① 大力发展股份制和股份合作制经济。股份合作制经济是农村集体经济组织的一种有效的实现形式，可以加快发展村级集体经济，培植新的经济增长点。

② 大力发展农民专业合作社。发展专业合作经济也是市场经济条件下发展壮大集体经济的有效形式。

③ 营造一个好环境。在目前发展集体经济举步维艰的情况下，营造一个良好的环境显得尤为重要。从外部环境来看，各级各部门和全社会都要关心和支持集体经济的发展。从乡村来看，要通路、通水，改善基础条件，并加强对村民的教育，形成淳朴的民风来招商引资，壮大集体经济。

只要各级党委、政府，真正按照科学发展观的要求，统筹城乡发展，更加注重加快农村的发展，切实负起组织、领导责任，积极引导、支持发展农村集体经济，就会更好更快地促进农村社会经济发展。

第三节　完善统分结合的双层经营体制

一、统分结合的双层经营体制概念及意义

1．统分结合的双层经营体制概念

统分结合双层经营体制是指家庭分散经营和集体集中经营相结合的一种经营模式。双层经营体制可以分为两个经营层次：一层是“统”，即经济组织对生产经营的统一分配和调节，双层经营中的“统”的职能包括生产服务、管理协调、资金积累等功能；另一层是“分”，即家庭分散经营，农户作为拥有独立生产经营自主权的经营单位。它是

一种适合中国农村改革需要，推动中国农村经济发展的经营体制。这种经营体制是在打破了原来的集体所有，集体集中统一经营的体制之后而建立的一种新型经营体制。它是以家庭分散经营为基础，集体集中统一经营条件下的一种经营体制。这一经营体制与农村原有的经营体制的根本区别就在于它具有双层经营的特征。双层经营体制就是家庭分散经营层次和集体统一经营层次的有机结合，缺少任何一方都不能构成双层经营。否定了家庭分散经营层次，只会是向旧体制回归；而否定了集体统一经营层次，只能是小生产的再现。集体统一经营和家庭分散经营既是互相独立的两个经营层次，又是互相依存、互相渗透的统一在一个集体经济组织中的两个经营层次。

改革开放以来，我国实行了土地集体所有、家庭承包经营的政策，初步确立了统分结合的双层经营体制，农村生产关系基本得以理顺，从而农村生产力有了很大的发展。统分结合的双层经营体制是壮大集体经济、增加农民收入的最有效的经营方式，是农村集体所有制的一种实现形式。

2．正确理解“统分结合”内容

统分结合的双层经营体制正是在以家庭联产承包为主的责任制实施过程中形成并逐步发展起来的。家庭联产承包责任制的实施过程，就是统分结合的双层经营体制的形成过程。改革刚开始时，主要是突破计划经济的桎梏，充分发挥农户的生产经营积极性，解放被束缚的生产力，但实践证明，单纯强调“分”的作用，而忽视“统”的功能，只能解决温饱问题，要想实现共同富裕，要使“分”得到进一步发展，就必须大力发展集体经济，优化和完善“统”的服务功能。以十四届三中全会为转折点，开始强调在稳定家庭联产承包责任制的基础上，大力发展集体经济，突出协调好“统”与“分”之间的关系，加强“统”对“分”的引导和服务。家庭联产承包与双层经营二者之间有着不可分割的内在联系：无联产承包，则无双层经营；无双层经营，也不是真正的联产承包。

统分结合的双层经营体制所讲的统分结合内容很广，涉及面很多。对经济发展水平不同的合作经济，统与分的内容可以不同，有的统一决策多一些，有的分散决策多一些。主要包括以下内容：

（1）所有权的统与分：

① 土地、农业基本建设设施等基本生产资料集体所有，由统一经营使用的是集体所有集体使用，由家庭经营使用的是集体所有家庭使用，家庭使用时上缴的提留形成集体积累，又属于集体所有。

② 家庭经营所需要的由家庭购买和拥有的其他生产资料属于家庭所有，家庭使用。集体统一层次需要使用时，必须按等价交换的原则补偿。集体统一经营层次进行生产经营活动所拥有的和购买的生产资料属集体所有，家庭经营层次需要使用时，由社员大会决定可以有偿、低偿和无偿服务。

（2）经营权的统与分：

① 涉及合作社整体利益的重大经营事项必须由合作社集体，即必须由全体社员和社员代表集体统一决策。诸如项目投资、资源开发利用、土地承包调整、集体企业的分配制度等。

② 家庭承包经营部分由家庭自主决策。

③ 集体企业承包后，由集体将决策权委托给企业。

（3）劳动方式的统与分：

① 需要合作社统一进行的自然资源的开发，如荒地、荒水、荒山、农田基本建设，实行集体劳动分工协作，劳动由集体统一安排。

② 兴办合作社集体企业必须根据全社劳动力的技术专长、整体利益的需要进行统筹安排。

③ 家庭承包经营层次以家庭为单位组织劳动。

（4）分配方式的统与分：

① 由集体统一确定干部报酬、提留比例和积累的使用。

② 集体统一经营的企业由集体统一确定工资标准。

③ 家庭承包经营层次在完成国家税收和集体提留后，由家庭自主决策积累和消费的比例、积累资金的使用。

农村改革的实践表明，以家庭联产承包为主的责任制、统分结合的双层经营体制，符合我国农村的实际情况，作为我国乡村集体经济组织的一项基本制度必须长期坚持下去。以家庭联产承包为主的责任制、统分结合的双层经营体制具有广泛的适应性和强大的生命力，这是因为：

首先，符合现阶段农村生产力发展水平。我国处在社会主义初级阶段，商品经济和科学技术不发达，农民素质还有待提高，农业社会化、专业化、产业化程度也不高。而且我国不同地区的自然条件、经济发展水平、文化教育水平等差异也很大。以农户家庭经营为基础统分结合的双层经营体制，集家庭承包经营与集体统一管理于一体，有利于容纳不同地区、不同产业、不同层次的生产力水平，因而受到广大农民的拥护和欢迎。

其次，适应农业生产的基本特征。农业生产的特点是自然再生产过程与经济再生产过程交织在一起。农业生产的对象是有生命的植物和动物，而且只有最终产品而无阶段成果。农业生产既受生物学规律的支配，又受诸多自然条件的影响，这就要求生产经营者具有高度的责任感和决策灵活性，由此决定了劳动组织宜小，生产者的利益要与最终经营成果挂钩。家庭经营下的农户，由于经济利益直接，必将以高度的责任感对农作物进行经常地观察和侍弄，并且随着客观条件的变化作出相应的决策，从而有利于农业生产的发展。同时，农业再生产的过程，在产前、产中和产后的许多环节，存在分散经营自身难以克服的困难。家庭联产承包制和双层经营体制统分结合，相互依存、相互促进，既能调动农户分散经营的积极性，又可发挥集体统一经营的优越性，使农村经营体制更加适应农业生产的特征。

党的十五届三中全会作出的《中共中央关于农业和农村工作若干重大问题的决定》中指出："实行家庭承包经营，符合生产关系要适应生产力发展要求的规律，使农户获得充分的经营自主权，能够极大地调动农民的积极性，解放和发展农村生产力；符合农业生产自身的特点，可以使农户根据市场、气候、环境和农作物生长情况及时作出决策，保证生产顺利进行，也有利于农户自主安排剩余劳动力和剩余劳动时间，增加收入。这种经营方式，不仅适应以手工劳动为主的传统农业，也能适应采用先进科学技术和生产手段的现代农业，具有广泛的适应性和旺盛的生命力，必须长期坚持。"

党的十六大报告要求："坚持党在农村的基本政策，长期稳定并不断完善以家庭承包经营为基础、统分结合的双层经营体制。"稳定完善双层经营体制，关键是稳定完善土地承包关系。土地承包关系稳定不稳定，直接关系到农民珍惜土地、增加投入的积极性和集体经营土地的有效性。土地承包关系完善不完善，稳定不稳定，关系到集体与农户两方面的经济利益，关系到集体经济的壮大与否和农民收入的增加与否；关系到我们国家土地赔偿制度的建立和健全，关系到今后农业耕地能否切实地得到保护和有效地加以利用。

党的十七大报告进一步指出：要“坚持农村基本经营制度，稳定和完善土地承包关系，按照依法自愿有偿原则，健全土地承包经营权流转市场，有条件的地方可以发展多种形式的适度规模经营。探索集体经济有效实现形式，发展农民专业合作组织，支持农业产业化经营和龙头企业发展”。也只有稳定和完善土地承包关系，才能有健全的土地承包经营权流转市场，也才能发展适度规模经营，从而找到集体经济的有效实现形式。能不能坚持以家庭经营为基础、统分结合的农村双层经营体制，稳定和完善土地承包关系是关键。

二、进一步完善统分结合的双层经营体制的原因

以家庭承包经营为基础、统分结合的双层经营体制还需要进一步完善。主要有以下几个方面：

1. 鼓励土地使用权有偿转让，发展土地适度规模经营的需要

在转包转让土地时，一定要采取自愿原则，不要强行收回农民的承包权。搞土地规模经营必须具备一定的条件，不能采取行政手段强迫推行。实行农地规模经营是一个漫长的过程。目前，我国农户的土地经营规模仅为 0.42 公顷，同样是人多地少的国家，日本为 1.4 公顷，韩国为 1.2 公顷，而美国农场的平均经营规模为 195.2 公顷，西欧各国为 18～69 公顷。如果我国农产土地经营规模提高到日本的水平，就意味着现有农村居民中要有 3.9 亿左右人不再依靠农业生活，如果提高到韩国的水平，要有 3.5 亿人不再依靠农业生活，按照目前每年农村劳动力绝对量减少 523 万人的速度，要 65～80 年的时间[①]。如果要达到西欧和美国的水平时间就更长了。

① 张正义. 长期稳定以家庭承包经营为基础统分结合的双层经营体制. 中国乡村网 http：// china-village.com.cn.

2．发展农业产业化经营，把农户的生产经营与市场有效地联结起来的需要

实践证明，以市场为导向，以提高效益为中心，对农村经济的主导产业按产供销、种养加、贸工农一体化的要求，实行产业化经营，是倡导农民走向市场的一种好形式。这既有利于稳定、完善家庭联产承包责任制，又可以达到提高规模效益的目的，而且这种形式可能更符合中国国情，更容易为农民所接受。

3．增强农村集体经济的服务功能，关键是解决好产前、产中、产后的服务问题的需要

目前，从全国来看，双层经营体制的完善程度很不平衡。有的地方比较完善，有的地方不够完善或很不完善。多数地方，集体统一经营这个层次比较薄弱，主要表现在：集体统一服务的功能不健全，一家一户在生产经营中遇到的困难得不到解决；集体经济实力较弱，不少协调和服务的职能难以发挥；乡村集体经济组织的管理制度和组织机构不健全，难以发挥应有的作用。集体经济的实力是强化“统”层功能的基本依托。

三、正确处理双层经营体制下统与分的关系

正确处理统与分的关系，是发挥家庭经营积极性与集体优越性的关键所在，是提高整体效益的关键所在。统得过多会压抑和束缚家庭经营的积极性。分得过度则不能充分发挥集体统一经营的优越性。要坚持以下原则：

（1）集体经济比较发达，大部分劳动力已转入集体统一经营的企业，干部素质较高，合作社统的内容可以多些。相反，集体经济薄弱，甚至无集体统一经营企业的合作社，主要是农户经营，经营权在家庭，集体只进行一些协调和力所能及的服务工作。

（2）单家独户无法进行或不易搞好或经营效益低的生产项目、生产环节，则应统一经营。家庭可以独立经营的生产项目、生产环节，尽量交由家庭经营。

（3）可以分散劳动，对劳动质量、数量不便于监督、统计、计量的生产部门应承包给家庭经营。

（4）在处理统与分的关系上，要明确家庭经营方式，既可以适应手工、畜力工具，又能容纳机械化、电气化的生产工具。所以不论生产力水平高低，统一经营内容多少，在农业生产上都可以把家庭作为一个经营单位自主经营，独立核算。

四、双层经营的模式选择

农村经营体制创新对于加快农村经济的发展具有全局性、方向性和根本性意义。农业经营体制创新必须从维护和保持农村改革发展稳定的大局出发，必须有利于提高农业的国际竞争力，有利于加快农民致富。要在总结典型经验的基础上，积极引导，强化服务，坚定不移，扎扎实实地把农业经营体制创新工作引向深入。

实施家庭承包经营以来，广大农村为解决农业生产经营领域的小生产与大市场的矛盾，在农业生产经营的组织与制度创新方面做了许多探索，出现了许多新的生产经营模式，同时也获得了相当多的经验和教训。认真分析已有的农业生产经营新模式，有助于进一步稳定和完善已有的双层经营体制。

1. 大户经营型

由种植大户在家庭承包经营的基础上，通过土地流转，扩大农户土地经营规模实现。劳动力由家庭成员组成。大户经营型的优点是组织形式比较简单、土地经营规模一般较为适度、管理成本较低。但是，由于耕地资源紧缺，大户经营型的经营规模虽比一般农户要大，但经营管理方式与一般的农户家庭经营差别不大，不能从根本上解决农业生产经营与大市场的联系问题，不仅缺乏市场竞争力，甚至因经营规模扩大增加经营的风险，很难成为农业生产经营制度创新的主体选择。

2. 集体经营型

土地及劳动力由集体统一调配使用，并由集体统一提供农业技术服务、农业机械配套和农业基础设施建设。优点是可实行以工建农、以工补农，有利于增加集体对农业的投入，有利于农业科技推广和农业机械化的实施。缺陷是建立在生产资料集体所有、生产劳动统一调配基础上，难以真正实行有效监督和公平分配。这种经营形式只在城市郊区个别村组实行。生存的前提是非农产业相当发达，社区集体组织有能力以工补农，是在特定条件的制度安排，不具有推广价值。

3．农业产业化带动型

农业产业化通过各种形式的中介组织，把分散的农户和市场连接了起来，降低了单个农户走向市场的风险；把种养加、产供销、贸工农联系了起来，延长了农业产业链，扩大了产业规模，提高了规模效益。农业产业化之所以能起到上述作用，关键是它在农户和市场之间插入了中介组织，农户不必直接面对市场，客观上提高了分散农户的组织化程度，避免了农户直接面对市场的不利地位；同时，它没有改变农户作为生产经营主体的地位，没有损害农户的生产经营权。但农业产业化要有效运营，必须建立合理的利益分配关系，让农民充分分享农产品加工和流通环节的利润，这是农业产业化的目的和成功关键。

4．合作经营型

合作经营型是指以基本符合国际通行运作标准的合作经济组织为经营主体的农业生产经营模式，其经营组织及其活动属合作经济的范畴。合作经济的本质是以承认私人产权为前提的交易的联合。20 世纪 80 年代初农村家庭承包经营的推行，使大部分地方原有的社区集体组织在生产经营中的功能迅速丧失，一些分散经营的农户自发地联合起来，成立合作组织，以合作经营的方式联手进入市场。这种合作经营型的组织包括农村各种专业技术协会、技术研究会以及专业合作社。合作经营型的优点是：它是在农民自愿的基础上建立起来的，符合农民的意愿，提高农户进入市场的组织化程度，降低交易费用和经营风险。合作经营型是解决农户分散经营与市场经济之间矛盾的理想模式。目前存在的问题主要是有关农业合作社的法律和制度不健全，相关政策也还不配套，造成合作经济组织与社区集体组织的关系不明确，作为市场行为主体的定性问题没解决。

五、进一步完善双层经营体制的对策

以家庭承包经营为基础的双层经营体制，“统”与“分”之间存在着相互制约、相互依赖、相互渗透的关系。但是由于新观念、新措施的时效性和旧观念、旧政策的惯性，使上述各种矛盾尖锐化，“统”

与“分”之间的联系割裂，统一经营的某些环节和方面不适应家庭承包经营的要求。因此，农村双层经营体制有待进一步完善，以挖掘其内部潜力，使统分结合的优势得到充分发挥。尽管双层经营体制在实施过程中出现了一些问题，对农业、农村和农民造成了一些不利影响，但是只要我们在实践中不断完善和改革，这一体制将会更好地推动农业生产的发展。统分结合的双层经营体制，作为我国农村的一项基本制度，是符合我国国情和农业经济发展规律的。其具体措施如下：

1．大力发展集体经济，增强其统一经营的功能

发展壮大农村集体经济是完善统分结合经营体制的关键，发展和壮大集体经济，目的在于更好地为家庭经营服务，促进农民增产增收。集体经济的强弱关系到农民负担的轻重和实现共同富裕的进程，在发展集体经济时，要改变过去的思维定式，改变过去局限于兴办企业才是搞集体经济的狭隘观念。因此，在发展集体经济上，思维要超前，路子要宽，但更要因地制宜，宜农则农，宜工则工，宜商则商，不要“一刀切”。农村集体经济是农村社会主义公有制经济最基本的单元，要壮大农村集体经济必须做到以下几点：第一要加强农村现有集体资产的管理，清产核资，防止集体资产的浪费和流失，确保集体资产保值增值。第二要增强集体经济自我积累的功能，各地方要因地制宜地发展农村经济，发挥资源和区域优势创办适应市场需要具有一定竞争力的集体、个体企业，提高村办企业效益，搞好农副产品加工增值，增加村集体收入。第三要搞好农户的产前、产中、产后服务，让集体充分发挥出“统”的功能，更好地为农民的生产生活提供服务。第四要坚决杜绝各部门乱收费和不切实际的达标升级活动。第五要实行民主理财，坚持财务公开，减少不必要的开支。第六要大力精减村干部。根据各村规模的大小，依据村级干部配备原则进行配备，不能违规配备，以减少开支，增加积累。

2．大力推行农业合作化经营

合作化经营是广大农户联合起来从事经济活动的经营形式，它是解决小农户与大市场矛盾的根本途径。实行农业合作化经营，要以家庭经营为基础。采取多种合作形式，一是实行多种生产要素的合作，即实行劳动、资金、生产资料等生产要素的合作。二是实行多个经营环节的合作，包括生产、供应销货、金融、科技、贮运等环节的合作。三是实行多种经营层次的合作，包括本地区合作和跨地区合作等。

3．实施适度的规模经营

适度的规模经营能有效地克服土地分散。细小的局面，便于大面积的机械化作业，提高劳动生产率。适度的规模经营有利于实现土地、资金、劳动力和技术等生产要素的优化组合，提高农业经营效益。但是，规模经营必须以非农产业的高度发达和农业劳动力大量向非农产业及城镇转移为前提。因此，根据我国国情，规模经营的实现还需要一个漫长的过程。当前，在那些经济条件较成熟的地区可以试行逐步实施适度的规模经营。

4．大力推广农业产业化经营

农业生产力发展到一定水平，客观上要求农业内部各公司、农户等经营主体通过合同或其他途径结合成某种形式的经营组织，进行专门化、一体化、社会化的经营服务，通过产、工、销各环节，农、工、商各领域的有机结合，使农业具有产业的系列效应和大规模组织的优势。通过产业化引导小农户进入大市场。依靠一体化经营的利益共同体来防范自然风险和市场风险，提高农户的经营效益和收入。产业化经营以龙头企业为主，分散的农户家庭承包经营仍然以农业生产为主，是双层经营体制的有机组成部分。

5．合理调整产业结构，积极兴办乡村企业，正确引导农村剩余劳动力充分就业

围绕消费调整产业结构，以优质赢得市场，实现剩余劳力就地消化转移。随着农产品市场竞争的日趋激烈，许多农产品在市场上已经接近或处于饱和状态，消费者对质量提出了越来越高的要求，人们不再满足吃饱，而是要吃好，过去那种温饱型供给已无法满足消费者的需求，农产品市场竞争也逐渐由价格竞争转向品质竞争，为此，目前应根据消费市场对农产品的需求趋势，积极投入人力、财力，开发不同用途的优质品种，来扩大市场的占有份额，增加农民收入。

围绕加工流通调整产业结构，兴办乡村企业，扩大就业面。农产品结构的调整，需要产前、产中、产后的配套服务，把生产、加工、流通紧密结合起来，拉长产业链，走加工流通，转化增值的路子，为农村劳动力的就业拓宽、寻找途径。一走加工增值之路，即以市场需求为导向，立足现有加工企业能力的改造，加快农副产品龙头加工企业的建设，使龙头企业成为市场、基地、农户相衔接的枢纽。二走培育品牌之路，即要注重农副产品的品牌效应，不断提高产品的科技含量和质量档次，将产品生产优势转化为品牌优势、市场优势，不断提高农户、集体的整体效益。三走市场营销之路，即要将重点放在引导农民规划，指导农民种田，帮助农民卖粮，积极开拓市场搞活流通。

加强培训，提高劳动力素质，合理组织农村剩余劳动力向外流动。目前，部分农村劳力，除能从事一般的农事耕作外，再无一技之长，为此，在通过产业结构的调整，帮助众多劳力向二、三产业转化，在本地充分就业的基础上，有条件的地区可组织对剩余劳力进行其他业务技能的培训，提高他们的综合素质，然后集体可依据其自身一级组织的优势，积极为剩余劳力牵线、搭桥，寻找就业门路，同时通过剩余劳力自身素质的提高，就是集体无条件组织他们外出，他们也能通过学到的一技之长出外就业谋生。

6．推进集体经济组织从单一的行政服务向综合型社会化服务的转换

农民需求的多样化，必须有多元化的服务组织为之服务。根据我国农村的特点和双层经营体制所处的历史阶段，以村社集体经济组织为主体，以国家经济技术部门为依托，以农民自办服务为补充，以市场为导向，以经济效益为中心，充分发挥集体经济的优势和特有功能，形成覆盖农林牧渔各行业的产前—产中—产后全方位、多层次的社会化服务网络，使种养加、农工商、农科教各个环节以服务网络为核心连为一体。这种结合，更加突出了集体经济的服务功能，而且社会化服务体系又为集体经济组织提供了新的创收机遇。同时，在有条件的地区，在农民自愿的前提下，由集体引导农民走土地适度规模经营的路子，以有利于机械化的实施和满足大市场的需要。并通过集体服务功能的发挥和与农户经济利益的联结，逐步打破集体经济组织与农户传统的上下级关系。

总之，从我国农村 30 年的改革成果和发展现状看，对双层经营体制的进一步完善是农村经济持续、快速、健康发展的基础，是进一步巩固农村改革成果的关键，是农业生产实现规模化经营的前提，是农村稳定，农民走向共同富裕的根本保证。同时，也只有对农村双层经营体制的进一步完善，才能更好地坚持公有制，充分发挥集体的优越性和个人的积极性，才能更好地发展农业生产，增加农民收入，壮大集体经济，也才能更好地引导农民走共同富裕的道路。

思考题

1. 如何理解农村基本经营制度？
2. 农村家庭联产责任制的含义是什么？
3. 如何理解加强农村集体经济的意义？
4. 如何理解进一步完善统分结合双层经营的措施？

第三章　农村经济组织管理

我国农村经济组织演变过程的基本特征是单一性，而目前我国农村经济组织的发展趋势是多元化。本章围绕这一问题进行阐述，重点讲农村集体经济组织管理、农民专业合作经济组织管理、股份合作经济组织管理。

第一节　农村经济组织概述

农村经济组织是指从事和监督农村各种经济活动的组织总称。目前我国农村经济组织形式主要有：家庭经济组织、农民合作经济组织、农业企业。

一、我国农村经济组织形式演变的回顾

农村经济组织形式的单一性，是我国农村经济组织形式演变过程的基本特征。

解放初期，我国开展了农业合作化运动，虽然突破了农户经营的局限性。但仍然是用一种单一的经济组织形式去替代另一种生产组织形式。1956 年底，全国 96%的农户加入了合作社。农民家庭经济组织被人为地甚至强行地分解，由农村合作社的集体经营取代。这种单一

的产权与经营权合一化的经济组织形式最后以失败的结局告终。

1958 年我国农村经济组织急速地由农业合作社过渡到三级所有。队为基础的人民公社组织。人民公社体制下的农村集体经济组织形式完全取代了农业生产合作社经济组织形式和农村家庭经济组织形式，家庭经济功能被“割尾巴”消灭。这种单一的政经合一的经济组织形式，严重脱离当时的生产力基础，严重挫伤了农业劳动者的积极性。

1978 年党的十一届三中全会以后，以家庭联产承包经营责任制为基本特征以农村家庭经营为主体的经济组织形式在全国普遍推行，代替了低效率的人民公社体制下的农村集体经营组织形式。家庭经济组织形式又成为我国农村中的基本经济组织形式。这种形式确立了农户的独立利益主体和经营主体地位，从而调动了微观经济主体的积极性，促进了农业生产的发展。但是，这种全国统一的、单一的经济组织形式，也仍然存在着不可回避的缺陷。主要表现在以下几方面：一是“集体”缺位。名义上的集体经济组织，实际上是一个空壳。乡镇政府、村民委员会和村民小组在性质上都不能代表农村“集体”。同时，将它们与农村集体经济组织交织、重叠在一起，是政经不分的体制根源，由此带来了一系列弊端，增大了这一组织形式的制度成本，使效率受损。二是分散的农户小生产与大市场之间的矛盾。三是农业专业化生产与社会化服务之间的矛盾。四是大量农村剩余劳动力转移途径不畅的矛盾。矛盾的发展，必然要求创新农业经济组织形式。20 世纪 80 年代后期，一些新型的农村经济组织形式不断出现。比较典型的形式有：公司加农户、专业合作社、专业协会、股份合作经营、民营庄园、农业公司等。尤其是近几年，新型的农业经济组织形式发展更加迅速并逐步趋于完善。

回顾我国农村经济组织形式演变的历程，可以看出：农村家庭经济组织形式在我国一直占有主导地位。但是，在现实中，单一的家庭经济组织形式已经暴露出了它固有的缺陷。生产社会化和市场化的发展，推动着农村经济组织形式多元化进程。农村经济组织形式创新，是社会主义新农村建设的一个重要问题。没有农村经济组织形式的创新，也就没有社会主义的新农村。

二、我国农村经济组织类型

对于我国农村来讲，目前农村经济组织形式的发展不是用某一种经济组织形式去替代另一种经济组织形式的问题，而是多种经济组织形式如何共生、共利，有效运行的问题。我国农村社会、经济、文化诸多方面发展的特殊性，决定了我国不同经济组织形式共生、共利。目前我国农村经济组织形式主要有：家庭经济组织、农民合作经济组织、农业企业。

1．家庭经济组织是我国农村经济组织发展的基本形式

家庭经济是以家庭作为一个经济实体进行生产、流通、分配、消费的经济组织形式。它既是一种体现社会再生产过程生产关系的形式，也是一种在家庭范围内合理组织生产力各要素的表现形式。在我国，农民家庭具有极强的维系作用。以家庭血缘关系和婚姻为主组成的家庭，由于共同的家庭经济利益，使其有较大的内在凝聚力，能够在一定限度内，自我维持、自我调节、自我发展。在现代化过程中，传统的家庭经济形式，与适量资本和技术结合，便能形成符合中国资源禀赋的、低成本的、有顽强生命力的新生产力和各种新生产方式。农村家庭经营在规模、生产手段上会随着社会、经济的发展而变化。农村家庭经济可与城市企业、乡镇企业共同现代化，互相补充，协调发展。

适应市场经济发展要求的家庭经济，将与传统小生产的家庭经济不同。新型的家庭经济形式主要有：

（1）生态家庭经济。生态农业是一种系统整体性的农业发展模式。它最大的特点在于整体系统性。它既要使农业生产系统内部的全部要素形成平衡协调发展的统一体，也要与整个社会技术经济系统形成一个功能整体。目前我国的家庭生态经济发展还处于经营规模小、产品种类少、兼业经营的生态庭院和专业化程度低、产量不大、商品率低的生态农户层次。在生态链复杂的生态农业结构中，它是生态链转换过程中的基础环节，生态农业企业和生态村镇要以家庭经营为基础，要由小型的生态家庭经济集合形成大的生态循环系统。更何况小规模并不一定就是生态家庭经济的特征，小规模的生态家庭经济可以逐步

发展壮大，形成较大规模甚至是大规模的生态家庭经济。

（2）现代家庭农场。目前，农户家庭已经成为我国农业生产活动的主体。但是，在专业化、集约化方面的发展还相对落后，与世界发达国家相比还有一定差距。在以后的发展中应促使农户分工分业，使生产要素向优势农户集中，加速农户之间的兼并与重组，增强农户的产业竞争力，同时，使其他农户重新定位，转换职业，逐步向二、三产业、向城市转移，是我国农村家庭经济发展的一个重要方向。

（3）农村家庭工业。农村家庭工业是农村经济的重要组成部分。从人类历史上看，工业的起源在农村，直到近代以前，工业的主体也在农村。长期以来，人们总是把农村家庭工业视为自然经济的组成部分，其功能是维持小农经济稳定性。其实，农村家庭工业并不一定就是自然经济。由于近代商品经济的发展，农村中一些家庭工业也突破了地方性市场的限制，开始为全国以至国际市场生产。以农民家庭为单位、工农业结合的生产组织形式在今后较长一段时间内仍然具有顽强的生命力。农村的家庭工业可以在不与农业“分离”的情况下，采用机器生产。可以预计我国农业的工业化，在较大程度上也要依赖于农村家庭的工业化。家庭工业将是乡村工业的主要生产车间。

（4）联合型家庭经济。发展联合型家庭经济是克服“小生产与大市场”矛盾的重要手段。在今后相当长的一段时间内，联合经济形式将以家庭经济为基础，集体经营、集团经营等经营方式将与家庭经营方式同时并存。家庭经济的发展将支持集体经营、集团经营的发展。同样，集体经营、集团经营将推动家庭经济的壮大。

2. 农民合作经济组织是我国农村经济组织发展的主导形式

20世纪80年代以来，我国部分地区的农民互相合作，以资金或者劳动力为纽带，共同出资，共同管理，共同经营，发展一些科技含量较高的养殖、种植或者加工产业，标志着我国新型的农村经济合作组织诞生。

农民合作经济组织通过实现农民在生产要素上的联合，各种服务要求上的联合，各个生产领域上的联合，将推动我国农村生产力的再一次解放和再一次大的提高。它能使农村生产关系与农村生产力水平在动态中不断实现相互适应的调整，是实现农民走共同富裕道路的最好形式，因而也是我国今后农村经济组织的主导形式。

（1）农民合作经济组织规定性。农民合作经济组织一般包含以下五方面的规定性，符合这五项规定的经济组织才是比较规范的农村合作经济组织。

① 农民合作经济组织的成员是具有独立财产所有权的劳动者，并按自愿的原则组织起来，对农业合作经济组织的盈亏负无限或有限责任。

② 农民合作经济组织的成员之间是平等互利的关系，组织内部实行民主管理，农业合作经济组织的工作人员可以在其成员内聘任，也可以聘请非成员担任。

③ 农民合作经济组织是具有独立财产的经济实体，并实行合作占有，其独立的财产包括成员投资入股的财产和经营积累的财产。

④ 农民合作经济组织实行合作积累制，即有资产积累职能，将经营收入的一部分留做不可分配的属全体成员共有的积累基金，用于扩大和改善合作事业，不断增加全体成员的利益。

⑤ 农民合作经济组织的赢利以成员与农业合作经济组织的交易额分配为主。

农民合作经济组织必须有共同的经济实体、自负盈亏、实行独立的经济核算。那些不以赢利为目的、无经营内容、不实行严格独立核算的农民技术协会，则不属农业合作经济组织的范畴。

（2）农民合作经济组织的基本特征。农业作为一个弱质产业，使个体的农民在市场竞争中处于不利的地位，农民的合作，使农业经济主体的合作对于农业的发展和农民市场地位的提高具有极其重要的意义。农民合作经济组织作为一种合作经济组织主要具有以下基本特征。

① 农民合作经济组织具有合作经济组织的一般特征。包括成员自愿地加入和退出、民主平等管理、互助共赢和利益共享等基本特征。

② 农民合作经济组织是在家庭经营基础上的协作经营。农业作为特殊的行业，即经营模式是以家庭经营为主，从而农业经营的个体经济就是家庭经营经济，这一特征使得农民合作经济组织在发展的初期，

尤其是在传统农业向现代农业过渡的时期更带有社区性和综合性。

③ 农民合作经济组织的启动有较大难度。农业经营是一种典型的分散经营，尤其是传统农业，其商品化率很低，农民的合作欲望和合作意识很低，这说明合作经济组织的发展与市场竞争有着密切的关系。

④ 农民合作经济组织需要政府的大力支持。农民合作经济组织对于壮大农业经营主体的力量有着极其重要的作用，从而对于稳定农业的发展和稳定整个社会的发展有着重要的作用，但由于农民的合作意识较差，同时由于农民的自我管理能力不高，这严重制约了合作经济组织的启动和进一步发展，在这种情况下，政府应该在教育、培训和信息方面予以积极的支持。

（3）农民合作经济组织产生原因：

① 社会分工与生产专业化需要农业合作制。社会分工是商品生产存在的基本条件之一，农业生产越专业化、商品化，就越要求进行各种形式的合作或联合。如果农业生产是建立在自给自足的自然经济基础上，各个农户生产出来的农产品除了满足自给性需求外，基本上没有什么剩余，那么农户之间就没有实行合作的必要。如果利用非经济手段强行地把不同的农户组合到一起，就会阻碍生产力的发展。只有在各个农户之间，出现相当的社会分工和专业化，生产的各个不同环节、阶段由不同的生产组织去完成的情况下，彼此之间才有合作的必要。

② 为了抵御市场风险和自然风险农业需要合作制。市场经济的发展，把众多的农户推向市场，而市场则由经济规律这只“看不见的手”来诱导资源配置。分散的农户面对变幻莫测的市场，风险骤增；农业还是受自然灾害影响最严重的产业，单家独户无力抗御自然灾害。为了减少和避免市场与自然所带来的风险，农民迫切需要合作制。

③ 农产品的易腐性和农业资产的专用性使农民需要合作制。大部分农产品具有易腐性，特别是蔬菜、水果、畜产品等，这些产品一旦成熟或采摘以后，如果不进行储存或加工，就必须马上卖掉，否则就会腐烂，农户会因此蒙受损失。因而农户自然会有合作的愿望，以解决农产品不耐储存的难题。农业生产中所购买或建设的许多生产资料具有专用性，若放弃该项经营的话，处理这些资产的价格将非常低廉。

为了减少由此带来的损失，农户也在寻求长期的合作。

④ 在激烈的市场竞争中，小规模经营的农户需要合作制。一般来说，农户的经营规模比较狭小，单独采购生产资料难以获得价格优惠和运输上的经济，单独出售农产品也难以卖得好价钱。在生产中单独使用某些大型农业机械或先进的农业科学技术也可能变得不经济。农户在激烈的市场竞争中，为了降低成本，提高赢利，就需要通过合作制联合起来，借助外部交易规模的扩大来节约交易成本，提高在市场竞争中的地位，寻求规模经济。

⑤ 农业合作制与市场经济相伴而生。市场经济的发展是农业合作制发展的前提和基础，市场经济的扩张是农业合作制产生的土壤，而农业合作制是市场经济发展到一定阶段的产物，并为它的进一步协调发展起到推动作用。农业合作制作为连接农民与市场的中介，对于推动市场经济的发展，维持农产品市场和农业要素市场的稳定与均衡，改善农民的社会与经济地位起到了极其重要的作用。

实行合作化经营的优越性表现在以下几个方面：第一，合作化经营可以提高农户经营的比较效益，保护农民利益。农民可以加入农业合作社，合作社自己从事农产品加工销售等活动，把增值利润返还给农户，提高农民收入。合作社可以代表农民参与和工商企业、政府等方面的谈判，提高农户在市场上的讨价还价能力，从而更好地保护农户利益。第二，合作化经营有利于降低农户的市场交易费用。由农业合作社代表农户有组织地进入市场，进行供销活动，必然会降低交易费用。第三，合作化经营有利于降低农户参与市场的风险。由于农业生产的特点决定了农业生产不仅要面对自然风险，而且还要面对市场风险，农业合作社可以在资金、技术、信息、生产和流通等方面为农户提供服务，从而降低了自然风险和市场风险对农业生产的不利影响。

（4）农民合作经济组织类型。目前我国农民合作经济组织是指改革开放以来在中国农村涌现出来的不同程度上具有合作性质的新型经济组织，包括以下三种：农村集体经济组织、农民专业合作经济组织、股份合作经济组织。以后还要分节讲述。

3. 农业企业是我国农村经济组织形式发展的高级形式

农业企业是指按照现代企业的生产经营方式从事商品性农业生产以及与农产品生产经营直接相关的经济组织，它包括种植、养殖、加工、流通、间接与农业相关的企业、农业中介、农业信息和农业科技等企业。农业企业化是指使农业从传统的自给自足或半自给自足的一家一户的小农经营方式向高度商品化的、面向市场的农业企业经营方式转变，使农民从传统的农业生产者向具有市场意识、风险意识、投资意识、科技意识的农业企业家方向转变，从而解决农业生产过度分散化和非组织化问题的过程。

农业产业化的微观基础和表现形式是农业企业化，农业产业化的过程就是农业企业化的过程。农业产业化过程中产生的各种新型合作经济组织形式，促进了市场对农业生产要素的合理配置和劳动生产率的提高。而农业产业化也为农业企业化的进一步发展创造了广阔的前景。

在市场经济条件下，依靠社会力量，运用市场手段发展农业企业，实现企业主导，有利于巩固和加强农业的基础地位，解决农户小生产与大市场的矛盾。有利于解决农产品加工率低、销路差、效益低的问题，实现农业生产的规模化、区域化、专业化，促进传统农业向现代农业转变，提高农业整体素质。

在企业化的低级阶段，社会分工由垂直型向水平型转变，在企业化的高级阶段，生产和资本的集中逐渐形成垄断型的农业企业集团、农业产业集群。企业化的充分发展将直接导致农业现代化，农业企业化是农业现代化的高级阶段。

第二节　农村集体经济组织

一、农村集体经济组织的概念

农村集体经济组织是指在原来“三级所有，队为基础”的人民公社体制基础上，经过推行家庭联产承包制一系列改革，以土地为中心，以农业生产为主要内容，以行政村或村组为单位设置的社区性合作经济组织。我们知道：生产责任制实施后的农村行政管理发生了变化，原有社队经营核算的集体单位不适应包产到户的需求，1984 年国家陆续将人民公社改为乡镇或者乡，生产大队改为行政村，生产队则改为村民小组。而这类“村、组”就构成了一般意义上的“集体经济组织”（简称集体）。集体是一种法人单位，村组领导层管理集体经济，成为市场中的一个经营主体。一般讲集体经济组织与村委会、村党支部是一体的，很难分开的，村集体经济组织职能由村党支部或村民委员会代管。

农村集体经济组织作为我国农村一种最普遍的合作经济组织，在保障农民家庭经营发展和促进农业发展方面作出了巨大的贡献。但由于传统计划经济的影响，农村集体经济组织具有一定的行政特性：农民没有选择进入和退出的自由，因为土地是集体所有；管理缺乏民主，乡镇人民政府对集体经济组织存在较多的干预；管理水平较低，在带领农民共同致富方面没有起到应有的作用。从本质上讲，现在的农村集体经济组织不算真正意义上的合作经济组织，关键问题在于现行外部体制导致内部没有民主管理体制，但随着《村民委员会组织法》和新的《村民自治条例》的贯彻和实施，农业集体经济组织的合作性质逐步深化。我们可以预见在不断完善的市场经济体制下农村集体经济组织仍然是最基本和最主要的农业合作经济组织，也必然会成为其他农业合作经济组织发展的基础。

二、农村集体经济组织基本功能及特点

1．农村集体经济组织基本功能

按照有关法律和政策规定农村集体经济组织的职能包括以下几方面：

（1）积累功能。体现在管好、用好集体经济组织内部的集体资产，组织生产服务和集体资源开发，增加集体积累。集体经济组织一方面要防止集体资产的流失，使其能够保值并不断增值；另一方面要拓宽生产门路，兴办新的集体企业，为剩余劳动力提供更多的就业机会。

（2）协调功能。协调成员利益关系和资源的合理流动，在协调成员利益关系上要体现公平、公正、公开的原则，在协调资源合理流动

上要体现科学配置、效率优先、利益最大化的原则。

（3）分配功能。在集体经济组织内部调节农民的收入再分配，促进农业生产的持续、稳定发展。

（4）服务功能。农村集体经济组织要向农户提供生产经营方面的各种服务，既要提供与产前、产中、产后相关的各种服务，又要提供党的各项方针政策、法律法规的宣传服务，还要提供用工信息、科技等方面的服务。

（5）监督功能。主要监督党的各项富民政策的落实及各项法律法规的落实。

2．农村集体经济组织的特点

（1）地域性。农村集体经济组织是在土地生产资料集体所有的基础上形成的，决定了其只能是集中在本村的地域上，并按已划分好的行政区域管理各自的范围。

（2）农村集体经济组织机构没有独立性。在农村村民委员会既执行着社区职能，又兼具集体经济的管理职能，在组织结构上属于“政社合一”。

（3）村民委员会既是村集体资产的所有者，又是村集体资产的管理者。

（4）农村集体经济组织主要为社会管理和经济发展服务。

三、农村集体经济组织存在的问题

（1）农村集体经济组织形式落后，没有设立独立的农村集体经济组织，还继续沿用计划经济时期的“政社合一”体制。在广大农村，村党支部或村委会既执行着社区职能，又兼具集体经济的管理职能，形成了组织结构上的“政社合一”。

（2）管理水平不高。一是职责不清，村党支部或村民委员会与农村集体经济组织职责不明确。二是财务管理制度不健全，缺乏壮大集体经济积累的长效机制。三是财务公开和民主监督制度落实不力。

（3）发展壮大集体经济缺乏新的途径。实现集体经济增长的形式单一，有效资源资产没有得到充分开发利用。

（4）各级对集体经济支持力度不够，发展集体经济的环境有待进一步改善。

四、完善农村集体经济组织的措施

新时期农村集体经济组织建设要以尊重农民意愿为前提，以村集体经济发展现状为基础，以发展壮大集体经济实力为目标，积极探索适合农村集体经济发展的组织形式。

1. 改革创新，积极探索创建新的农村集体经济组织形式

（1）要明确界定集体经济组织成员与非成员。集体经济组织成员是参加集体分配的基本条件，集体经济组织成员资格的界限是：组织成员的户籍关系应当登记在本村，并执行本集体经济组织成员的村民会议、农户会议或村民代表会议决议，履行成员应尽义务；按国家户籍管理规定本人及其子女落户地有两处以上选择、成员资格有争议的，经本集体经济组织成员的村民会议、农户会议或者村民代表会议讨论，应到会人员的三分之二以上同意接收、确认其为本集体经济组织成员。集体经济组织内部按人口平均发包土地、分配土地收益以及进行其他集体分配时，遇成员结婚或者其他情况，按国家户籍管理规定只能将本人及其子女户籍关系登记在本村的，应确定为户籍所在地集体经济组织成员。

（2）根据各村集体经济实力建立不同的集体经济组织形式。① 对经济实力雄厚、人均耕地面积较少的村，可以试行股份合作制改革，在清产核资的基础上，建立农村股份制经济合作组织，根据村经济合作组织成员的人口、劳动贡献等因素，把货币资产和固定资产量化到人，组建管理和经营机构，实行公司化运营、企业化管理，按股分红，确保村集体资产保值增值。② 对集体经济实力较好的村，要建立独立于村民委员会之外的农村集体经济组织，充分发挥农村集体经济组织的管理和服务职能。③ 对经济实力薄弱的村，一般继续沿用目前由村党支部或村民委员会代行村集体经济组织职能的组织形式。

2. 加大农村集体经济体制改革力度

改革农村集体经济管理体制，划分村集体经济组织与村委会的职责，明确村委会出资所有权与村办企业法人财产权的关系，实现集体资产收益与村组织收入分账管理。积极推进产权制度改革，按照“归属清晰、权责明确、保护严格、流转顺畅”的原则，逐步建立农村集体经济的现代产权制度。在产权构成上，既可以由劳动群众共有，也可以由劳动者按股份所有。在分配方式上，鼓励各种生产要素参与分配。强化资产管理和资本经营，对村集体经济组织的存量资产，在留出一定数量的社会保障资金后，可以量化到集体经济组织的成员。积极推进集体资产经营方式改革，打破产权封闭、区域封闭，实现开放式经营，积极推进高起点、大范围、宽领域的资产重组，优化集体资源配置。严格规范财务管理和完善积累机制。切实加强农村集体资产管理，对承包经营集体的土地、山林、水面等的企业和个体，要及时按承包合同收缴其承包金。集体土地被征用所获得的土地补偿费等收入，除国家规定分配给农民的以外，其他所得一律作为集体积累资金，主要用于发展农村集体经济和公益福利事业，不得平分到户，分光吃净。要定期进行清产核资，建立健全集体资产民主管理制度。推行村账乡代管、会计委托代理制、村会计集中办公制、村级财务电算化等多种形式的财务管理新办法。保持农村财会人员的相对稳定，对其加强培训，实行持证上岗制度。村集体经济组织不得为本组织以外的单位或者个人提供经济担保，不得将集体资金出借给外单位或者个人使用。农村集体经济收入要有一定的比例用于发展生产，严格控制非生产性开支占当年可支配收益的比例和总量。按照因事设人的原则，减少村组享受补贴的干部人数，合理确定村干部报酬。

3. 加强财务民主监督和审计监督

进一步规范和完善村务、财务公开制度，特别是一些集体经济收支行为较多的村，要建立村级财务审计制度，对主要村干部实行经济责任审计。实行民主决策、科学决策制度，重大事项必须由村民大会或村民代表会议一事一议。建立民主理财制度，对集体经济组织的财务收支活动实行民主监督和管理。民主理财小组接受镇（乡）农经站的指导，有权审查集体的各项收支并否决不合理开支，有权检查监督集体经济组织的各项财务活动，有义务协助镇（乡）农经站对集体财务工作进行审计。农经站、审计监督部门要切实加强对村级财务的审计监督，以经常性审计、专项审计和干部离任审计为主，对镇（乡）、村干部任职期间违反规定给集体造成损失，或群众反映强烈的农村集体财务管理问题应进行重点审计；要会同纪检、监察部门对侵占、挪用、挥霍、浪费、截留集体资金等涉案问题进行严肃查处并依法追究责任。

4．改革创新，积极探索农村集体经济发展的新路子

进一步巩固和完善以家庭承包经营为基础、统分结合的双层经营体制。在提升家庭经营的基础上，充分发挥集体统一经营优势，加强民主管理，理顺分配关系，增强发展活力。积极发展股份合作制经济，打破区域和所有制界限，把农民劳动合作与社会资本、技术、管理合作结合起来，把土地、山林资源优势与商品开发结合起来，通过对传统集体经济进行股份制改造、新办经济实体，优化生产要素配置，盘活存量，引进增量，不断壮大农村集体经济实力。大力发展新型合作经济，引导村集体与基层农技组织、基层供销社、农业龙头企业、专业大户等开展合作，发展技术指导、信息传递、物资供应、产品加工、市场营销等各类专业合作社、专业协会和专业中介组织，实现农村集体经济向多层次、多领域延伸和扩张。

努力创新农村集体经济发展模式和探索发展途径。认真总结和推广外地发展壮大农村集体经济的成功经验，采取创办集体企业、建设商品基地、开发优势资源、发展专业合作组织、城镇建设带动、招商引资带动、扶贫开发带动等多种模式发展农村集体经济。发展集体经济要结合各村实际，因地制宜，突出特色。集镇和城郊结合部、靠近公路沿线的村，要鼓励农村集体经济组织积极依法参与城镇建设和发展商贸业、乡村旅游业，通过招商引资建造厂房、市场、商贸房和仓储设施等二、三产业载体，发展配套服务业。平原农区，要结合农业结构调整和产业化经营，建设蔬菜、花卉、畜牧、水产等特色商品基地，发展农业龙头企业。山区、半山区，要通过参与农业基础设施建设，创办生态农业和旅游园区、股份合作制林场、生态畜牧养殖小区，要结合扶贫开发项目和资金扶持，通过建立服务组织、发展特色产业、组织劳务输出，不断带动集体经济发展。

5．制定优惠政策，营造发展农村集体经济的良好环境

采取有效措施化解乡村不良债务。要全面清理乡村各种债权、债务和担保金额，对清理出的不良债务要通过多种途径有效化解。对村集体因发展社会事业产生的债务，区、镇（乡）财政要在全面清理的基础上，筹集一定数额的资金，有计划地分期偿还。改变忽视集体资产管理和部分资产闲置的现状，积极清收历史欠款，严格控制非生产性开支，把经营情况列入公开的范围，接受集体监督，确保管好、用好资产，防止流失并实现保值增值。兴办各种公益事业和企业要量力而行，村集体未经村民代表大会或村民大会讨论通过，不得举债建设新项目、新办企业和经济实体，坚决制止新的不良债务产生。

合理开发资源性资产。允许村组在明晰土地资源产权关系的基础上，将合法的非农建设用地以使用权入股、租赁等形式，开展村与组之间、集体企业与农户之间、村组与外来企业之间等多种形式的经营合作。鼓励和支持村集体经济组织参与“四荒”资源有偿开发，以及依法经营集体水资源、山林资源、草山草场资源、矿藏资源，参与水利工程和林业工程建设。若农村集体土地被征用，可以按批准征用地面积预留 10%～15%，作为失地农民的安置用地，用于发展二、三产业。

6．切实加强领导，确保农村集体经济健康发展

加强对发展壮大农村集体经济的组织领导。要建立领导干部发展农村集体经济帮扶责任制，把发展壮大农村集体经济作为衡量镇（乡）党政领导政绩的重要内容，定期检查、严格考核。强化农村经济经营管理部门职能，加强对农村集体经济发展的具体指导服务。有关职能部门要紧密配合，为发展壮大农村集体经济提供有效服务，认真解决好集体经济发展中的难点、热点问题。

7．制定农村集体经济发展规划

要把发展壮大农村集体经济纳入当地经济社会发展的总体规划，在深入调查研究的基础上，因地制宜地制定集体经济发展规划，明确发展目标和主要任务，选准发展路子。要认真分析每一个村的发展条件，把扶持的重点放在集体经济发展薄弱村上，按先易后难的顺序加快集体经济发展。规划中要突出重点行业和领域，把发展重点放在为农户搞好产前、产中、产后服务；以特色优势农产品为重点，以优质化、专用化、品牌化为主攻方向，发展“一村一品、一村一业”；发展农业龙头企业，重点发展特色农产品加工业和旅游观光业。

8. 切实加强农村基层组织建设

要切实加强以村党支部为核心的农村基层组织建设，发挥党支部的战斗堡垒作用，形成在村党支部领导下，村委会和村集体经济组织合理分工、各负其责、相互配合的组织管理体系。积极把愿意为群众办事、符合党员条件的农村致富能人吸收到基层党组织中来，发挥他们的带动作用。建立村干部定期培训制度，重点抓好思想政治培训、政策法规培训、经营管理技能培训，不断提高村干部带领农民发展集体经济的本领。

第三节　农民专业合作经济组织

一、农民专业合作经济组织的概念及其特点

1. 农民专业合作经济组织的概念

农民专业合作经济组织是农村经济体制改革中涌现出来的新生事物，是指农民以某一农业产业或农产品为纽带，以中间组织成员的收入为目的，有同类产品的生产者、为该生产经营各环节服务的提供者和利用者，自愿联合、自主经营、民主管理、自我服务的一种自主性和互助性相结合的合作组织。

农民专业合作经济组织的发展是建立在家庭承包经营基础上的，不改变现有的生产关系，不触及农民的财产关系，适应了农村的改革与发展。可以这样认为，农村专业合作经济组织是农村组织制度的一种创新。在中国，农民专业合作经济组织的名称是多样化的，有的叫农民专业协会，有的叫专业合作社，还有的叫农村专业技术协会、合作协会等。农村专合组织制度创新，是农村经营体制的创新，它是促进传统农业向现代农业转变、促进城乡和谐发展、提高农民组织化水平的有效制度安排之一。萌芽于 20 世纪 80 年代中期，经过近 30 年的发展，我国农村专合组织创新虽然取得了长足的发展，但并不尽如人意。据 2007 年农业部的相关统计表明，当前全国较为正规的专合组织的总数仅为 15 万个左右；加入农民专业合作经济组织的农户成员 3 486 万户，占全国农户总数的 13.8%；带动非成员农户 5 512 万户，

占农户总数的 21.9%。总体来看，农民的组织化水平大大低于发达国家。就国内来看，东部农村专业合作经济组织发展较好，广大西部欠发达地区农民组织化水平更低、规模较小、成员较少。

2．农民专业合作经济组织的特点

从现阶段来看，农村专业合作经济组织的特点主要表现在以下几个方面：

（1）农民专业合作经济组织不改变农民最敏感的土地承包关系，不改变农户自主经营权利，农民可以根据生产经营活动的需要参加各种各样的专业协会。

（2）专业性强，它大多以专业化生产为基础，以某一类专业产品为龙头组织起来，如养猪协会、养牛协会、养羊协会、水果协会、蔬菜协会、食用菌协会等，都有明显的专业特征。

（3）专业合作经济组织以服务为宗旨，很好地帮助农民解决了一家一户做不了、做不好的事情。它了解农民需要什么，需要多少，能有针对性地开展服务。

（4）在组织管理上，实行自愿结合，入退自由，民主管理。

（5）在经营方式上灵活多样，独立自主；以合作为前提，能者牵头，多种形式，共同发展。目前的经营方式主要类型：一是依托专业大户，兴办各类专业合作社。这类合作社在资金筹集、技术提供、市场开拓等方面有较明显的优势。二是由能人带头，围绕发展主导产业建立各类专业合作社。这类合作社通过发挥“能人效应”，由“能人”带领广大农民办实体、搞加工、闯市场、促增收。三是依托基层供销社，吸收周围农民，对从事专业生产的农户建立合作社。它能够充分利用基层供销社的资源和人力、财力、物力，发展专业化生产，实行社会化服务和企业化管理。四是由乡镇政府引导，紧紧围绕主导产业发展，组织所辖各村农民建立各类合作社。五是农业龙头企业利用加工能力、资金优势牵头吸纳周边村民、专业户组成合作社。

（6）风险共担，利益共享。合作经济组织内部的每个成员既是利益的共享者，又是风险的承担者。合作组织根据他们交售农产品的数量和质量返还利润，根据劳动和资本的投入量分红。合作组织内部事务由农户协商解决，实行民主管理、民主决策。

二、农民专业合作经济组织的功能

1. 组织功能

（1）按照国家产业政策，组织成员进行生产与销售，促使农业生产由行政管理过渡到由合作经济组织协调管理。

（2）根据国家产业规划以及市场信息，组织和协调农户进行专业生产。

（3）根据市场需求和农民意愿，把分散的“专业户”、“专业村”，通过专业合作，组织成各种类型的专业农协，以参与市场竞争。

（4）在经济发达的地区，通过各类合作经济组织，直接组织农业劳动力有序地流动到第二和第三产业，实现农业规模经营，为农业产业化经营奠定基础。

2. 中介功能

大公司、大市场不可能都直接面对千家万户；同样，分散经营的农户，也不可能直接加入大公司的经营序列或纷纷进入大市场买卖农产品。在市场需求与市场竞争中，农户为避免自然与市场风险，需要“合作经济”这一中介组织。同样，公司（企业）也需要一个“中介”组织，以节约交易成本，无论哪一种农业产业化经营模式，都需要有一个中介组织，使公司与农户、市场与农户对接。

3. 载体功能

所谓载体功能是指农村专业合作经济组织从单纯的组织功能、中介功能中“跳”出来，逐步向产前和产后延伸，兴办各种经济实体，逐步将自身的组织演变成社区性的产业一体化组织或专业性的产业一体化组织。

4. 服务功能

向农户提供产前、产中、产后有效服务，是实施农业产业化经营必不可少的手段。由于农村专业合作经济组织的“根”扎在农民的“土壤”中，因此它对农户的服务最直接、最具体，从而成为农业社会化服务体系中不可取代的重要组成部分，成为维系农业产业化链条各环节稳固相连并延伸的生命线。

三、农村专业合作经济组织的作用

农村专业合作经济组织的作用主要表现在：

1．有利于提高农户进入市场的组织化程度

农村专业合作经济组织依据国家有关产业政策，按照市场信息，引导农民有组织地进入市场，使一家一户小生产与千变万化的大市场进行了有效对接。目前，大部分已形成一定规模的农村专业合作经济组织，它们大都组织了一支供销队伍，奔波于城乡各地，活动在流通领域，在一定程度上和一定范围内解决了农民进入市场时的“买难”、“卖难”问题，减少了中间环节，节约了交易成本，也避免了市场波动给农民造成的经济损失。目前全国农村专业合作经济组织中，专门从事流通服务的合作组织已经占38%。

2．推进农业产业化的主要形式和载体

农村专业合作经济组织已经成为推进农业产业化经营的一种有效组织类型和载体，能够满足农业产业化的基本要求，解决农业产业化经营中的诸多问题，将农业产业化的各个环节有机地结合起来，通过提供配套的系列化服务，进而提高专业化生产的整体效益，促进农业产业化经营发展。

3．服务“三农”的具体实践

统筹城乡经济发展是一项艰巨任务，前提和基础是解决好“三农”问题，根本途径是加快推进工业化和城镇化进程，以工业化带动城镇化、农业产业化，靠农业产业化提高农业效益、帮助农民增收致富。只有农村经济发展了，农民富裕了，才是真正实现建设小康社会的目标。当前农村进入了一个新的发展阶段，各级政府制定了农村经济发展的优惠政策，出台了农民增收致富的具体措施。供销社的根基在农村，服务的主体是农民，大力创建新型农村合作经济组织是服务“三农”的具体实践。

4．增加农民收入的有效途径

创建新型农村合作经济组织恰好是提高农民组织化程度的一种有效形式。实行这种组织上的大联合，才能把生产过程中产前、产中、产后的各个环节连成一体，形成规模效应，提升综合经济效益，让农

民增产增收。

5. 有利于提高农民的科学文化素质

我国各类农村专业合作经济组织都十分重视提高成员的科学文化知识，广泛地运用报纸、广播电视、书籍、墙报、自办辅导材料等，不定期邀请专家学者现场授课等生动易学的方式，对广大成员开展技术培训，成为我国农村教育事业的重要组成部分。据对22个省（自治区、直辖市）的统计，近年来，各类农村专业合作经济组织共举办各类技术培训班40多万期，参加培训的成员和群众达4 288万人次。通过培训，大多数人都掌握了一两门实用技术，其中437户已成为科技示范户，167万人获得农民技术员等各类农民技术职称。特别是通过在农村专业合作经济组织的实习和实践，培养锻炼了大批懂技术、会管理、善经营的实用技术人才。由于许多农村专业合作经济组织具有很强的吸引力，在入会条件中加入了对精神文明的要求，在一定程度上也促进农村社会主义精神文明的建设。

四、农民专业合作组织存在的问题

1. 群众基础不够

相当一部分农户不知什么是专业合作经济组织，对发展这种组织的安全性和必要性知之甚少。大部分专业合作社力量薄弱，严重影响了专业合作社应有功能的发挥。

2. 合作社内部结构不够合理、法人资格不够明确

作为合作经济组织它既不属于企业法人，也不属于社团法人。实际上各类专业合作社成了农村种养贩销大户、经营能人的“代名词”。

3. 内部管理粗放、管理人才匮乏

由于受自身素质的影响，存在着组织结构不严密，规章制度不完备以及责权利不明确等问题，合作社的章程、会员代表会、理事会、监事会形同虚设；内部财务管理不规范，有的合作社根本没有财务管理方面的内容；入社社员各自为政，社员同合作社的关系没有直接的利害关系，合作社的生产经营规模和经济效益也不能明确和及时地体现。

4. 管理部门责任不明确，上下不一致

如扶持资金由县农办负责发放，工商登记有县供销社批文才能登

记，而省、市级示范专业合作社由县农业局负责上报。管理体制的缺陷，影响了各职能部门对合作社的指导和服务。

五、农民专业合作经济组织与其他部门的关系

在现阶段乃至今后一个很长的时期内，农村专业合作经济组织在整个农村组织资源中比重都不会很大；同时，在农业社会化服务体系中也只能起到补充和载体作用。所以，必须加强与其他组织的合作，协调好各方面的关系，才能搞好服务，才能促使它健康发展。现阶段，农村合作经济组织迫切需要处理好以下几个关系：

1．农民专业合作经济组织与社区集体经济组织的关系

农民专业合作经济组织是围绕专业生产经营开展服务，其成员往往是跨社区的，然而又不可能脱离社区开展服务，专业合作经济组织的成员既是社区集体经济组织的成员，又是某个专业合作经济组织的成员，所以，它要在社区集体经济组织的配合支持下开展服务。在一些由社区集体经济组织牵头兴办的农村专业合作经济组织更是如此。

2．农民专业合作经济组织和科技部门的关系

这种关系实际上是指导与被指导，互为支持的关系。农村专业合作经济组织要积极争取科技部门的支持，主动承担技术推广的中介和组织任务，建立科研开发、示范基地，聘请科技人员直接参与农村专业合作经济组织工作，充分发挥科技部门在指导专业合作经济组织，普及科技知识、发展农业生产过程中的骨干作用。

3．农民专业合作经济组织与各级政府的关系

从目前我国实际情况出发，专业合作经济组织的发展离不开政府的扶持与引导，这和民办原则并不矛盾，这种扶持与引导需要把握住几点：

（1）政府要制定必要的适度干预与扶持政策，予以正确引导。

（2）政府部门切不可包办代替，把农村专业合作经济组织搞成官办的组织。

（3）当地政府领导不要在专业合作经济组织中担任实职。

（4）农民专业合作经济组织可以聘请专业技术人员到农村专业合作经济组织兼职或任职。

（5）充分尊重农民专业合作经济组织的经营自主权和财产所有权，不能搞“平调”，不能加重其负担。

（6）绝不能一哄而起。

六、加快农民专业合作经济组织发展的措施与对策

应从以下几个方面着手：

1．坚持原则，多种形式发展

发展农村合作经济组织必须坚持“民办、民管、民受益”的基本原则以及形式多样、群众自愿、循序渐进、因地制宜、逐步发展的原则。在组建形式上，要依靠农民，动员社会各方面的力量参与发展农村合作经济组织，农村党员干部应成为发展农村合作经济组织的带头人。在实践中，可以完全是农民自办，也可以是国家技术经济部门、事业单位与农民联办，也可以是涉农企业、公司与农民联办。合作组织的发展方向是由官办逐步走向民办，龙头企业可以牵头，政府部门、供销社乃至科技人员和流通骨干也可以牵头。在服务内容上，可以是单项的，也可以是多项的。可根据实力逐步扩大服务领域，举办服务和经营实体。在发展模式上，可以是合作经济组织办龙头企业，也可以是龙头企业办合作组织，或者是采用“公司+专业合作社+农户”的模式。条件成熟的地方，可以运用股份合作机制，发展跨所有制、跨地区的多种形式的联合与合作，逐步形成上下贯通、纵横交织的合作经济组织体系。

2．统筹规划，突出重点

要围绕农村发展的实际，突出资源和产业优势，逐步建立健全各类专业性合作组织，重点发展专业合作社。一是围绕搞活流通，解决农民买难卖难问题，引导农民重点发展各种购销专业合作经济组织。二是围绕加工增值，提高农业的比较利益，建立各类加工型合作经济组织。三是围绕推进农业科技化，提高科技含量，发展各类专业技术协会、研究会。

3．搞好试验示范和典型引路，理顺关系

今后要以农业结构战略性调整为契机，通过典型示范，以点带面，稳步推进。选择部分村进行农村合作经济组织建设规范试点，积累经

验，探索路子，推动面上工作。要善于从现有合作经济组织的实践中认真总结经验，特别要认真总结建立和完善专业协会、专业合作社内部组织制度、民主管理制度和利益分配制度的经验。在此基础上，制定地方性的“合作经济组织示范章程”。同时，合作经济组织还要理顺与乡村合作社、供销社以及其他中介组织的关系。

4．制定政策，加大扶持

农村合作经济组织是一项新生事物，目前尚处于起步阶段，需要积极引导和扶持。各级部门要转变职能，优化环境，努力搞好服务；要支持而不要干预，更不要包办代替合作经济组织的生产经营活动；要总结典型，加大宣传力度，积极引导，增强广大干部参与发展农村新型合作经济组织的自觉性和积极性；要加强对农民和企业的培训和教育，使他们提高组织化程度的自觉性，帮助他们成立和经营好农村合作经济组织；尽快出台发展农村合作经济组织的指导性意见，要确定农村合作经济组织的合法地位在登记注册和法人管理上予以扶持和帮助；要制定扶持政策，在财政支付、税收、贷款等方面，扶持壮大农村新型合作经济组织。

5．规范强化对专业合作社的指导和监督

按照市场经济运行规律，避免政府干预、下指标、纳考核。坚持“民办、民管、民受益”的原则；坚持因地制宜、不拘一格、灵活多样的办社原则；坚持开放性的原则，可以在社区范围内兴办，也可跨社区兴办，可以在行业内兴办，也可跨行业兴办。管理部门在积极引导的同时，要依据有关政策、法律、法规，规范其生产经营行为，加强审计监督，保证农村专业合作经济组织健康发展。

6．建章立制，规范内部管理制度

建立健全民主管理、民主监督、财务管理、利益分配等各项规章制度，引导其走向规范化、法制化管理轨道。由单纯的技术服务、农产品收购向物资供应、产品加工、储藏、销售等综合服务转变，不断拓宽服务领域。入社会员同农民专业合作社关系由开始时的“松散型”向“紧密型”转变，把农民专业合作社发展成为与农民“利益共享、风险共担”的经济利益共同体。逐步实现：① 建立自我完善和自我发展机制，处理好服务与赢利的关系；② 建立利益分配机制，做到风险共担，利益共享；③ 建立科学民主的管理机制，完善规章制度，明确会员的权利、义务和议事规则，真正做到“民办、民营、民管、民享”。

第四节 农村股份合作经济组织

一、股份合作制的概念及其特征

1. 股份合作制的概念

股份合作制是采取了股份制某些做法的合作经济，是社会主义市场经济中集体经济的一种新的组织形式。股份合作制企业：是以合作制为基础，实行以劳动合作与资本合作相结合，按劳分配与按股分红相结合，职工共同劳动，共同占有生产资料，利益共享，风险共担，股权平等，民主管理的企业法人组织。

股份合作制经济作为一种新的经济组织形式，实行劳资两全，容纳多种所有制，融通生产要素，聚集企业规模，发展社会生产力的一种新型的集体所有制经济组织形式，符合中国国情，具有中国特色。

2. 股份合作制的特征

股份合作制作为一种股份制与合作制相结合的新型经济组织形式，既不完全等同于股份制，也不完全等同于合作制，而是以劳动合作为基础，吸收了股份制的一些做法，使劳动合作与资本合作有机结合。比较规范的股份合作制企业一般具有如下特征：

（1）企业职工既是出资者又是劳动者，共同出资、共同劳动、共担风险；

（2）企业实行民主管理，最高权力机构是职工股东会，采取一人一票为主的投票决策制，保证职工股东享有平等的表决权；

（3）同股份制一样实行资本保全原则，股东以其出资额为限对企业承担责任，企业以其全部资产对企业债务承担责任，股东不得退股，以保证企业正常的经营运转和对社会承担相应的义务；

（4）企业内部实行按劳分配与按资分配相结合的分配制度，由全体职工共同分享劳动成果，共享税后利润。目前城乡大量出现的股份合作制，有多种形式，还不够规范，应积极支持其发展，并在实践中加以正确引导，使之逐步完善。其中，以劳动者的劳动联合和劳动者的资本联合为主的集体经济，尤其要提倡和鼓励。

3．股份合作制的意义

（1）股份合作制确立了产权责任基础。明晰了所有权、经营权等各种产权关系，有利于推进企业的民主化管理进程，促进政企分开，减少乡村组织对乡村企业的行政干预。股份合作制明确了所有者、经营者和职工之间的权利、责任和义务，解决了企业主体不明确的问题，消除了企业短期行为产生的经济基础，明确了企业追求的目标是效益最大化。在实行股份合作制后，企业决策者只对包括本企业职工在内的各方股东负责，企业不再成为行政组织的附属物，乡村组织对企业的管理将主要转为加强宏观指导和协调服务。

（2）有利于加快生产要素流动，优化资源配置。农村经济发展面临的一个主要问题是资金不足，但在传统集体经济制度下，资产浪费、流失无人关心，农业开发、新上投资项目企业没钱投，农产不敢投，银行不愿投，导致生产要素流动迟缓。股份合作制打破了不同所有制之间的界限，在各生产要素所有者之间可以取长补短，有利于盘活资产存量，拓宽增量渠道，聚集各种生产要素，扩大经营规模，在一定程度上缓解了当前企业资金短缺和不同成分之间生产要素不能结合的矛盾。

（3）打破了“铁饭碗”和“大锅饭”。企业运行由外部压力为主变内部动力为主，促进了“自负盈亏、自我积累、自我约束、自我发展”机制的形成。

① 改变了原乡镇集体经济经营承包中负盈不负亏的弊端，形成了有效的监督机制和民主管理制度，经营者的聘任与否和报酬多少，完全取决于自身的工作态度、经营能力和贡献大小。

② 职工作为劳动者，劳动报酬与能力和成绩挂钩。

③ 职工是股东，必然会按股份份额多少对经营者人选、重大决策和收入分配进行监督。

（4）有利于集体资产的保值增值。股份合作制完善了以按劳分配为主，结合股金分红的两种分配制度，调动了各个方面的积极性，使企业的所有者、经营者和职工都与企业结成了利益与风险生死与共的共同体，都来关心企业的经营状况，有利于集体资产的不断增值。

（5）股份合作制特别适合于各种经济成分之间的联合。实行家庭联产承包责任制以后，一些由家庭经营发展而成的个体、私营企业，适应市场经济发展的需要，迫切需要扩大生产规模，走向联合和合作，但他们又担心带来传统集体经济产权不清或合伙企业“一年合伙、两年红火、三年散伙”的局面，也不可能建立不以赢利为目的的合作社，同时他们也很难一下子就具备建立现代公司制度的各项条件，因此股份合作制就成了他们走向联合的必然选择。这种联合可以是农民与农民之间，也可以是农民与乡村企业、国有企业、城镇企业、外商之间的联合，适应性相当广泛。

二、农村股份合作制的概念和特征

1．农村股份合作制的概念

农村股份合作制是在农村原有合作制基础上，实行劳动者的资本联合，把合作制与股份制结合起来的具有中国特色的农业生产组织制度。农村股份合作制组织中的农民具有双重身份，既是劳动者又是股东，因而既能实现劳动合作与资本合作的有机结合，又能实现劳动集体的共同占有和劳动者的个人占有的有机结合，既能继承合作制优点，实现规模经济，又能融入股份制长处，调动各方面积极性。农村股份合作制是适应我国农村现阶段以家庭经营为基础、统分结合、建立完善社会化服务体系、发展壮大集体经济的要求，适应我国农村现阶段生产力状况和要求，适应社会主义商品经济和社会化大生产发展要求的集体经济组织形式，是一种崭新的社会主义公有制经济的实现方式，完全符合社会主义的方向和原则。农村股份合作经济是我国农民在深化改革中的伟大创造，是马克思主义合作制理论在我国社会主义建设实践中的新发展。

农村股份合作经济是商品生产和市场经济发展的产物，是在实行家庭承包为主的各种承包制基础上，对农村进行深化改革和对农业进行综合开发和发展二、三产业中，新涌现出来的不同于集体所有制经济的一种公有制经济形式。从目前农村股份合作经济的情况看，主要有两种类型：一类是农民、集体、国营企事业单位和工作部门，分别以土地、资金、设备、技术等不同生产经营要素参股，新组建的股份合作企业。这类形式产生的时间比较早，有的在20世纪80年代初期就发展起来；分布面也比较广，各个地区和各个产业部门都有建立。另一类是农村集体经济把股份制引进集体产权制度，通过对生产性集体资产评估、作价、折股，将一部分或全部股权，采取售股、扩股、无偿分股给社员个人等办法，把农村集体经济改革为农村股份合作制经济。这类形式主要集中在经济发达地区。

2．农村股份合作制的主要特征

（1）在联合的形式上，实行劳动联合与资金联合相结合。股份合作制企业的最大特点是资金联合与劳动联合的融合，既有劳动股，又有资金股，也允许农民的承包土地入股，实行以劳带资或带土地，而以劳动者的联合为基础，资金从属于劳动者。

（2）在产权结构上，实行集体共同所有与职工个人所有相结合。股份合作制企业的股份所有者，一般限于本企业的成员，多数成员兼有劳动者和股份所有者双重身份，尽管其融资的覆盖面不太大，但企业资产的所有权仍然是集体与职工个人所共有。通过股权的划分，确定在所有权中的比重，使企业资产的产权具体化，集体和职工个人对本企业的资产都拥有一定的所有权和支配权。它是一种产权关系明晰，集体和个人在财产利益关系上结合得比较紧密的所有制度。股份合作经济是生产经营者为了实现共同经济利益，在个人所有基础上自愿联合组成的经济实体。财产属哪些人所有，每个人占的份额多少，是一清二楚的，在收益分配上按照各人的劳动投入（包括物化劳动和活劳动投入）进行分配，大家都不占别人便宜。因此，这种所有制的财产权属关系清晰，利益分配清楚，集体与个人利益关系直接，结合比较紧密，没有“吃大锅饭”的问题。

（3）在收益分配上，实行按劳取酬为主、多种分配形式相结合的所有制度。股份合作制企业，在分配制度上贯彻按劳分配为主，其他分配为辅原则，即实行按劳分配与有限按资分红相结合的分配制度。企业从税后利润中提取一定比例的公共积累作为不可分割的财产归集体所有，并留有一定比例的资金作为新增资产按股记在股东名下，用于企业扩大再生产。具体分配到企业成员，按劳分配部分以工资、奖金、福利来体现，按股分配部分以股息和分红形式来体现。这不仅体现了多劳多得，而且也体现了投入与收入相对应的公平分配原则。其宗旨是鼓励职工不但关心个人劳动成果，而且关心企业经营效益和资产损益，关心对国家和社会贡献的大小。

（4）在组织形式上，实行自愿平等。股份合作制企业，是不同层次劳动者自愿结合、联合的合作工厂，职工不论持股多少，每个成员（股东）都有同等的权利，采用一人只有一票的平等表决权。这样，有利于消除职工的雇佣观念，树立职工群众的主人翁思想和集体主义意识。

（5）在管理制度上，实行自主经营与民主管理相结合。股份合作制企业中，既承认股东的权利，实行董事会领导下的厂长（经理）负责制，又坚持职工参与，实行民主管理。职工带资入股，使非所有者行为转化为所有者行为。这样，职工不仅有劳动权利，也有参与企业经营管理和利益分享的权利。职工对企业领导人、企业管理有建议权和批评权，企业的权力机构可称为职工（或社员）大会或代表大会，并设立理事会、监事会机构，监督企业的工作情况和经营管理活动。股份合作经济（企业）的最高权力机构是股东（社员）大会和代表大会，董事会是企业法人，董事长是法人代表。董事会在股东大会和代表大会的领导、监督下，按照制订的经营方针和决策对企业进行经营管理，董事长在董事会的领导下，负责企业的日常工作。任何股东和董事个人都无权直接干预董事会和董事长的工作。但董事会和董事长要分别对股东大会（或代表会）和董事会负责，定期报告工作情况，接受审查和监督。股份合作经济（企业）要建立职工代表会机构，维护职工权利，参与企业管理和监督。股份合作经济（企业）的这种相互制衡体制，有利于建立有活力的约束机制。对搞好农村基层组织廉政建设也有着积极的意义。

现在的农村股份合作经济，把农村合作经济和股份经济结合起来，就使合作经济成为一种既区别于传统社会主义农村合作制，又区别于传统农村家庭私有制的新的产权制度。这种所有制关系，一方面具有社会性质，即产权公有化；另一方面又具有家庭性质，即产权的家庭化。这种公有制同时包容了家庭所有制。这就在产权关系上解决了在传统公有制下集体公有和农村居民传统生产方式、生活方式及家庭所有制观念的矛盾，把农村集体公有制和发展农村生产力建立在农户对自己利益关心的基础上，从而获得较大的发展动力和活力，必然会促进农村社会主义商品经济的发展。

三、农村股份合作制的历史沿革

我国农村股份合作制就其发展历程来看，自 20 世纪 80 年代初期创建以来大致经历了以下 3 个发展阶段：

1．1978—1987 年自发发展阶段

随着农民积极性的释放和农业生产水平的提高，农村出现了一些生产要素相对剩余的局面。由于农民利益主体得到确认，在农民之间、农民与集体之间、集体企业之间以及集体企业与其他经济成分之间不断进行生产要素的合理组合，建立了大批经济联合体。随着生产经营长远发展的需要，他们将各生产要素折成股份，实行风险共担、利益共享，按股份、按总收入的比例进行分红。这一阶段以自发形成、零星发展、形式简单为特征。

2．1988—1991 年推广试点阶段

随着全国和地方农村改革试验区的建立，各地纷纷进行了农村产权制度改革试点，各种类型的股份合作制先后出现，农村股份合作制呈现多样化发展的势头。如温州、阜阳等地个体、家庭、联营企业通过合资、合股等形式建立股份合作企业；周村、苏南等地一批乡村集体企业改造成股份合作企业；广州天河、宝安等地对乡村集体资产在社区内部成员之间折股量化；形成了社区性股份合作经济组织。这一阶段以类型多样，区域集中，规范企业不多，水平相差较大为特征。

3．1992 年以来快速发展阶段

邓小平同志南巡讲话以后，各地政府把发展股份合作制提到了一个新的高度，制定了一系列鼓励股份合作企业发展的政策措施。不仅东部地区发展很快，就是在西部地区也有了较大发展。发展范围也由工业企业发展到农业资源开发和第三产业，入股要素由资金、劳动力、土地扩展到商标、专利等无形资产。这一阶段以政府推动、全面推广和逐步规范为特征。

近年来，我国农村股份合作制发展速度明显加快，涌现出各种各样的实现形式。农村股份合作制改制、转制工作进展比较顺利，有的企业已经比较规范，建立了各种比较健全的管理和分配制度。

四、股份合作制企业的股份管理

1. 股份及其特点

股份是指一个企业的资本所划分资产的均等的分额。股份有两个方面的含义：其一，股份是构成股本的成分，并且是股本的计量单位，股本总额等于全部股份金额的总和；其二，股份是股东权利义务的来源，并且是股东权利义务的计量单位，每个股东的权利义务在全部股东的权利义务中的相对地位等于其拥有的股份在全部股份中所占的比例，从这个意义上讲，股份也可称为股权。

股份合作制企业的股份有如下特征：

（1）股份平等性。每一股份代表一定的金额，每股的金额均等划分。种类相同的股份所代表的权利和义务原则上是相同的；股份的划分一般是多量而小额，以便社会公众的购买，利于减少或分散公众的投资风险。

（2）责任有限性。股份合作制企业持有股份的股东，其投资风险仅限于他所认购的股份金额，对企业所欠债务没有连带清偿的责任。企业债权人只能对企业资产提出要求，企业法人只能以企业本身的全部资产对所欠债务负责，股东的其余财产与此无关，企业债权人也无权直接向股东起诉。

（3）股份流动性。持有股份合作制企业股份的股东，一旦对企业投资，一般情况下则不能收回其投资，但是却能按企业章程规定通过对股权证书的买卖而转让其所持有的股份。所以股份具有流动性的特征，股份也可以在章程规定的要求下转让、抵押、继承。同时，除了对特别种类股份有特别的要求外，一般而言，股份合作制企业的股份一经认定，除在创立大会召开以前撤回外，认股人不得要求退股，因此说，股份投资是一种风险投资。

（4）股份的有价证券性。股份合作制企业因其不规范性和特殊性，一般情况下不发行股票，企业股份以股权证书形式存在，股权证书是标志股东身份和出资的证明书，是一种有价证券。

（5）股份不可分性。股份是构成股份合作制企业资本的最小单位，不可再分，否则无法依据它行使股东权。股份可以共有、共同分享权利，但必须由一个人行使股东权。

2．股份内容

所谓股份内容，是指股东的出资方式，又称股份的出资形态，即股东可以何物投资入股。参照国际惯例和我国《公司法》，股份合作制企业的股东可以用货币投资，也可以用建筑物、厂房、机器设备等有形资产或工业产权、非专利技术、土地使用权等无形资产折价入股。换句话说，股份合作制企业的股份内容（股东出资方式）可分为货币、有形资产和无形资产。

（1）股东以货币出资时，应当将其出资的货币足额直接交付给企业或存入在银行开设的临时账户，否则政府不批准企业的成立。

（2）股东以实物作为出资入股的，必须进行作价评估，并依法办理转移财产或者使用权的手续，这里的手续是指过户手续，比如以房产出资的，必须到房管部门办理转移所有权的手续。

（3）股东以工业产权、非专利技术、土地使用权出资入股的，同样需要依法办理财产权（所有权或使用权）转移手续。参照国内外有关规定，以工业产权（商标权和专利权）、非专利技术作价出资的金额不得超过注册资本的 20%（国家对采用高新技术成果有特别规定的除外）。

五、促进股份合作制发展的对策措施

股份合作制是我国农村改革和农村商品经济发展到一定阶段的必然产物。由于它有着广泛的适应性，所以易于为广大农村干部群众所接受，同时由于效益好于其他产权模式，不少地区将它作为乡镇企业产权改革的主要形式，寄希望通过引入股份合作制进行乡镇企业的第二次创业。因此，股份合作制在今后一段时期内仍然是我国农村产权制度改革的主要形式之一。对股份合作制所采取的总的方针应当是：扶持与引导并举、发展与规范并举。

1．加强宣传教育工作

通过电视、广播、报纸、墙报等多种形式，大力宣传什么是股份合作制，实行股份合作制的必要性、可行性，营造一种有利于股份合作制发展的舆论环境。向广大干部群众讲清楚，股份合作制是个人所有制的联合，是完善双层经营体制的一种新型经济组织形式，它只与社会生产力发展水平有关，与私有制或者公有制没有必然的一一对应联系；实行股份合作制可以调动各方面的积极性，促进生产要素优化组合，提高经济效益，最终使国家、集体、个人各方面都得到好处；实行产权制度改革早改就主动，晚改就被动，不改就没有出路。同时，要积极稳妥地进行试点和推广工作，通过典型经验让农民切身感受到股份合作制的优越性，引导农民组建股份合作企业。

2．因地制宜，充分尊重农民的自主选择，积极稳妥地发展农村股份合作制

各地应当根据股份合作制产权组织和经营形式的适应性和局限性，以及不同地区经济发展水平、企业规模等具体情况实行一厂一策，灵活采用股份制和合作制的各种合理成分。在股份合作制的推广中，要做好分类指导工作，切忌“一刀切”，防止股份合作制走形变样。尤其是对农民办企业，不能强求一律，更不能将农民财产任意归并，而只能是引导、示范。

3．科学合理地设置各种股权，明晰产权，弱化集体对企业的控制

取消企业股，将其按原始来源和劳动贡献折股量化到集体和个人。将集体股转为优先股，集体可以获取红利，但不能参与企业的管理。以普通股只享有分红权，而优先股则只给予股息，不可同时享有两种权利。江苏启东市农民在实践中创造了“个人持大股、集体不持股”的做法，值得在拥有一定经济实力的地区推广。其具体做法是，个人股在企业中居控股地位，在个人股中又以少数人持大股、控股，持大股者一般均被选为董事长、董事，同时兼任厂长、经理，成为企业的经营者；集体不持股更不控股，而是将企业资产租赁给企业，收取租金。这样，使权、责、利集于一身，有利于形成企业为领导核心，促使企业自我发展、自我积累机制的形成，使政企分开变成现实。

4．规范资产评估工作，做好清产核资、折股量化工作，保证集体资产保值增值

（1）要对企业拥有的各项财产进行清点和核对，确定各项财产物资、货币资金、无形资产和债权、债务的实存数，查明账存数与实存数是否相符。

（2）在此基础上，查明其原始来源，按照“谁投资、谁所有、谁受益”的原则，根据具体情况进行量化工作。对主要由职工劳动积累形成的资产，量化给职工个人的比例就应大一些。

（3）对主要由投资者资本归并的办法形成的资产，应将大部分量化给投资者。

（4）对主要由政府政策优惠或乡村组织投资形成的资产，应少量化到职工个人。当然，职工在享受资产量化的同时，也必须认购相应数量的新股，以免集体资产被侵蚀。

（5）加强各项配套制度建设，为股份合作制的发展创造良好的外部环境。国家应当在全社会范围内明确股份合作制的地位，在其创办初期给予必要的扶持和引导；要逐步兴办农村会计事务所、审计事务所等评估咨询机构，建立一支政治素质高、业务能力强、作风正派和敢于依法办事的资产评估队伍；有关部门应在登记、税收、劳动、人事等方面给予大力支持；乡村社区政府组织并不属于合作经营组织，应减少对企业经营决策的干预，其职能主要是营造一种有利于企业发展的宏观环境，在公共事务方面为企业做好协调服务，同时完成上级下派的各项行政任务。

第五节　农业社会化服务体系

一、农业生产社会化服务

1．农业生产社会化服务的概念

农业生产社会化服务是指社会有关部门、单位和个人，根据农业商品生产发展的需要，为农业生产提供的产前、产中、产后全过程综合配套服务。服务的项目和服务的环节随着社会分工的发展逐渐扩大。主要包括：

（1）生产前服务：农业生产资料的供应、信息、咨询、信贷、人才培养等；

（2）生产中服务：农业技术、农机作业、经营管理、保险等；

（3）生产后服务：农产品加工、贮藏、运输、销售等。

在农业日益专业化、商品化、现代化过程中，各个服务环节，将依据其与农业生产的内在联系，向多种经济成分、多种经营形式的服务体系发展，以使农业的生产、流通、分配、消费整个再生产过程，能够周而复始地正常进行，实现农业生产的良性循环。

2．农业生产社会化服务组织的类型

农业生产社会化服务组织的产生，突破了地区性合作经济的单一模式，出现了国家、集体、个体一齐上，多种经济形式、多种经营方式并存的局面。服务的范围扩大到农业生产的全过程，从只为种植业服务，扩大到林、牧、渔业，从生产领域扩大到流通领域，各以自己拥有的条件和优势向服务领域扩展，把自己纳入促进商品生产发展的轨道。从组织形式的类型看，主要有以下几种：

（1）村级综合服务体系。通过双层经营中集体经济组织的统一管理与服务，主要办理农田水利基本建设、统一农机作业、植保、畜禽疫病防治、农技推广、农田排灌等服务项目。目前，从全国范围来说，约有 20%的村能为农户提供较完善的服务，另有 40%的村能在主要环节上为农户提供服务①。

村级服务体系的组织形式有两种主要类型。一种是“以工补农”型。在大中城市郊区和东部沿海经济较发达地区，农村二、三产业的发展为集体经济提供了较多积累。村级经济从这些积累中拿出一部分来购买社会服务体系所需要的各种机械、设备，进行必要的农业基础设施建设，并配备相应的技术和管理人员。在这些地区由于集体经济实力相对雄厚，农户可从集体那里得到比较完善的系列化服务。如无锡县从 1985 年开始建立社会化农业服务体系，村级服务不但解决兼业农民的后顾之忧，而且大大降低劳动强度，缩短劳动时间，无锡地

① 中国国情研究小组. 城市与乡村. 国情研究第 3 号报告.

区过去每公顷粮田用工量 1 050 工，现在仅为 225～300 工，只及过去的 1/4～1/3。另一种类型是通过农村基层组织来发展服务体系[①]。这一般是在集体经济实力相对薄弱地区，如全国基层组织建设先进典型山东莱西市，结合贯彻《村民委员会组织法》，建立健全了村级社会化服务组织，每个村设立经济工作委员会，下设农村、农机、供销等服务小组或服务站。他们通过大力发展乡村企业、适当增加集体提留、义务工积累及清理旧有资产等途径逐步发展村级经济，增强服务功能。

（2）企业集团（龙头企业）模式。这是国际国内资本向农业倾斜而形成的综合或专业的企业集团。企业集团向农业生产者提供财政、物资和技术援助，参与农户的经营管理，并根据市场情况对农畜产品的品种、数量、质量、供货时间等提出严格要求，农业生产者必须按合同的约定进行大批量的、均衡的、标准化和高质量的生产，不能满足合同要求的农业生产者将被淘汰。如山东诸城市围绕重要农产品生产、加工、流通，建立农副产品产、供、销一条龙的经营群体。这样，借助于一体化经营的优势，以经济利益为纽带，组织多部门、多层次联合，使农业生产在联合经营中得到产前、产中、产后系列服务。

（3）联合模式。各有关部门联合开展农业技术集团承包，通过承包的方式为农业生产提供系列化社会服务。例如四川、湖北等地普遍实行这种办法，一般是以行政部门为纽带，连接科研、农技、生资、财金等几个部门，组成承包集团，联合向农户提供服务。这种做法借助于行政的力量，打破了部门分割的局面，实现了技术、物质与资金的结合，使政府经济技术部门各种服务的整体效果大大提高。

（4）专业协会模式。这是一种以农民为主体自愿组成的社会团体，把分散的农民通过市场开拓和技术、信息服务等环节联结起来，形成利益结合、互相依赖的社会化生产和销售服务体系。这种民间技术服务组织广泛存在于种植、养殖与加工业各个领域。到 1990 年，此类组织在全国已有 7.7 万个，其中种植与养殖业占 81.8%。在推广农业技术方面发挥了积极作用[②]。

---

① 中国国情研究小组. 城市与乡村. 国情研究第 3 号报告.
② 同上。

二、农业社会化服务体系

1．农业社会化服务体系的概念

农业社会化服务体系是以农业生产为中心，为农业生产提供产前、产中和产后全过程社会化服务的各种活动和组织的总称。包括为农业提供的资金服务、信息服务、农业技术服务、农业生产资料和农产品的供销服务、农副产品的初加工和深加工服务等。它是运用社会各方面的力量，使经营规模相对较小的农业生产单位，适应市场经济体制的要求，克服自身规模较小的弊端，获得大规模生产效益的一种社会化的农业经济组织形式。以家庭承包经营为基础、统分结合的双层经营体制，是与社会主义初级阶段生产力水平相适应的农村基本经营制度，必须长期坚持。农民在生产经营中面临着许多一家一户办不了、办不好、办起来不合算的事，特别是随着农村青壮年劳动力大量转移就业，这方面的问题更加突出。通过建立新型农业社会化服务体系，强化双层经营中“统”的功能，为农民生产经营提供便捷高效服务，必将有力地促进农村基本经营制度的稳定和完善。

党的十七届三中全会《中共中央关于推进农村改革发展若干重大问题的决定》提出，要加快构建以公共服务机构为依托、合作经济组织为基础、龙头企业为骨干、其他社会力量为补充，公益性服务和经营性服务相结合、专项服务和综合服务相协调的新型农业社会化服务体系。这对于促进农业稳定发展、农民持续增收，对于加快改造传统农业、走中国特色农业现代化道路具有重大意义。目前我国农业社会化服务体系尚不健全，总体服务水平较低，服务内容比较单一，服务管理不够规范，特别是农业技术、信息、金融和保险服务缺乏，不适应农业生产发展的需要。这次《决定》提出加快建设新型农业社会化服务体系，抓住了当前影响农业发展的薄弱环节和关键问题，必将有力地促进农业持续稳定发展。由于我国农户生产经营规模小，生产标准化水平低，产品交易成本高，抵御市场风险和自然风险的能力较弱，小规模生产与大市场的矛盾相当突出，不少农民在市场的迅速变动和严重的自然灾害中遭受很大损失。解决这一问题，根本出路在于建立新型农业社会化服务体系，为农民提供全方位的生产经营服务。只有这样，才能把千家万户的分散生产经营变为千家万户相互联结、共同行动的合作生产、联合经营，实现小规模经营与大市场的有效对接，大幅度降低市场风险和自然风险。《决定》强调，建设覆盖全程、综合配套、便捷高效的社会化服务体系，是发展现代农业的必然要求。一方面，服务社会化是农业现代化的重要标志，构建新型农业社会化服务体系本身就是现代农业建设的题中应有之义。另一方面，农业社会化服务体系也是实现农业现代化的重要支撑。通过提供社会化服务，可以有效地把各种现代生产要素注入家庭经营之中，不断提高农业的物质技术装备水平；可以在家庭经营的基础上发展规模经营、集约经营，不断推进农业生产专业化、商品化和社会化。

2．健全农业社会化服务体系的重要性

（1）建立健全农业社会化服务体系是解决小生产和大市场之间矛盾的需要。以农户为主的家庭联产承包责任制，改变了统一经营、集中劳动的农业生产形式，它作为一种“小生产”方式，其固有的局限性使农业生产不能满足社会日益增长的需要，特别是这种小生产方式与发展社会主义市场经济的矛盾越来越尖锐。克服这种局限性，客观上要求加快建立健全农业社会化服务体系的步伐。首先，现代市场经济条件下的农业生产是一个包含众多生产环节的复杂过程，许多环节不适合分户经营，如灌溉、良种制作，如果单家独户进行，既浪费人力，也浪费物力、财力。有些虽然也可以分户经营的环节由于受资金、技术、精力等因素的限制，如果由农户各家去包揽，则会严重影响劳动生产率的提高。其次，一家一户经营既缺乏获得市场信息的有效渠道，又缺乏对信息的分析判断能力。市场经济中的农业生产需要现代化技术和可靠灵便的信息作保证，而我国多数农村地区还比较闭塞，农民缺文化、缺技术、缺信息还是一种较为普遍的现象。大多数农民跟着别人走，人家种养什么我也种养什么，一些地方的农民说，“市场经济，全是运气，碰着了就哈哈笑，碰不着就上吊”，就足以说明这一点。再次，由于我国目前多数农村的经济还不发达，农民的再生产能力很弱，靠单家独户的力量很难形成规模生产和规模效益，尤其是一遇自然灾害，往往无能为力，这就更需要农业社会化服务组织出面聚集分散在农户手中的闲散资金以作为农业发展的可靠保证。最后，从管理的角度看，由于每家每户作为一个生产单位，都必须考虑产、供、销的问题，考虑投入产出的效益核算问题，而目前的实际状况表明，大量的农户不具备这个素质。这种普遍性的管理问题当然需要通过培训教育的途径来提高生产经营者的素质，而从我国的实际出发，当前更需要一种专门性的组织来实施经常性的统一指导。

（2）建立健全农业社会化服务体系是减小农民承受市场风险的需要。农产品商品率的提高和农业商品生产的发展，客观上要求把一些每家每户共同的重复性的生产环节分离出来，从事某些专业性社会服务工作。随着社会主义市场经济的发展，由某一家包销农副产品的做法，已经适应不了生产发展的需要，过去由国家统购的几十种农产品已经放开，产多产少都由农民自己找出路，因而农业生产服务就应包括产前、产中、产后这种贯穿生产、流通、消费的全程服务，服务的范围和领域都扩大了。同时，产品由包销定价、国家统管，变为随行就市、价格上下波动，这对商品生产者来说，风险越来越大，客观上也需要有一种社会组织来承担这部分分工。

（3）建立健全农业社会化服务体系是推广科学技术的要求。一家一户为生产单位，容纳不了先进的技术手段，无力购置贵重的机具。机动喷雾器的功效比背负式喷雾器高 10 多倍，但是很多农民买不起，即使买后利用率也不高。工厂化育秧比传统的露地育秧优越，但是靠分散的单个家庭却难以做到。家庭经营与科学技术的发展经常出现矛盾，而且，农业生产资源的优化配置和合理利用、产业结构调整、产品开发、市场开发以及整个农业向深度和广度进军，都要求建立健全以技术服务为主体的农业社会化服务体系。

（4）建立健全农业社会化服务体系是解决家庭小规模经营与社会化大生产之间矛盾的产物。从全国总体上说，家庭经营适合我国现阶段农村生产力水平的要求，但从生产力水平更高程度发展的需要看，社会化大生产是一种历史趋势。一方面，要把家庭经营纳入到社会化大生产的轨道上来，在保持家庭经营的优点的同时积极组织社会化大生产，这就需要在完善农村双层经营体制过程中建立起能够沟通家庭经营和社会化大生产之间联系的社会化服务体系。另一方面，社会化大生产客观上要求把工业和农业结合起来。我国现阶段，大工业的社会化大生产和农业的小规模经营同时并存，工业和农业的结合，也只能通过强化服务体系这条途径来进行。

总之，农民家庭经营这种规模相对狭小的现实在短期内很难发生根本变化，农户家庭经营对农业社会化服务的依赖也将长期存在，而且，随着农业生产专业化、社会化和商品化程度的提高，农业生产对社会化服务的依赖程度会越来越高。即使是在农户家庭经营规模发生较大变化之后，也仍将有大量的单个经营单位办不到或办起来不经济的事情，因此，建立健全农业社会化服务体系不仅是使农业生产适应社会主义市场经济体制的重要一环，而且成为农业生产专业化和社会化的一个重要内容。

三、建立健全农村社会化服务体系面临的问题

1. 服务的非商品性

政府经济技术部门对农业生产的服务，集体经济组织的内部服务，或是民间各种合作性质的服务，由于多年受传统的影响，很少视同商品实行等价交换，大都是作为扶持性或互助性福利，无偿或低价提供给农户。这就限制了农村社会化服务的商品化进程。

2. 服务内容的单一性和服务组织的分散性

就全国大多数地区来看，目前农业生产服务只是限于统一提供良种和栽培技术、统一灌溉等少数几个项目，内容单一，还远远不能满足农民在产前、产中、产后各个环节对服务的多种需求。由于部门分割严重，来自政府的技术、物资、基金、供销等方面的服务都是沿着各自独立的系统脉络与农户发生关系，各自为政，互不配套，影响了整体效益。

3. 集体经济实力薄弱，组织不健全

目前的集体性统一服务，只是从提留和收取的服务费用中获取少量资金，很难形成有效的服务手段与服务范围。目前尚有许多村村级经济处于“空架”状态，集体缺少一定生产积累，加上集体经济组织不健全，使农村社会化服务不可能有效地承担其职能。

4. 国家对各种服务组织兴办经济实体和开展相应的市场性经营活动还缺少必要的扶持政策

农业服务组织为农业生产提供各项服务，它既不能得到足够的财政支持，又不可能过高调整收费标准而获得应有的收益，通过兴办经济实体和开展经营活动，但又遇到了资金、税收和经营权限等方面的多种政策性的障碍。

四、建立健全农业社会化服务体系的对策

建立健全农业社会化服务体系，要充分调动多方面的积极性，逐步形成以乡、村集体经济组织、国家经济技术部门、农村专业技术协会等民办服务组织相结合的服务网络，确保为农村经济的发展提供有效的系列化服务。

1. 转变政府职能，发挥政府的主导作用

各级政府要充分认识构建农村社会化服务体系的重要作用，进一步转变政府职能，按照市场经济规律，引导农村社会化服务体系建设的健康发展。一是要加强指导。研究制定扶持农村社会化服务体系的财政、金融等方面的政策，科学制定宏观调控政策，引导农村社会化服务体系有序发展。二是强化政府的公益性服务职能，完善各类服务。对提供农民迫切需要的公益性服务机构，要逐步理顺服务体制，在经费和人员上予以保证。三是发挥好政府的综合服务和协调职能。重点是协调解决好项目审批、工商登记、征用土地、税收等方面的问题，保证农村社会化服务体系的健康发展。

2. 进一步发展民间农村社会化服务组织，拓展服务领域

通过组建农村专业技术协会，把农村各类人才、技术能手、能工巧匠联合起来，以科研院所、农技推广机构为后盾，采用灵活多样的形式普及科学技术、推广适用技术、推进专业化生产。一是专业协会与农户结合。以乡村经济、技术服务实体为依托，以农村专业技术人员、乡土人才、能工巧匠为骨干，开展技术交流、信息传递、资金融通、统一销售等协作服务，引导农民发展特色产业。二是股份合作制。引导农民把资金、土地、机械设备、技术、劳动力等资源的使用权入股，通过农户联合，使一家一户难以办成的事情由合作组织解决。三

是专业大户与农户结合。鼓励农村专业大户，以自己的生产经营为基础，同时与当地农户结合起来，从事农副产品的生产、加工、经营活动，转变长期以来农副产品产销经营的无序、松散状态。

3. 加强农村信息基础设施建设，解决农业信息“瓶颈”问题

建立农业信息市场，加快县、乡一级信息市场的建设，加强农业数据库的建设，重点建设农业批发市场行情、农业科技成果、农村综合信息、科技人才、农业资源、农业企业、农业政策、项目开发、招商引资，以及气象、水文、抗旱防汛等数据库，开发特色产品的多媒体系统。加强信息资源建设，围绕农村信息需求多样化的实际，切实加强信息采集和分类整理；深入进行信息分析、加工工作；系统地对信息筛选归类，及时发布符合农民需求的信息资源。

4. 深化乡镇农村社会化服务体系改革

应抓住县乡综合改革的机遇，进一步转变乡镇政府职能，乡镇工作的重点应转移到行政管理、发展公益事业和强化服务方面，尤其是在维护市场公平竞争、防灾减灾、生态环境建设、粮食安全、信息发布、农产品质量标准与检验检测、提高农民综合素质等方面有所作为，增强服务“三农”的能力。县乡综合改革试点地区所设立的服务中心要扩大服务范围，提升技术服务实力，为服务中心向市场化运作打下基础。进一步明确乡镇农业服务中心的职能定位，科学配置各种农村科技资源，提高农业科技推广机构与组织的服务设施和服务水平。

5. 大力加强农村市场体系建设

加快建设一批设施先进、功能完善、交易规范的农产品批发市场，同时改造现有农产品批发市场，逐步完善农村市场体系建设，发展经纪人代理、农产品拍卖、网上交易等方式，增强交易功能。切实落实农产品运输绿色通道政策，改善农民进城销售农产品的市场环境，从而形成布局合理、设施先进、功能完备、运行规范、竞争有序的现代农产品流通网络，构建农户、生产基地、批发市场、配送中心、连锁超市紧密联结的流通链条。

6. 建立规范和引导各类金融机构服务于农村的法定融资服务机制

通过制定相应的政策或立法来积极引导信贷资金和其他社会资金向农村有效流动。农村贷款规模要与农业和农村经济的增长挂钩，所占比例要与农业增加值占 GDP 的比重相适应；明确国有商业银行县及县以下机构在农村吸收资金用于县域的比例。要完善农业融资、保险政策，以农村信用社为重点，充分发挥各类金融、保险机构的作用，努力形成商业金融、合作金融、政策性金融和小额贷款组织互为补充、功能齐备的农村金融体系，引导金融机构增加对“三农”的信贷投放，为农户进行农业生产提供良好的金融服务。

7．稳定国家农业服务机构与队伍，拓宽服务领域

各级农业（林业、水利）技术推广机构是农业社会化服务体系的重要组成部分，应充分发挥其经济、技术上的优势，实行技物结合，不断扩大服务范围，向产前、产后服务延伸。县和乡镇的农业、林业、畜牧、渔业、水利等技术推广机构是国家在基层的农业事业单位，是农业社会化服务的依托力量。它不仅在良种繁育、技术推广、疾病防治、示范培训、改善经营管理等方面发挥着重要作用，而且在不同程度上承担着政府对农业实施指导管理、宏观调控的重要职能。

五、农业生产社会化服务组织的发展趋势

农业生产社会化服务组织，不断从农业中分离出来。虽然各地区间服务组织的发展程度不同，但有其共同的发展趋势。

1．合作经营的社会化服务组织将发展成为主要形式

以商品生产为特征的专业户大批涌现，以及资金、技术、劳动力的自由流动，对经济联合起了催化剂的作用。现阶段农村出现的多种联合和合作形式，以户与户之间自愿联办的新经济联合体发展最快。

2．社会化服务向不同层次的服务中心发展

在农业商品生产和流通的规模扩大之后，将从以乡、村为单位的自我服务，发展为集镇、县、经济区、省等多层次的服务中心。服务中心与分散的服务组织建立横向联系，形成服务网络，与同行业的各种服务组织建立纵向联系，形成专业服务中心。服务中心既为农户服务，又为各种服务组织和服务性专业户服务，协调各服务组织之间的关系，如帮助沟通渠道，提供信息；供应开展服务需要的器材、物资，牵线搭桥，帮助承揽服务性业务，开展科技咨询；技术培训等。服务中心的种类有以下几种：

（1）农业信息服务中心。在当今时代，从某种意义上说，信息已成为一种新的资源和无形的财富。由于我国农业信息传递，还是各个经济组织自发的“孤军作战”，由县、乡企业向大中城市派驻联络员。已经出现的民办或联办“信息服务公司”，取得的信息面窄，准确性、及时性差，服务的范围小，力量单薄，耗费资金多。迫切需要建立全国和省或几个主要地区、县的多层次的农业信息中心。

信息中心将由国家有关部门联合建设和由民间集资建设结合进行。由政府有关部门联合办的“中心”，以搜集宏观的农业经济信息为主，民办的以搜集微观的农业经济信息为主。通过国家农业信息中心与民办的信息组织和有代表性的交易市场的信息点连接，形成全国信息网络。如此一来，必将改变原始的信息传递方式，部分采用电脑与全国的信息中心联系，把搜集的信息输入“中心”，“中心”经过分析处理后再向用户发布，从而大大提高信息的传递速度和质量。

（2）农产品贸易中心。随着专业户经营规模扩大，商品量增加，仅仅以零星的互通有无、调剂余缺的集市贸易形式，已不能适应大批量商品流通的需要。进入市场的农产品增多，长途贩运者也随之增多。大批量农产品要从产地运往销地，从农村运往城市，需要在大中城市、农产品集散地，建立不同规模、不同层次的“农产品贸易中心”（包括贸易货栈、批发市场、零售市场等），为各地购销单位及基层商业组织、长途贩运者提供商品交易场所，从而发展多方面的服务职能，开展代信、代销、代储、代运及检验、分级、加工、包装等服务；组织产销直接见面和直接收购。贸易中心，把参加交易的剩市、短腿、量少的商品收购下来，再推转出去，为购销人员排忧解难。

（3）农业科技推广服务中心。农业科技成果的推广和新技术的运用，在农业生产中的作用日益为广大群众所认识。农户有强烈的向科学技术要高产、要优质、要效益的愿望。要建立“农业技术服务中心”，发挥农业系统的整体功能。全国已有的农技推广服务中心，由只为种养业提供技术服务发展到为林业、水产业提供技术服务，从只为农作物和畜牧业提供技术服务发展到为多种经营服务，从只为生产提供技术服务扩大到为经营管理服务，形成门类齐全、专业配套的技术推广服务中心。“中心”以试验、示范，培训、推广“三结合”的方式推广农业技术。乡、村以依靠农民自办的农技服务站为主，国家在业务、技术和培训上给予指导和帮助。

3. 农业生产服务环节将向服务体系发展

农业专业化与社会化服务是辩证统一的关系，当这种相互依存、相互促进的关系发展到一定程度时，就必然向服务体系发展，服务体系中每一个阶段既是上一个阶段的继续，又是下一个阶段的开始。每个阶段都在完成着对上一阶段的检验职能，以便从相互联结的关系上，迅速取得反馈的信息，调整相互间的关系，以保证各部门、各环节在农业最终产品生产方面，能够协同动作，实行田间作业机械化，解决分户购置投资大，机器设备利用率低，成本高，技术难掌握等问题。加工、贮藏、运输、销售社会化服务组织，将改变农业基础设施差和农业只生产初级产品的状况。

思考题

1. 如何理解农村经济组织的概念及类型？
2. 如何理解农民专业合作经济组织的概念？
3. 如何理解农民专业合作社的功能？
4. 如何理解农村股份合作经济组织的含义？
5. 试述进一步完善农民专业合作经济组织的措施。
6. 解释农业社会化服务体系的概念，并结合实际分析进一步完善农业社会化服务体系的措施有哪些。

第四章　农业承包合同管理

农业承包合同是伴随以家庭承包经营为基础、统分结合的双层经营体制而产生、发展和不断完善的。本章主要对农业承包合同管理及农业土地承包合同管理和土地承包经营权流转等内容进行阐述。

第一节　农业承包合同概念、特征及法律效力

一、农业承包合同概念及特征

1. 农业承包合同的概念

农业承包合同是指在实行农业家庭承包经营过程中，农村集体经济组织与其内部成员及其他承包者签订的明确双方在生产、经营、分配过程中权利、义务关系的书面协议。

一般可按承包项目划分为耕地、果（茶、桑）园、林木、水面、草原、荒地、农业机械、水利设施等承包合同。农业承包合同一经签订，即具有法律约束力，农村承包经营户的合法权益受法律保护。

一般讲规范的农业承包合同同时应具备以下三个条件：

（1）标的必须是集体所有或者国家所有但依法确定给集体长期使用的土地等生产资料。

（2）合同双方是指农村集体经济组织与其内部成员或其他承包者。

（3）合同双方表现为承包关系。

2. 农业承包合同的特征

农业承包合同的特征表现在以下几方面：

（1）合同标的不可移性。农业承包合同的标的是集体所有或者国家所有但依法确定给集体长期使用的土地等生产资料都是固定的、不可移动的，农业承包合同的标的具有不可变性。

（2）合同主体的双重性。合同双方虽有组织与成员的关系，但在合同签订后直到合同终止的合同履行期间，在涉及合同内容时，双方的地位是平等的。也就是说承包合同双方当事人存在双重身份和关系。即在履行承包合同规定的权利义务关系上，法律地位平等，而在组织关系上，双方表现为组织与成员、管理与被管理的关系。

（3）承包行为的复杂性。表现在既要符合自然再生产的特征，又要遵循经济再生产的规律；既要发挥分散经营的长处，又要体现统一经营的优势，实现统与分的有机结合；既要遵守有关政策法规和集体经济组织全体成员的民主决定，又要引入竞争机制，追求利益的最大化，实现公平与效率的统一；既要体现承包项目自身的合理性，又要考虑组织内不同产业和行业收益的平衡性。

（4）承包经营的连续性。这是农业生产的内在要求，因为农业生产是自然再生产和社会再生产的有机统一，又是一个循环往复的不间断过程；这也是为防止粗放经营、掠夺经营等短期行为发生的迫切要求。

（5）承包目的利益的一致性。承包双方的目的都是为了农业生产的稳定增长和产出最大化以及农民收入的增长。在利益上由于承包方上缴集体的承包金要用于集体生产与福利，作为集体成员的承包方均可享受，体现了利益共享性。

二、农业承包合同与一般的经济合同区别

农业承包合同与一般的经济合同如财产租赁合同等有着明显的区别，表现为：

（1）双方的关系不同。出租人对承租人的经营状况概不负责，租

金则完全由出租人自享；承包人只是一个相对独立的商品生产者，承包金则由包括承包人在内的本经济组织全体成员共享。

（2）权利让与的程度不同。出租人只对租金和财产的完整无损有要求，承租人有较充分的经营自主权；发包人不仅对承包物的使用方向、使用方式有要求，而且对于利用率和产生率都有要求，如承包人不得荒芜土地、粗放经营等，承包人经营自主权远没有承租人充分。

（3）出租人和承租人的经济关系完全基于市场法则，而发包人与承包人双方的经济关系则取决于集体经济组织内部的积累制度和分配原则，带有福利性质。集体经济发达的地方，承包人可以免交承包金，有的甚至不仅免交承包金，而且承包人还可以从集体那里领到一笔补贴。

三、农业承包合同的法律约束力

签订和履行合同是一种民事法律行为，这种法律行为具有法律约束力。农业承包合同与一般合同一样具有法律约束力，受法律保护。

1．承包合同双方当事人法律地位平等

（1）双方当事人都具有经济法律关系主体资格。作为发包方的乡村集体经济组织是法人，作为承包方目前虽未取得法人资格，但在承包经营上基本按法人对待。

（2）在就承包经营事项协商时，一方意志不得强加于另一方。

（3）双方当事人具有平等的诉讼权利。

2．合同一经签订即具有法律约束力

（1）任何一方当事人不得擅自变更和解除合同。

（2）任何单位和个人不得强迫合同当事人变更和解除合同。国务院早在 1992 年就专门发出文件指出："……农村承包合同，都具有法律约束力，应予保护。"

3．合同当事人的权利受到法律保护，义务受法律约束

发包方的权利受法律保护，同时它也是承包方的义务，受法律约束。主要内容包括：对标的的所有权；按合同规定收取承包金；对发包资产的监督管理权等。

承包方的权利受法律保护，但它同时又是发包方的义务，受法律约束。主要内容包括：经营自主权；收益权；产品处理权；合同或法律规定的转包和转让权；优先承包权；继承权；接受发包方服务等权利。

4．合同履行期间，可以依法变更或解除合同

主客观情况发生变化，任何一方当事人均可依据合同规定和法律程序，提出变更或解除合同的要求，经双方协商或者主管机关、人民法院调解，变更或解除合同。这依然体现出合同的严肃性和法律效力。

5．任何主观过错导致的违约行为，都要承担法律责任；发生纠纷要依法律程序解决

第二节　农业承包合同管理

国家规定的行政管理机构按照国家的授权范围，根据法律、政策的要求，运用指导、组织、监督检查等行政手段，促使农业承包合同当事人依法签订、履行、变更、解除农业承包合同和承担违约责任，制止和查处利用农业承包合同的违法活动，称为农业承包合同管理。

一、农业承包合同管理机关及主要职责

农业合同主管机关：2007年河南省政府颁布的《河南省农业承包合同管理条例》第六条规定：县级以上农业行政主管部门是本行政区域内的农业承包合同管理机构；乡（镇）人民政府主管本乡（镇）的农业承包合同管理工作，日常管理工作由农村经济经营管理部门负责。

县级以上农业承包合同管理机构的职责是：

（1）宣传、贯彻有关农业的法律、法规和国家有关规定；

（2）指导合同的签订、变更和解除；

（3）检查监督合同的履行；

（4）培训合同管理人员，保管有关资料。

乡（镇）合同管理部门除履行前款四项职责外，还应负责合同的鉴证和合同纠纷的调解。第七条规定：县（市、区）、乡（镇）农业承包合同仲裁委员会（以下简称仲裁委员会），负责本行政区域内农

业承包合同纠纷的调解和仲裁。

二、农业承包合同的签订

合同的签订是指合同双方当事人，经过协商，就合同主要条款达成一致意见后，按一定程序办理手续。合同的签订是合同履行与兑现的依据。

1. 签订农业承包合同要依原则行事

坚持以下原则：

（1）必须符合国家的法律、法规和政策；

（2）兼顾国家、集体和个人三者利益；

（3）符合乡村集体经济组织章程，遵守集体经济组织成员大会或者成员代表大会的决议；

（4）维护农民的合法权益；

（5）有利于农村基本政策和基本经营制度的稳定和完善。

2. 农业承包合同条款

农业承包合同条款主要是指合同双方协商约定的事项，用书面形式，全面、具体、明确地加以肯定，以便双方共同履行。目前，一些地方由于合同内容不全面，条款不清楚，手续不完善，致使合同双方责、权、利不明确，造成大量合同纠纷。为了减少这些纠纷，便于兑现合同，应该努力做到合同内容齐全，手续完备。农业承包合同应具有以下主要条款：

（1）合同的名称，发包方、承包方的名称，发包方的法定代表人和承包人或者承包方的法定代表人的姓名、住所；

（2）承包项目的名称、数量、质量和坐落（位置）；

（3）承包的期限和起止日期；

（4）承包标的的用途；

（5）发包方和承包方的权利和义务；

（6）承包费的数额和缴纳方式；

（7）违约责任；

（8）解决争议的方式；

（9）双方当事人认为必须约定的其他条款。

双方就承包合同基本内容或主要条款达成书面协议后，经双方当事人（或代表）签名盖章，并加盖发包方公章，合同就依法成立，具有法律约束力，双方都应认真履行，任何单位和个人（包括乡村干部）都无权擅自变更或解除农业承包合同。在履行承包合同内容中，双方的地位是平等的。合同一方或双方有要求的，可到农业承包合同管理机关办理鉴证手续。农业承包合同一般应一式三份，甲乙双方各一份，乡（镇）合同管理机关一份，三份合同具有同等效力。

三、合同鉴证

1. 合同鉴证的含义

合同鉴证是指合同主管机关，根据当事人的要求，对合同的合法性、真实性、可行性进行审核和证明的一项制度。合同鉴证是合同管理工作的一项重要内容。合法性指合同的内容是否符合国家的法律和政策；真实性指双方当事人是否有主体资格，合同标的是否准确，双方意思表达是否真实；可行性指双方当事人有无履约能力，合同指标是否合理等。只有符合上述三个基本条件，合同主管机关才可予以证明。

2. 合同鉴证应遵循的原则

（1）自愿原则。合同鉴证是应一方或者双方当事人的要求，到合同主管机关办理鉴证，不能强迫当事人鉴证，合同的法律约束力不取决于鉴证与否。但某些专业性较强的承包合同，必须经过鉴证才具有法律效力的除外。

（2）便民原则。合同由乡（镇）级承包合同主管机关就近进行鉴证较为适宜。进行合同鉴证，以服务为宗旨，不以赢利为目的，收费要适当。

（3）公正原则。要把合同双方当事人摆到平等的地位上秉公执法，对不真实、不合法、不可行的合同一律不予鉴证。

3. 承包合同鉴证的程序

（1）由合同当事人提出鉴证申请，并提供合同文本及有关资料。

（2）由乡（镇）级承包合同主管机关对合同文本和有关资料进行审查，询问当事人，并进行实地勘察。

（3）合同主管机关对符合鉴证条件和要求的合同出具鉴证证明，并按规定收取鉴证费。

（4）合同鉴证后，马上整理归档。

四、无效合同的管理

无效合同的管理主要包括：无效合同的界定、无效合同的处理等内容。

1．形成合同无效的原因

（1）当事人不合法。

（2）合同内容不合理或不合法。

（3）合同代理无效。

2．无效合同的界定

承包合同是否有效应由农业承包合同管理机关或人民法院认定，其他任何单位和个人对无效合同都没有确认权。

作为承包合同管理机关应尽最大努力在合同履行前发现并及时处理无效合同，这就要求主管机关在指导合同签订和进行合同鉴证等工作中，严格把握政策，严肃认真审核，把问题解决在初始阶段，把损失降到最低点。

无效合同就是从合同订立时起，就不具有法律约束力或者说不受法律保护的合同。根据有关法律法规的规定和农业承包合同，有下列情况之一的，应确定为无效承包合同：

（1）违反国家法律、法规和政策的。

（2）损害国家、集体或者他人利益的。

（3）违反农业集体经济组织章程、农业集体经济组织成员大会或者成员代表大会决议的。

（4）发包方无权发包的。

（5）滥用权力或者采取欺诈、胁迫等不正当手段订立的。

3．无效合同的处理

农业承包合同被确认无效后：

（1）尚未开始履行的，不得履行，发包方依据无效合同预先取得的承包金或者集体提留，应当退给承包方。承包方依据无效合同占有、使用的承包物，应当退给发包方。

（2）正在履行的，按照有利生产、减少损失的原则，由无效合同的确认机关确定停止履行的时间。

（3）确认合同部分无效的，如不影响其余部分的效力，其余部分仍然有效。

（4）合同双方，一方有过错，应当赔偿对方遭受的经济损失；双方都有过错，则各自承担相应的责任。

五、农业承包合同的变更或解除

1. 农业承包合同的变更或解除的条件

在合同履行过程中，由于当事人一方或双方的情况或客观情况有变，符合下列情况之一的，可以变更或解除合同，但要依法办理。

（1）双方当事人协商一致，且不损害国家、集体利益和他人合法权益的；

（2）订立承包合同依据的国家法律、法规和政策发生重大变化，致使承包合同无法履行的；

（3）承包的土地被依法征用和占用的；

（4）由于自然灾害等不可抗力原因，致使承包合同部分或者全部无法履行的；

（5）一方当事人严重违反承包合同，致使承包合同部分或者全部无法履行的；

（6）承包方丧失劳动或经营能力，无法完成承包合同规定的义务的。

2. 变更或解除合同的原则

在合同履行过程中要坚持变更或解除合同不能违法。坚持以下原则：

（1）单方面变更或解除合同，是违约行为；

（2）因变更或解除合同给一方造成经济损失的，由有过错的一方给予补偿；

（3）合同当事人的合并或分立不是变更合同的条件；

（4）法人代表或承办人变动是合同变更和解除的条件。

3. 合同变更和解除的基本程序

（1）当事人一方要求变更或者解除合同的，应及时通知对方。对方应当在接到通知之日起的规定日期内予以答复，除非当事人双方另有约定，否则无正当理由逾期不予答复者，视同默认。

（2）当事人双方就变更或者解除合同事项，经协商达成协议后，应当在协议书上签字并加盖发包方公章，报乡（镇）农业承包合同管理机关备案。

（3）数量较大、涉及面广的承包合同的变更或者解除，须经村民大会或者代表大会讨论决定。

（4）因国家有关政策的变化或不可抗力的影响，变更或者解除合同的，须取得该项业务的行政主管部门的证明。

4. 变更和解除合同的责任处理

合同的变更和解除，意味着承担义务的一方当事人将不再按原合同的规定履行义务，享有权利的一方将失去合同规定的部分，以至全部的权利。为了维护当事人的合法权益与承包合同的严肃性，必须慎重处理。

（1）能够采取变更合同措施解决问题的，就不要采取解除合同的措施，以保持承包经营的稳定性。

（2）变更或者解除合同的条件和要求，应当由双方当事人协商，达成一致协议，如不能协商一致，可由农业承包合同管理机关调节和处理。

（3）因变更和解除合同造成的经济损失，应当由责任方承担责任。

六、违约责任

违约责任是指农业承包合同当事人一方或者双方，对没有履行或者没有完全履行合同规定的义务所产生的后果要承担责任。违约责任是一种经济责任，因一方当事人的过错，造成合同不能履行或者不能完全履行的，由过错方承担违约责任；双方都有过错的，由双方分别承担相应的违约责任。对违约者进行处罚，一方面是对守约方经济损失的补偿；另一方面是对违约行为的制裁。

1．违约责任的成立

符合下面条件视为违约责任成立：

（1）当事人有不履行合同义务的行为；

（2）当事人的违约行为是由主观过错造成的；

（3）当事人的违约行为给对方造成了实际的损失；

（4）违约行为与损失事实有直接因果关系。

2．处理违约责任的原则

坚持以下原则：

（1）过错责任原则。由主观过错导致的违约行为，要承担责任；由不可抗力或不可预见的客观原因导致的违约行为，一般不承担责任。

（2）赔偿损失原则。过错违约给对方造成经济损失的，其当事人要赔偿对方的经济损失。

（3）强制惩罚原则。不以是否发生经济损失为条件，一般由合同当事人自己约定，只要违约，就按约定处罚。

（4）实际履行原则。一方当事人违约予以处罚后，如果对方提出继续履行合同，合同仍要继续履行，不能以处罚代替合同履行。

3．发包方需承担的违约责任

发包方违约，应当按合同的规定支付违约金和赔偿金。

有下列情况之一，就视为发包方违约：

（1）不按承包合同规定的时间、数量和质量提供承包标的的；

（2）不按承包合同规定的时间、数量和质量以及收费标准提供各种服务的；

（3）非法干预承包方正常生产经营，造成经济损失的；

（4）擅自变更或者解除合同以及擅自撕毁合同的；

（5）有其他违约行为的。

4．承包方需承担的违约责任

承包方有下列情形之一的，应当按承包合同规定支付违约金和赔偿金；情节严重的，由发包方提出，经承包合同管理机关裁定或者人民法院判决，收回承包方所承包的标的：

（1）出卖承包标的或者擅自改做非农用途的；

（2）对承包标的进行掠夺性、破坏性经营或者弃耕撂荒的；

（3）对承包生产设备、设施、机具等，使用不当，管理不善，造成严重损坏或者丢失的；

（4）没有正当理由，拒不缴纳合同规定的承包金或者集体提留和国家税金，不完成劳动积累工和义务工的；

（5）有其他违约行为的。

七、农业承包合同纠纷

1. 引发农业承包合同纠纷的原因

从农村实际情况看，引发纠纷的原因大致有两类，即主观原因和客观原因。

（1）引发纠纷的主观原因：

① 发包不民主导致的仗权承包、垄断承包和压价承包。

② 少数干部以权代法、以言代法，随意侵权甚至撕毁合同。

③ 上级有关部门或者领导的强迫命令、非法干预、决策失误。

④ 少数人犯“红眼病”，煽动群众破坏承包者的正常生产秩序，哄抢果实，以至侵犯人身权利。

⑤ 发包方随意修改合同指标，大幅度提高承包金。

⑥ 承包指标不合理，显失公平，影响大多数群众的利益。

⑦ 承包方无故不缴纳或者延迟缴纳承包金，不完成合同规定的其他义务。

⑧ 合同条款不清楚，内容不具体，手续不完备。

（2）引发纠纷的客观原因：

① 自然灾害等不可抗力。

② 土地被征用。

③ 国家的价格、税收、购销等政策发生较大变化。

④ 市场经济发育过程中出现的新情况、新问题，使经营者显出不适应。

2. 农业承包合同纠纷的特点

（1）时间的紧迫性。农业是有生命的动植物生产，有较强的连续性和季节性，如发生纠纷得不到及时处理，将贻误农时，影响生产以至绝收。

（2）关系的复杂性。承包合同纠纷一般不仅仅只是双方当事人的关系，而且影响以至直接牵涉集体与成员、承包者与非承包者、发包方与其他承包者的关系，有的还掺杂着错综复杂的亲缘、家族关系。

（3）矛盾的尖锐性。承包经营，特别是果园、水面、林木、荒地、企业等的承包，其纠纷多数都是因承包者与非承包者的收益过于悬殊引起的，处理难度较大，矛盾容易激化。

（4）情况的多变性。许多合同在签订时是合法、合理、合情的，且一定若干年不变。但在履行过程中，遇到的政策和情况变化太大，由此往往影响到双方的权利义务关系。

（5）认识的片面性。承包合同的发包方是集体，承包方多是农户。发包方认为自己是组织，承包方是个人，因此，发包方随意修改合同指标和撕毁合同的现象大量发生。

3．农业承包合同纠纷的处理

由于农业生产的季节性特点，农业承包合同的处理应该及时、有效。农业承包合同管理机关处理合同纠纷案件，应当在查清事实、分清责任的基础上，根据国家的法律、法规和政策的规定，先进行调解，调解不成的，进行仲裁。

（1）农业承包合同纠纷的处理要把握的总体原则：

① 调解为主、仲裁为辅的原则；

② 行政解决在先、司法参与为后的原则；

③ 当事人法律地位平等的原则；

④ 在纠纷复杂难以一时处理好时，坚持先恢复生产，逐步处理纠纷的原则。

（2）合同纠纷调解。合同发生纠纷后，双方当事人不能或难以自行协商解决的，合同管理部门可根据当事人的申请，通过说服教育的办法，使双方当事人明辨是非，消除分歧，自愿达成新的协议，这种方法不经仲裁，不经审判，不用强制，是在自愿的基础上解决纠纷，符合广大农民的愿望，也是目前解决大部分农业承包合同纠纷的主要手段。

在调解时，遵循以下原则：① 自愿原则。调解在双方自愿的基础上进行，任何一方不同意调解，不能强迫调解。调解时，双方充分发表意见、充分协商，在双方互相谅解的情况下使纠纷得到解决。② 合法原则。农业承包合同依法成立，就具有法律约束力。因此，调解承包合同纠纷不得违背法律、法规、政策，不得损害公共利益和他人利益，并且要依法达成调解协议。

调解解决及程序：

第一步：当事人申请调解。合同发生纠纷后，当事人双方协商不成，当事人一方或者双方要求承包合同主管机关调解的，应提交申请书，并附上证据材料。

第二步：主管机关接受申请。农业承包合同主管机关接到调解申请书后，经审查认为可以受理的，便可将双方共同提交的申请书送达双方当事人，约定调解时间和地点；如果是一方提交的申请书，则将申请书送达另一方，待对方同意调解后，约定调解时间和地点。

第三步：进行调解。双方当事人或其代理人，按约定的时间和地点到齐后，承包合同主管机关指派合同管理或仲裁人员，先听取双方陈述情况、理由和要求，然后进行调解。调解达成协议的，制作调解书，双方签字，并加盖调解机关公章。调解书一经送达，当事人双方必须履行。调解没有达成协议的，经双方当事人同意，可以向承包合同纠纷仲裁委员会申请仲裁，或者向人民法院起诉。

（3）合同纠纷的仲裁。合同发生纠纷后，协商不成，调解也不能达成协议，根据当事人一方的申请，由承包合同管理机关裁决处理。裁决后，由合同管理机关写出仲裁决定书。当事人对仲裁不服的，可在接到仲裁决定书之日起 30 天内，向人民法院起诉；期满不起诉者，仲裁决定书即生效。这种方法，既不同于调解，也不同于法院的判决，它是对合同纠纷进行法律性质解决的一种行政措施。既有自愿的一面，也有强制的一面。

① 农业承包合同仲裁遵循以下原则：

a. 坚持先调解，后仲裁的原则；

b. 坚持以事实为依据，法律为准绳的原则；

c. 坚持当事人双方在适用法律上一律平等的原则。

承包合同当事人发生纠纷，协商解决不了或者合同管理机关调解无效的，可以向承包合同纠纷仲裁委员会申请仲裁，也可以直接申请仲裁。

② 仲裁解决及程序。

第一步：当事人提出仲裁申请。承包合同一方当事人的权利受到侵害，可在应该知道被侵权后 1 年内，向所在地的乡（镇）或县级农业承包合同仲裁机关提出仲裁申请。申请书的主要内容是：

申诉人的单位、地址、法定代表人或代理人姓名、职务；

被诉人的单位、地址、法定代表人或代理人姓名、职务；

申诉事实、理由及要求，并提供证据或者证人；

附承包合同副本及相关材料。

第二步：接受仲裁申请。承包合同仲裁机关接到仲裁申请后，要审核仲裁申请，认为符合仲裁条件的，应当受理；不予受理的，要尽快通知申诉人。

第三步：做好仲裁前的准备工作。决定受理仲裁后，由仲裁委员会指定仲裁员组成仲裁庭；在规定时间内，将申诉书副本送达被诉人，并通知其在接到申诉书之日起 15 日内提交答辩和相关证据，提交法定代表人证明或其代理人的证明及委托代理书；审查被诉人的答辩和有关证明；调查取证，搞清纠纷发生的时间、地点、原因、经过和争执焦点；熟悉或者查询与处理案件有关的法律、法规和政策等。

第四步：开庭审理。

第五步：裁决的执行。由于各地的规定不同，裁决的执行有多种情况，但归纳起来主要有两种：

一种是或裁或审。就是指当事人要选择用仲裁的方式解决合同纠纷，就不能向人民法院起诉，若向人民法院起诉，仲裁机关就不再受理。这种情况下，规定仲裁是一裁终局的，仲裁决定书一经成立，即具有法律效力，当事人必须按期履行；规定是两裁终局的，在仲裁决定书成立后，若当事人不服仲裁决定，可在接到仲裁决定书之日起，在规定的期限（一般为 15～30 日）内向上一级仲裁机关申请复议，仲裁复议为终局仲裁，仲裁复议决定书具有法律效力，当事人必须按期履行。逾期不申请复议或不起诉的，仲裁决定书即具有法律效力，当事人必须在规定的期限内履行。

一种是既裁既审。既裁既审就是指在仲裁结束后，当事人不服仲裁决定或仲裁复议决定的，可在规定时间内向人民法院起诉。同样，逾期不申请复议或不起诉的，仲裁决定书即具有法律效力，当事人必须在规定的期限内履行。

当事人对送达的调解书或者已具有法律效力的仲裁决定书逾期不执行的，另一方可以申请人民法院强制执行。

（4）司法解决。承包合同纠纷发生后，当事人也可以不经过以上程序，直接向人民法院提起诉讼。

第三节　农村土地承包管理

一、农村土地承包制度

《中华人民共和国农村土地承包法》于 2002 年 8 月 29 日九届全国人大常委会第二十九次会议通过，并于 2003 年 3 月 1 日起实行。这是我国农业发展史上的一件大事，标志着我国农业法制建设在市场经济发展与政治文明建设进程中迈出了重要一步。

1. 农村土地承包的概念

农村土地承包制度是指农户以家庭为单位向集体组织承包土地等生产资料和生产任务的农业生产责任制形式。它建立在农村土地所有权基础上，特别是建立在农村集体土地所有权基础上。农村土地承包制度的基本特点是在保留集体经济必要的统一经营的同时，集体将土地和其他生产资料承包给农户，承包户根据承包合同规定的权限，独立做出经营决策，并在完成国家和集体任务的前提下分享经营成果，一般做法是将土地等按人口或劳动力比例根据责、权、利相结合的原则分给农户经营，承包户和集体经济组织签订承包合同。

2. 农村土地的范围

《农村土地承包法》所称农村土地，从所有制关系上看，既包括农民集体所有土地中的农业用地，也包括国家所有依法由农民集体使用的农业用地；从土地类别上看，主要是耕地、林地和草地，也包括荒山、荒丘、荒沟、荒滩“四荒”地以及养殖水面等。

农村土地中数量最多，与广大农民利益关系最密切的是耕地、林地和草地。这些土地，多采取人人有份的家庭承包方式，因此农村土地承包法将其突出表述。对于其他土地，如“四荒”地、养殖水面等则包含在“其他依法用于农业的土地”之中。总之，凡是由农民集体所有或者使用，用于农业生产，又适合承包的土地，都属于农村土地承包法调整的范围。

3．农村土地承包方式的种类

《农村土地承包法》第三条第二款规定：“农村土地承包采取农村集体经济组织内部的家庭承包方式，不宜采取家庭承包方式的荒山、荒沟、荒丘、荒滩等农村土地，可以采取招标、拍卖、公开协商等方式承包。”按该内容规定分析可知，农村土地承包方式主要有两类：其一是家庭承包，其二是其他方式承包。

（1）家庭承包。家庭承包是指农村土地承包采取农村集体经济组织内部的家庭承包方式时，以该农村集体经济组织内部家庭为经营单位的，人人有份的土地承包。家庭承包的主要特征：

① 承包方只限于本农村集体经济组织内部的农户；

② 农村集体经济组织内部的农民享有平等承包权；

③ 以农户家庭为单位，不是以农民个人为单位进行家庭承包；

④ 体现公平优先的原则；

⑤ 承包地具有社会保障功能。

（2）其他方式承包。其他方式承包是指除家庭承包外，不宜采取家庭承包方式的荒山、荒沟、荒丘、荒滩等农村土地，通过招标、拍卖、公开协商等方式的承包。其他方式承包的主要特点：

① 承包主体多元化。承包方不限于本集体经济组织内部的农户和个人，经本集体经济组织成员同意，其他单位和个人也可以承包；

② 发包方按照“效率为主，兼顾公平”的原则选择承包人，由最具经营能力（即出价最高或者经营条件最适宜）的人承包；

③ 承包的方法不是人人有份的平均承包，而是采取招标、拍卖、公开协商等方式承包；

④ 承包的土地主要是园地（果园、茶园、桑园等园地）、养殖水面、“四荒”地；

⑤“四荒”承包地不具有社会保障功能。

4．农村土地承包应遵循的基本原则

农村土地承包应遵循的基本原则主要包括：

（1）维护农村土地承包当事人的合法权益原则。《农村土地承包法》第一条明确规定：“维护农村土地承包当事人的合法权益。”

（2）坚持公开、公平、公正原则。农村土地承包以保护农民利益为出发点，坚持公开、公平、公正的原则。

（3）土地承包经营权稳定原则。党的十七届三中全会指出保持农村土地承包经营权长久不变。国家要依法保护农村土地承包关系的长期稳定，承包期内，发包方不得收回承包地，不得调整承包地。

（4）承包经营权平等原则。该原则体现在农村集体经济组织成员有权依法承包由本集体经济组织发包的农村土地，任何组织和个人不得剥夺和非法限制农村集体经济组织成员承包土地的权利，农村土地承包，妇女与男子享有平等的权利。

（5）坚持农业用途原则。农村土地承包应当遵守法律、法规保护土地资源的合理开发和可持续利用。未经依法批准不得将承包地用于非农建设。

（6）承包程序法定原则。统一组织承包时，在民主协商，公平合理的基础上，按照法定程序进行，本集体经济组织成员依法平等行使承包土地的权利，也可以自愿放弃承包土地的权利。

（7）条件具备的地方，在农民完全自愿的基础上，可以发展适度规模经营。

（8）在坚持土地集体所有和不改变土地用途的前提下，允许承包土地自愿有偿流转。

5．农村土地承包经营制度的作用

实行农村土地承包经营不仅对促进农业和农村经济的发展有重大作用，对农村社会保障和社会稳定也起着十分重要的作用。

（1）调动了农民生产积极性，促进农村经济发展。农民承包土地后，获得充分的经营自主权，打破了收益分配上的“大锅饭”，使农民的利益和劳动成果直接挂钩，使农民得到了可以看得见的物质利益，大大提高了生产积极性，从而解放和发展了农村生产力，促进了农村经济的发展。农村土地承包经营方式这种生产关系适应我国农村生产力发展的要求。

（2）为我国国民经济发展提供重要保障。我国的改革是从农村开始的。农村改革取得的重大成功，为城市改革和其他方面改革的顺利进行积累了重要经验，奠定了良好的基础，有力地促进了整个国民经济的发展。没有农村改革的成功和农村经济的繁荣，整个经济体制改革就不可能顺利进行。邓小平同志曾经指出："中国经济能不能发展，首先要看农村能不能发展，农民的生活是不是好起来。"他还指出："农民没有积极性，国家就发展不起来"，要长期坚持农村土地承包经营不动摇，因为如果不稳定，发生动摇，农民的积极性就没有了，生机和活力也没有了，其他什么措施都是空的。

（3）推动我国农业向专业化、商品化、现代化发展。农村土地承包经营方式既适应传统农业，也适应农业现代化发展的要求，在统分结合的经营体制下，农村土地承包经营可以容纳不同的生产发展水平，在现阶段乃至今后，仍具有旺盛的生命力。家庭承包经营赋予了农民生产经营自主权，确立了农户自主经营、自负盈亏的市场主体地位。他们自觉地顺应市场需求，调整产品结构，渴求农业科技，实行科学种田，努力提高劳动生产率，以获得最大的经济效益。农村土地承包经营中以家庭承包经营为主。家庭承包经营虽然是一种传统的农业经营方式，但是它没有过时，即使在发达国家，占主导地位的农业经营方式也是家庭农场。家庭经营并不排斥现代化。我国的家庭承包经营虽然规模小，但在统分结合的双层经营体制下，农村集体经济组织可以发挥它的优势，在管好集体资产的同时，协调好利益关系，组织好生产服务和集体资源开发，能够解决一家一户难以办到的事情，推动我国农业向专业化、商品化、现代化发展。

（4）促进农村产业结构调整，解决农村富余劳动力的就业。过去我们长期提出的"农、林、牧、副、渔"全面发展的农业目标，实行农村土地承包经营后才得到更好的实现。农民有了生产经营主权，不仅极大地调动了他们的积极性，而且使他们从当地的实际市场的需求出发，一方面调整生产结构，种植适销对路的其他经济作物，饲养优质的家禽家畜，开发新的产品，有效地促进了农多种经营的发展。另一方面，农民有了积累，也有了择业的自由，一些农民跳出了土地和农业的局限，办起了乡镇企业，在国家的大力支持和引导下，乡镇企业通过改制、引进资金和先进技术，得到快速的发展，已成为国民经济的一支重要力量。企业的发展推动了小城镇的建设，进而促进了农村第三产业的发展，大批农村富余劳动力从土地上转移出来。农村改革取得的重大成功，开拓了农业化和农民就业的广阔空间。

二、农业土地承包合同管理

1. 农业土地承包合同的概念和特征

（1）农业土地承包合同的概念。农村土地承包合同是指农村集体经济组织的成员或农村集体经济组织以外的人与集体经济组织之间签订的承包农村土地，并交付一定收益的协议。建立和健全承包合同制度，是稳定和完善农村土地承包经济制度的重要措施之一。签订承包合同是农村土地承包的必经程序，也是取得土地承包经营权的重要前提。对土地承包经营权的主体、承包的土地、承包的期限、双方当事人的权利和义务等有关土地承包的重要内容，在承包合同中都有所体现。土地承包合同是发包方与承包方之间达成的关于农村土地承包权利义务关系的协议。农业土地承包合同与农业承包合同既有区别又有联系，它们的关系可以说是子系统和母系统的关系，前者包含于后者之中。如农业机械合同、农业技术服务合同等属于农业承包合同而不属于农业土地承包合同的范围。

（2）农业土地承包合同的特征。根据《农村土地承包法》的规定，土地承包合同具有以下特征：

① 合同的主体是法定的。发包方是与农民集体所有土地范围相一致的农村集体经济组织、村委会或村民小组。也就是说，土地依法属于村民集体所有的，由村集体经济组织或村民委员会发包；已经分别属于村内两个以上农村集体经济组织的农民集体所有的，由村内各该农村集体经济组织或村民小组发包。国家所有依法由农民集体使用的农村土地，由使用该土地的农村集体经济组织、村民委员会或者村民小组发包。承包方是本集体经济组织的农户。

② 合同内容受到法律规定的约束，有些内容不允许当事人自由

约定。如对于耕地的承包期限，《农村土地承包法》明确规定为30年，再如对于承包地的收回等，法律都有明确规定。这些内容不允许当事人自由约定。

③ 土地承包合同是双方各负义务的合同。发包方应尊重承包方的生产经营自主权，为承包方提供生产、技术、信息等服务，有权对承包方进行监督等；承包方对承包地享有占有、使用、收益和流转的权利，应当维持土地的农业用途，保护和合理利用土地等。

④ 土地承包合同应当采用书面形式进行。

2. 农村土地承包合同的订立程序

根据《农村土地承包法》第十九条规定，订立承包合同的法定程序是：

（1）本集体经济组织成员的村民会议选举产生承包工作小组。这是进行土地承包的第一步。民主选举承包工作小组，这体现广大村民的意志，可以保证承包过程的公平合理性，另外，涉及土地的丈量、统计、承包方案的拟订等一系列的具体工作，都要由工作小组来负责完成。

（2）承包工作小组依照法律、法规的规定拟订并公布承包方案。承包方案的内容应当公平合理并照顾到本集体经济组织的实际情况，需要强调的是承包工作小组应当依照法律、法规的规定拟订承包方案。如在拟订承包方案时不得剥夺或非法限制承包户的土地承包经营权，不得歧视妇女，不得违反《中华人民共和国土地管理法》有关耕地保护和土地利用总体规划的规定。

（3）依法召开村民会议，讨论通过承包方案。这一程序体现了村民自治的精神。对承包方案根据《农村土地承包法》的规定，依法经本集体经济组织的村民会议2/3以上村民或者2/3以上村民代表同意。

（4）公开组织实施承包方案。这直接关系到承包方案的内容能否落到实处。承包方案经村民会议同意后农村集体经济组织应当公开实施承包方案，将承包方案中的内容落实。

（5）签订承包合同。这是土地承包的最后阶段。

3. 农村土地承包合同的内容

双方的权利义务除法律规定的以外，主要由合同内容加以确定。

合同内容是否齐备、准确、决定了合同能否成立、生效及能否顺利履行。因此，《农村土地承包法》对合同的主要内容作出了规定，以便对土地承包合同的订立起指导和规范的作用。主要内容的规定只具有提示性与示范性，提倡当事人尽量对合同内容提出明确意见，以免日后纠纷，并非当事人签订的合同中缺少了其中任何一项都会导致合同的不成立或无效。当事人可以根据合同的性质和其他情况，自愿确定合同的内容，可以不限于这些内容。《农村土地承包法》根据农村土地承包合同的性质和特点对承包合同的主要内容作出了规定，现将承包合同的主要内容分述如下。

（1）发包方、承包方名称，发包方负责人和承包方代表的姓名、住所。这是必须具备的内容。当事人是合同的主体，如果不写明当事人，就无法确定权利的享有者和义务的承担者，发生纠纷也难以解决。因此，要将发包方和承包方的名称或姓名和住所都规定清楚。对此，《农村土地承包法》第十二条和第十五条分别作了规定。

（2）承包土地的名称、坐落、面积、质量等级。这是承包合同权利义务指向的对象，也是合同的必备内容，否则合同不能成立，承包关系无法建立。其中，土地的坐落是指土地的所在地，土地的质量等级是指土地管理部门依法评定的土地等级，是反映土地生产能力的重要指标之一。对于这些内容，合同中要规定细致、清楚，以防差错，避免纠纷。

（3）承包期限和起止日期。承包期限是承包方依法享有权利、承担义务的期限。期限直接关系到合同权利义务的延续时间，涉及当事人的利益，也是确定合同是否按时履行或迟延履行的客观依据。由于土地承包期限是法定的，应当遵循法律规定，《农村土地承包法》第二十条规定："耕地的承包期为 30 年。草地的承包期为 30 年至 50 年。林地的承包期为 30 年至 70 年；特殊林木的林地承包期，经国务院林业行政主管部门批准可以延长。"该法规定的承包期限，是法律明确要求家庭承包应当达到的期限。另外，为确定合同权利义务的具体期限，合同中还要规定合同的起止日期。

（4）承包土地的用途。按照《农村土地承包法》的规定，承包土地只能用于农业。对"农业"的范围，《农业法》规定，本法所称农业，是指种植业、林业、畜牧业和渔业。《土地管理法》第十四条规定，农民集体所有的土地由本集体经济组织的成员承包经营，从事种植业、林业、畜牧业和渔业的生产。因此，承包土地只能够用于从事种植业、林业、畜牧业和渔业。

（5）发包方和承包方的权利和义务。《农村土地承包法》对发包方和承包方的权利义务分别作了具体规定。除了这些权利义务外，还包括其他法律，如《土地管理法》、《农业法》、《森林法》、《草原法》等法律中规定的权利义务。当然，当事人还可以在不违反国家法律、法规的情况下约定其他的权利义务。

（6）违约责任。指承包合同当事人一方或双方不履行合同或不适当履行合同，依照法律的规定或按当事人约定，应承担的法律责任，比如支付违约金等。违约责任是促使当事人履行合同义务，使对方免受或减少损失的重要法律措施，也是保障合同履行的主要内容。因此，一般有关合同的法律对违约责任都作了较为详细的规定。

4．承包合同的成立与生效

（1）承包合同的成立。合同的成立是指订约当事人就合同的主要内容形成合意。对于合同的成立时间，《合同法》规定，承诺生效时合同成立。这是合同成立的一般规定。同时，《合同法》又对书面形式合同的成立作出了特别规定：当事人采用合同书形式订立合同的，自双方当事人签字或者盖章时合同成立。本法已明确规定土地承包合同应当采用书面形式。因此，承包合同成立的时间应当是当事人签字或者盖章之时。但是，实践中对当事人虽没有签字或者盖章，然而却履行了合同主要义务的，合同也可成立。对于这种情形，《合同法》规定，采用合同书形式订立合同，在签字或者盖章之前，当事人一方已经履行主要义务，对方接受的，该合同成立。

（2）承包合同的生效。农村土地承包合同自合同成立时生效。土地承包经营权作为一种土地使用权，属于用益物权的一种，它的设立，以土地承包合同生效为前提。依照《农村土地承包法》的规定。承包合同的生效无须经过特别的批准、登记程序。然后要求县级以上地方人民政府向承包方颁发有关权利证书，并登记造册，但不能据此认为承包合同的生效和土地承包经营权的设立以登记为先决条件。土地承包经营权自承包合同生效时取得，登记只是作为对承包经营权确认的程序。承包合同生效后，对合同双方产生法律约束力；如有违约行为，需承担相应的法律责任。

5．农村土地承包合同纠纷与仲裁

农业土地承包合同纠纷的调节和仲裁，根据2009年6月27日第十一届全国人民代表大会常务委员会第九次会议通过的《中华人民共和国农村土地承包经营纠纷调解仲裁法》（自2010年1月1日执行）来执行。下面依据本法介绍相关内容。

（1）农村土地承包合同纠纷。农村土地承包经营纠纷包括：

① 因订立、履行、变更、解除和终止农村土地承包合同发生的纠纷；

② 因农村土地承包经营权转包、出租、互换、转让、入股等流转发生的纠纷；

③ 因收回、调整承包地发生的纠纷；

④ 因确认农村土地承包经营权发生的纠纷；

⑤ 因侵害农村土地承包经营权发生的纠纷；

⑥ 法律、法规规定的其他农村土地承包经营纠纷。

因征收集体所有的土地及其补偿发生的纠纷，不属于农村土地承包仲裁委员会的受理范围，可以通过行政复议或者诉讼等方式解决。

（2）农村土地承包合同纠纷的调节和仲裁。发生农村土地承包经营纠纷的，当事人可以自行和解，也可以请求村民委员会、乡（镇）人民政府等调解。

当事人和解、调解不成或者不愿和解、调解的，可以向农村土地承包仲裁委员会申请仲裁，也可以直接向人民法院起诉。

（3）农村土地承包合同纠纷的调节和仲裁的基本要求：

① 农村土地承包经营纠纷调解和仲裁，应当公开、公平、公正，便民高效，根据事实，符合法律，尊重社会公德。

② 县级以上人民政府应当加强对农村土地承包经营纠纷调解和仲裁工作的指导。

③ 县级以上人民政府农村土地承包管理部门及其他有关部门应当依照职责分工，支持有关调解组织和农村土地承包仲裁委员会依法

开展工作。

④ 村民委员会、乡（镇）人民政府应当加强农村土地承包经营纠纷的调解工作，帮助当事人达成协议解决纠纷。

⑤ 当事人申请农村土地承包经营纠纷调解可以书面申请，也可以口头申请。口头申请的，由村民委员会或者乡（镇）人民政府当场记录申请人的基本情况、申请调解的纠纷事项、理由和时间。

⑥ 调解农村土地承包经营纠纷，村民委员会或者乡（镇）人民政府应当充分听取当事人对事实和理由的陈述，讲解有关法律以及国家政策，耐心疏导，帮助当事人达成协议。

⑦ 经调解达成协议的，村民委员会或者乡（镇）人民政府应当制作调解协议书。调解协议书由双方当事人签名、盖章或者捺指印，经调解人员签名并加盖调解组织印章后生效。

⑧ 仲裁庭对农村土地承包经营纠纷应当进行调解。调解达成协议的，仲裁庭应当制作调解书；调解不成的，应当及时做出裁决。

调解书应当写明仲裁请求和当事人协议的结果。调解书由仲裁员签名，加盖农村土地承包仲裁委员会印章，送达双方当事人。

调解书经双方当事人签收后，即发生法律效力。在调解书签收前当事人反悔的，仲裁庭应当及时做出裁决。

6．农村土地承包合同管理机构及主要内容

（1）农村土地承包合同管理机构。国务院农业、林业行政主管部门分别依照国务院规定的职责，负责全国农村土地承包合同管理的指导。县级以上的地方人民政府农业、林业等行政主管部门分别依照各自职责，负责本行政区域内农村土地承包合同管理。乡（镇）人民政府负责本行政区域内农村土地承包合同管理。中央和县级以上地方人民政府职能部门有关承包合同的管理工作大部分都要由乡（镇）人民政府具体落实。

（2）农村土地承包合同管理工作的主要内容：

① 大力宣传和努力贯彻国家的有关法律、法规以及党和国家有关农村经济的方针和政策。

② 起草和组织实施本地的土地承包合同管理规章制度。农村土地承包合同的基本管理制度应包括：合同订立制度、鉴证制度、变更

和解除制度、流转合同登记制度、纠纷处理制度、档案管理制度、收费管理制度等。

③ 各级农村土地承包合同管理部门应指导承包合同签订，使之合法、真实、可行，做到内容齐全、内容清楚、权责明确、手续完备。

④ 进行合同鉴证，建立合同管理档案。这项工作主要由乡（镇）一级主管机关承担。

⑤ 组织回访检查。这是监督承包合同履行的有效方法，发现问题及时解决，把大量可能发生的纠纷和案件消灭在萌芽状态。

⑥ 调解和仲裁合同纠纷。处理好合同纠纷是稳定家庭承包经营和土地承包关系的关键，各级农业承包合同管理部门应认真做好这项工作。

⑦ 健全管理工作，配备管理人员，搞好业务培训，提高人员素质。要做好承包合同管理工作必须要有健全的机构和相应的管理人员，这是工作的基础。有了机构和人员，就要搞好业务培训，提高工作人员的业务水平和工作质量。

三、新时期农村土地承包经营管理工作

多年来，各级地方党委和政府坚持服务“三农”，扎实工作，克服困难，勇于创新，为依法落实和维护农民的土地承包权益、稳定农村土地承包关系、巩固和完善农村基本经营制度做了大量艰苦细致的工作，取得了显著的成效。特别是《农村土地承包法》颁布实施以来，以全面贯彻落实土地承包法律政策为重点，加大工作力度，切实抓好延包后续完善工作，妥善解决农村土地承包纠纷，加强土地承包规范管理，进一步落实和维护好农民的土地承包权益，取得了新的进展。由于土地涉及农民根本利益，与农村土地相关的利益主体众多，利益关系和各类情况复杂，随着产业结构调整、农村人口流动和土地流转，农村土地流转将更加频繁，流转关系和相关利益更趋多元化。因此，今后维护农民土地承包权益工作将面临更多更复杂的利益主体和利益关系，相关管理、协调与服务的任务将更加艰巨和繁重。

1. 新时期农村土地承包管理工作的指导思想

当前和今后一个时期，农村土地承包管理工作要坚持以邓小平理

论和“三个代表”重要思想为指导，全面落实科学发展观，以深入贯彻农村土地承包法律政策为核心，以依法实施土地承包规范管理为重点，以建立健全承包纠纷调解机制为保障，不断加强农村土地承包管理各项工作，落实和维护好农民土地承包权益，稳步推进和谐社会和新农村建设。

2．加强农村土地承包管理的举措

（1）继续深入学习宣传农村土地承包法律政策。《农村土地承包法》是落实和维护农民土地承包权益的根本法律依据。学习宣传和贯彻这部法律，是我们的一项十分重要和长期的工作任务。认真贯彻落实“五五”普法规划，加强普法培训，采取多种形式宣传农村土地承包法律政策，使乡村干部和广大农民群众普遍掌握《农村土地承包法》的精神，进一步形成良好的依法维护农民土地承包权益的社会环境。

（2）加强对土地承包管理工作的领导。贯彻落实农村土地承包法律政策，依法落实和维护农民土地承包权益，稳定和完善农村土地承包关系，事关农民切身利益和农村社会稳定，是践行“三个代表”重要思想、构建农村和谐社会的重要内容，也是党的农村工作的重要组成部分。将农村土地承包管理工作纳入当地党委和政府的重要议事日程，建立健全工作制度，完善工作规程，把切实稳定和完善农村土地承包关系、维护农民土地承包权益的工作落到实处。

（3）抓紧做好延包后续完善工作。延包后续完善是当前土地承包工作中难度比较大的工作，也是必须尽快完成的任务。从 2000 年全国基本完成延长土地承包期工作以来，延包后续完善工作虽取得明显进展，但一些地方仍然问题不少。今后，要采取有效措施解决好延包遗留问题，重点做好农民工承包土地确权发证、规范流转和纠纷调处工作和农村出嫁妇女的土地承包经营权落实工作，将土地承包经营权证全面发放到户。

（4）建立健全农村土地承包纠纷调处工作的协调机制。把解决农村土地承包纠纷纳入农村和谐社会建设和确保社会稳定的重要内容，积极主动地加强与相关职能部门的沟通协调，创新工作机制，探索建立由农业、纪检监察和司法等部门参与的解决农村土地承包突出问题的工作协调机制。各级特别是县乡两级农业部门，要结合土地承包管理日常工作和贯彻执行新的《信访条例》，建立健全土地承包问题调处工作责任制，明确责任范围，落实责任目标，健全工作规程，加强监督检查和考核，确保承包纠纷发生后能得到及时受理和妥善解决。

（5）积极开展土地承包纠纷仲裁试点。仲裁是依法解决民商事纠纷的重要渠道，具有程序简便、费用低廉、方便群众、快捷解决争议等特点。土地承包纠纷仲裁试点开设以来，得到了全国各地的积极响应，也得到党中央、国务院、全国人大及有关部门的大力支持。国家发展改革委 2005 年专门安排了基本建设投资予以支持。今后，要选择基础条件较好、干部业务素质高的地方，继续开展农村土地承包纠纷仲裁试点工作，不断总结完善试点经验，推进土地承包纠纷调处机制不断健全。

（6）依法加强土地承包与流转规范管理。开展土地承包与流转规范管理是新时期加强土地承包管理工作的重要内容。为此要进一步做好土地承包档案管理工作、规范管理机动地和其他方式承包的集体土地，加强土地流转规范管理和服务，建立起规范管理的工作机制和工作规程，实现管理工作的规范化、制度化、经常化。

第四节　农村土地承包经营权的流转

一、土地承包经营权流转的指导思想

稳定土地承包关系，赋予农民长期而有保障的土地使用权，是农村土地承包的一项重要原则，是保障农民权益、促进农业发展、保持农村稳定的制度基础。在稳定家庭承包经营制度的基础上，允许承包方依法、自愿、有偿地进行土地承包经营权流转，是农业发展的客观要求。

当前土地承包经营权的流转，多数反映了土地作为生产要素的合理流动和优化配置，部分解决了农村人地矛盾，对发展农业经济起到了积极的作用。但是，一些地方在土地承包经营权流转的过程中也出现了一些偏差：有的违背农民意愿，随意改变土地承包关系，强迫流转，侵害了农民的承包经营权；有的在流转过程中，如在搞规模经营、

入股、“反租倒包”等过程中，没有兼顾农民利益，甚至损害农民利益，引起农民的强烈不满；有的强行将农户的承包地长时间、大面积转租给企业经营，影响了农民正常的生产生活；还有的借流转之名，随意变更土地用途。这些行为违背了国家政策和法律规定的精神，必须予以纠正。土地承包经营权流转是农村经济发展、农村劳动力转移的必然结果。只有二、三产业比较发达、大多数农民转移到非农产业并有稳定的工作岗位和收入来源的地方，才有可能出现较大范围的土地流转，发展适度规模经营，这将是一个相当长的过程。从总体上看，我国绝大多数农村目前尚不具备这个条件。因此，土地承包经营权流转不能急于求成，一定要循序渐进，不能强制推行。

（1）土地承包经营权流转要在长期稳定家庭承包经营制度的前提下进行。家庭承包经营不仅适应传统农业，也适应现代农业，具有很强的适应性，必须长期坚持，不能将家庭承包经营与发展现代农业对立起来。保持家庭承包经营制度长期稳定，是土地承包经营权流转的基本前提。

（2）土地承包经营权流转的主体是承包方。承包方对承包的土地有自主的使用权、收益权和流转权，有权依法自主决定土地承包经营权是否流转和流转的形式。这是农民拥有长期而有保障的土地使用权的具体体现。

（3）土地承包经营权流转必须在农民自愿的前提下进行。农村集体经济组织可以对农民的土地承包经营权流转进行协调和服务，但不能强迫或者阻碍土地承包经营权的流转。承包期内，发包方不得单方面解除土地承包合同，不得假借少数服从多数强迫承包方放弃或者变更土地承包经营权而进行土地承包经营权流转，不得以划分“口粮田”和“责任田”等为由收回承包地搞招标承包，不得将承包地收回抵顶欠款。

（4）土地承包经营权流转应当是有偿的。土地承包经营权流转的转包费、租金、转让费等，应当由当事人双方协商确定。流转的收益归承包方所有，任何组织和个人不得擅自截留、扣缴。

（5）土地承包经营权流转应当主要在农户之间进行。土地应当主要流转给其他从事农业生产的农户。工商企业投资开发农业，应当主要从事农作物产前、产后服务和“四荒”资源开发，采取公司加农户和订单农业的方式，带动农户发展产业化经营，而不是公司替代农户。企业和城镇居民随意到农村租赁和经营农户承包地，隐患很多，甚至可能造成土地兼并。不提倡工商企业长时间、大面积租赁和经营农户承包地，也不应动员和组织城镇居民到农村租赁农户承包地。

二、土地承包经营权流转的主要形式

目前土地承包经营权流转主要有转让、转包、入股、互换、出租等形式。

（1）农村土地承包经营权转让，是指承包方有稳定的非农职业或者有稳定的收入来源，经承包方申请和发包方同意，将部分或全部土地承包经营权让渡给其他从事农业生产经营的农户，由其履行相应土地承包合同的权利和义务。转让后原土地承包关系自行终止，原承包方承包期内的土地承包经营权部分或全部灭失。转让将使农户丧失对承包地的使用权，因此，对转让必须有严格条件。

（2）农村土地承包经营权转包，是指承包方将部分或全部土地承包经营权以一定期限转给同一集体经济组织的其他农户从事农业生产经营。转包后原土地承包关系不变，原承包方继续履行原土地承包合同规定的权利和义务。接包方按转包时约定的条件对转包方负责。承包方将土地交他人代耕不足一年的除外。

（3）农村土地承包经营权入股，是指承包方将承包土地的经营权作为股份入股，进行股份制或者股份合作制经营，以入股土地的经营权作为分红依据。需要指出的是，这里的入股，不包括入股组成公司从事经营，而是指农户将土地承包经营权以入股的形式组织在一起，从事农业生产，收益按股分红，是具有合作生产性质的流转形式。

（4）农村土地承包经营权互换，是指本集体经济组织各承包方之间为方便耕种或者各自需要对属于同一集体经济组织的承包土地的经营权进行串换，双方达成互换合同后，还应与发包方变更原土地承包合同。

（5）农村土地承包经营权出租，是指集体经济组织或者承包方将土地经营权租赁给本集体经济组织以外的单位或个人。

（6）农村土地承包经营权抵押，是指抵押人（原承包方）通过其他方式承包取得土地承包经营权有效存在的前提下，以不转移农村土地的占有，将土地承包经营权作为担保的行为。如可以将依法承包的荒山、荒沟、荒丘、荒滩等荒地的土地使用权抵押，而以家庭承包方式获得的土地承包经营权不得抵押。

（7）农村土地承包经营权继承，是指承包方在通过农村土地承包方式取得物权性质土地承包经营权有效存在的前提下，在承包方最后一个家庭成员死亡和承包期内，由最后一个死亡的家庭成员的继承人依法继承物权性质土地承包经营权的行为。

（8）代耕，是指承包方在通过农村土地承包方式取得土地承包经营权有效存在的前提下，依法将承包地委托给第三人（即代耕方）暂时代为经营的行为。

（9）反租倒包，是原承包给农户的土地，由发包方反租回来，再重新发包或由集体直接经营，主要用于发展高效农业，创建科技示范区等。

（10）退包，是指承包户在承包期内把承包土地退交给集体，由集体重新发包的行为。退包的原因是这些农户因从事二、三产业或外出打工，自己无力耕种又不愿交由其他农户经营。

三、土地承包经营权流转的基本原则

1．依法平等协商、有偿自愿

土地承包经营权的流转，必须按照法律、法规和中央的政策进行；必须是承包农产完全自愿，不允许违背农民意愿强行要求流转或者阻碍流转；土地使用权流转的期限、数量、补偿方法、定购任务和承包费的处理等具体问题，要由流转农产之间协商确定。

2．流转期限不得超过承包合同规定的剩余承包期限

土地承包经营权流转是有期限的，该期限不得超过土地承包经营权的剩余期限。例如，土地承包经营权的期限为 30 年，承包人已使用 20 年，该土地承包经营流转的期限即不得超过 10 年。

3．不得改变土地所有权的性质和土地的农业用途

受让方应当具有农业生产土地承包经营权流转，不得改变土地所

有权的性质和土地的农业用途。

4．受让方须有农业经营能力

受让方须有农业生产的能力，这是对受让方主体资格的要求。倘若其不能从事农业生产，就不能承受土地承包经营权的流转。

5．在同等条件下，本集体经济组织成员享有优先权

土地承包经营权流转中，本集体经济组织的成员享有优先权，在同等条件下，较本集体经济组织以外的人，可以优先取得流转的土地承包经营权。

四、土地承包经营权流转合同

1．土地承包经营权流转合同的订立

承包方流转农村土地承包经营权，应当与受让方在协商一致的基础上签订书面流转合同。农村土地承包经营权流转合同一式四份，流转双方各执一份，发包方和乡（镇）人民政府农村土地承包管理部门各备案一份。承包方将土地交由他人代耕不超过一年的，可以不签订书面合同。承包方委托发包方或者中介服务组织流转其承包土地的，流转合同应当由承包方或其书面委托的代理人签订。土地承包经营权流转合同应当采用书面形式签订，并报发包方和乡（镇）农业承包合同管理机关备案以明确双方的权利义务，减少纠纷。当事人没有采用书面形式签订，但已实际流转了，仍可认定土地承包经营权流转合同成立。

2．土地承包经营权流转合同的内容

土地承包经营权流转合同一般包括以下几条：

（1）双方当事人的姓名、住所；

（2）流转土地的名称、坐落、面积、质量等级；

（3）流转的期限和起止日期；

（4）流转方式；

（5）流转土地的用途；

（6）双方当事人的权利和义务；

（7）流转价款及支付方式；

（8）流转合同到期后地上附着物及相关设施的处理；

（9）违约责任。

农村土地承包经营权流转合同文本格式由省级人民政府农业行政主管部门确定，农村土地承包经营权流转当事人可以自愿选择是否向乡（镇）人民政府农村土地承包管理部门申请合同鉴证。

五、土地承包经营权流转的管理

1. 土地承包经营权流转的管理机关

县级人民政府农业行政（或农村经营管理）主管部门和乡（镇）人民政府农村土地承包管理部门负责农村土地承包经营权流转的指导和管理工作。县级以上地方人民政府农业行政（或农村经营管理）主管部门对乡（镇）人民政府农村土地承包管理部门工作予以指导。

2. 工作职责

（1）县级人民政府农业行政（或农村经营管理）主管部门的职责：

① 指导乡（镇）人民政府农村土地承包管理部门的工作。

② 办理土地承包经营权流转登记。采取互换、转让方式流转土地承包经营权，当事人申请办理土地承包经营权流转登记的，县级人民政府农业行政（或农村经营管理）主管部门应当予以受理，并依照《中华人民共和国农村土地承包经营权证管理办法》的规定办理。

③ 指导农村土地承包经营权流转服务的中介组织。从事农村土地承包经营权流转服务的中介组织应当向县级以上地方人民政府农业行政（或农村经营管理）主管部门备案并接受其指导，依照法律和有关规定提供流转中介服务。

（2）乡（镇）人民政府农村土地承包管理部门的职责：

① 提供并指导签订流转合同。乡（镇）人民政府农村土地承包管理部门应当及时向达成流转意向的承包方提供统一文本格式的流转合同，并指导签订。

② 建立农村土地承包经营权流转情况登记册。乡（镇）人民政府农村土地承包管理部门应当建立农村土地承包经营权流转情况登记册，及时准确记载农村土地承包经营权流转情况。对以转包、出租或者其他方式流转承包土地的，及时办理相关登记。

③ 办理有关承包合同和土地承包经营权证变更。以转让、互换

方式流转承包土地的，及时办理有关承包合同和土地承包经营权证变更等手续。

④ 保管职责。乡（镇）人民政府农村土地承包管理部门应当对农村土地承包经营权流转合同及有关文件、文本、资料等进行归档并妥善保管。

⑤ 纠正职责。乡（镇）人民政府农村土地承包管理部门在指导流转合同签订或流转合同签证中，发现流转双方有违反法律法规的约定，要及时予以纠正。

六、解决农村土地承包经营权流转纠纷的措施

1. 协商

所谓协商，是指当土地承包经营权流转纠纷发生后，由双方当事人就争议的有关问题依据法律规定直接进行磋商，在完全自愿的基础上达成彼此都认可的和解协议，从而解决争议。

2. 调解

当事人协商不成的，可以请求村民委员会、乡（镇）人民政府调解。

3. 仲裁

当事人之间不愿协商、调解，或者通过协商、调解方式不能解决纠纷时，可以向农村土地承包仲裁机构申请仲裁。

4. 诉讼

如果当事人不愿协商、调解，或者通过协商、调解方式不能解决纠纷，也不愿进行仲裁时，也可以选择直接向人民法院起诉，依照《中华人民共和国民事诉讼法》的规定，通过诉讼解决纠纷。

思考题

1. 解释农业承包合同及农业承包合同管理的概念。
2. 土地承包经营权流转的主要形式有哪些？
3. 试述如何进行农业承包合同纠纷的处理。
4. 试述加强新时期农村土地承包管理工作的措施有哪些。

第五章　农村集体资产与财务管理

随着农村经济的发展和农村家庭联产承包双层经营体制的进一步完善，农村集体资产与财务管理更显得重要，而且为适应新的农村经济发展形势的需要，此项工作更加需要加强。本章围绕这一问题主要对农村集体资产管理、农村财务管理及农村集体经济审计等内容进行阐述。

第一节　农村集体资产与财务管理概述

一、农村集体资产与财务管理概念

农村集体资产与财务管理是对农村集体资金和资产运营的监督、控制和管理。它包括以下几个方面的内容：农村集体资产管理、集体经济组织财务管理、农村集体经济审计、合作经济组织会计核算等。农村集体资产与财务的监督管理问题，历来为广大农民群众所关注，它关系到农民群众利益的维护和农村社会的稳定，一直受到各级党委和政府的高度重视，这项工作已成为农村的基础工作之一。

二、农村集体资产与财务管理的重要性

规范农村集体资产和财务管理工作，是加强农村基层党风廉政建设的重要内容，是改进农村基层干部作风、维护农民群众切身利益的重要举措。做好这项工作，对于促进农村社会和谐稳定、推进社会主义新农村建设具有重要意义。

1. 农村集体资产与财务管理是做好农村经营管理工作的基础

农村集体资产与财务管理历来是农村经营管理工作的基础。早在合作化时期，农村经营管理工作就从财务会计管理工作起步。家庭联产承包责任制确立后，农村经营管理工作又率先从财务会计的改革突破。20 世纪 90 年代初提出的“经管工作八项任务”中，财务会计管理又是其中的一项重要工作。现阶段，农村集体资产与财务管理仍然是农村工作的重点，是保障农民经济权益的重要手段，其基础性地位不能动摇。

2. 农村集体资产与财务管理工作是完善社会主义市场经济体制的重要方面

农村集体经济是社会主义市场经济的重要组成部分，农村经济体制的完善与否直接影响到我国社会主义市场经济发展的全局。加入 WTO 后，我国要加快农村经济的市场化进程，这就要尽快把农村市场经济体制建立健全起来，进一步理顺经济关系，规范经济秩序，为农业和农村经济的发展创造良好的环境。而目前我国农村集体经济组织的市场主体地位还不清晰，这与农村集体资产与财务管理不能及时适应改革发展的要求有很大关系。因此，我们要从建立社会主义市场经济体制这个改革目标出发，解决好农村集体资产与财务管理的问题。

3. 做好农村集体资产与财务管理工作是解决当前农村矛盾的需要

目前，随着大量“三农”政策的出台，我国农村经济取得了巨大的发展，但是也出现了一些新的问题，如土地征占的补偿、村级债务沉重、集体资产流失等。农民对此意见很大，由此引发的农村群体性事件也时有发生。这些都是涉及农民经济利益的问题，这些问题最终都要反映到农村集体资产和财务管理工作上。因此，加强农村集体资

产和财务管理是解决当前农村突出矛盾和问题的基础，维护农村稳定和促进农村经济发展的重要措施。

4．加强农村集体资产与财务管理是搞好农村基层民主的要求

建设社会主义新农村要实现管理民主。实现对农村的民主管理，抓好财务工作，做到财务公开是核心、是基础，也是农民最为关心的一项工作。做好农村集体资产与财务管理工作，建立健全集体财务管理和财务公开的各项制度，是加强农村基层民主建设的根本要求。

三、农村集体资产与财务管理工作的基本要求

农村集体资产与财务管理历来是广大农民群众十分关心的问题。这方面工作的好坏直接关系到农民群众的切身利益。这些年各地为加强农村集体资产与财务管理采取了许多措施，见到了一定成效。但也要看到，目前这方面问题还比较多，农民群众还不满意。有些地方混淆集体资产权属关系，随意向集体和农民伸手，有些地方农村财务管理混乱，财务不公开，还有不少地方胡支乱花严重，村级债务累累。这些问题，说到底，就是如何正确地处理好国家、集体和农民的利益关系问题，是如何更好地维护农民合法权益和保护农村生产力的问题。

当前，我国农业正处在新的发展阶段，维护集体和农民利益显得更加紧迫。解决农村集体资产与财务管理方面存在的问题，靠老办法不行，必须解放思想，与时俱进，用新的思路和方法，创新农村集体资产与财务管理机制。

1．要围绕农村经济的发展，确定农村集体资产与财务管理工作的目标

农村集体资产与财务管理工作是党的农业和农村工作的重要内容。当前，党的农村工作的中心是发展农村经济、增加农民收入。因此，农村集体资产与财务管理工作必须服从和服务于农业和农村经济发展这个中心。只有围绕发展做文章，为发展作贡献，我们的工作才有意义，才有前途。目前，农村集体资产与财务管理工作遇到的问题，不少都跟经济发展水平有关，有些问题只有随着经济发展，才能够得到根本解决。如化解乡村两级债务，清理是必要的，但只有集体实力增强了，农民收入增加了，化解债务才有经济基础。加强集体资产管

理不是为了管死它，而是为了更好地用好用活，实现其不断增值，发展农村的生产力。所以衡量这方面工作的好坏，主要看是否通过有效的管理，促进了农村经济的发展。凡是有利于经济发展、共同富裕的管理办法，就是好办法。为农村经济发展创造良好的体制和机制环境，是农村集体资产与财务管理工作的立足点和出发点。

2．要适应农村公有制新的实现形式，探索农村集体资产与财务管理的有效方式

农村集体资产与财务管理工作是同农村的基本经营制度紧密联系的。改革开放 30 年来，农村已确立了以家庭承包经营为基础、统分结合的双层经营制度，农村集体经济的存在形式和功能发生了很大变化，农村集体资产从资产规模、产权构成、运作模式到管理方式，也都发生了很大变化。特别是农村多种形式联合与合作的出现，更加丰富了农村集体资产与财务管理的工作对象和内容。应当适应农村公有制实现形式的新变化，调整农村集体资产与财务管理的思路和方法，把注意力从集体资产的物质形态管理转到价值形态管理，从资产管理转到资本运营的轨道上来。只有如此，才能真正达到实现集体资产保值增值、壮大集体经济实力和增加农民收入的目的。

3．要用改革创新的精神，解决农村集体资产与财务管理的突出问题

农村集体资产与财务管理工作一直是在不断改革创新中发展的。目前，要解决这方面存在的问题，也必须靠改革创新。近年来，不少地方进行了有益的探索，积累了一些经验，闯出了一些路子。山西、吉林等许多地方实行了村账乡代管、村会计集体办公，加强了对村级财务的监督；浙江、广东等部分地方实行了农村会计委托代理制、会计委派制，提高了农村财务会计工作的质量，强化了会计的监督职能；江苏、北京等一些地方成立了集体资产运营中心（公司），促进了集体资产的增值。特别是许多地方实行的财务公开，扩大了群众民主监督，深受农民群众欢迎。

4．要结合管理手段的改进，提高农村集体资产与财务管理的工作水平

农村集体资产与财务管理工作也要逐步实现工作手段的现代化。

当前一些地方推行的农村经济管理信息化，就是通过现代管理手段提高农村经济管理水平的有效途径。如广东、浙江省结合会计委派制、会计委托代理制开展财务管理电算化，黑龙江省结合全省农村信息化建设工作开展农经管理电算化，广东、海南等地结合当地经济发展需要开展农村社区综合管理信息化。这项工作虽然开展的时间不长，但从各地的实践看，成效已经非常明显，完善了制度，提高了效率；增强了透明度，遏制了腐败，改善了干群关系；提高了队伍素质，改进了管理水平。

第二节　农村集体资产管理

一、农村集体资产的概念及范围

农村集体资产是指属于乡、村、组集体经济组织全体成员集体所有的资产。从范围上讲农村集体资产主要包括：

（1）法律规定为集体所有的土地、森林、草原、水面、荒地、荒山、滩涂等；

（2）农村集体经济组织投资、投劳形成的固定资产；

（3）农村集体经济组织投资、投劳兴办的企业和事业资产、兼并的企业资产及其形成的新增资产；

（4）农村集体经济组织在联合举办的各种形式的企业和共同兴办的各项事业中，按照出资额或协议应占有的资产及其新增资产；

（5）农村集体经济组织投资、投劳形成的林木、牲畜、畜草等资产；

（6）国家和有关组织、个人无偿资助的资产；

（7）农村集体经济组织的积累资金、有价证券和债权；

（8）农村集体经济组织利用集体资产所获得的承包金、租金、土地、草场补偿费等各项收益；

（9）农村集体经济组织的著作权、专利权和商标权等知识产权；

（10）依法属于农村集体经济组织的其他资产。

二、农村集体资产的特点

我国农村实行家庭联产承包责任制后，随着社会主义市场经济的发展和农村改革的推进，农村集体资产的占有与经营呈现出以下几个主要特点：

1. 农村集体资产占有和经营形式多样化

集体经济组织原有的资产占有和经营出现了多种形式，有的仍然由集体管理使用，有的分配到户承包经营，也有的以生产底垫资金的形式分到农户使用，还有的采用股份、合资、租赁等多种形式经营。

2. 农村集体资产分布比较分散

主要分布在农、林、牧、副、渔、工、商、建、运、服等生产行业。同时，也分布到由乡村集体经济组织出资兴办的文教、卫生等公益事业。这部分资产大多数以固定资产的形态存在，主要为土地、房屋、设备等。

3. 农村集体资产主体结构多元化

以原有资产为基础，开始吸收各种社会投资，从而使集体经济组织的所有者主体呈现了多元化结构，资源组织已走出农村社区封闭状态。如四川、广东、山东等省立足当地资源和条件，吸引外地人才和资金成功地举办了一大批工业和服务业项目，为当地农村经济的发展找到了新的增长点。

4. 集体资产的总量结构发生了变化

由过去单一的农业生产型，逐步向第二、第三产业转型。

5. 农村集体资产突破了所有制和地域的界限

在一些农村经济发达的地区，已经形成一批跨地区、跨所有制的集团企业。

三、农村集体资产管理的主体

集体资产归集体经济组织全体成员集体所有，集体经济组织是集体资产管理的主体。各级农业行政部门与集体经济组织是指导与被指导、监督和被监督的关系。各级农业行政部门在自觉维护集体经济组织的资产所有权，充分尊重集体经济组织对集体资产管理的自主权的基础上，积极引导和调动集体经济组织成员参与管理的积极性。同时，指导和帮助集体经济组织建立健全民主管理制度、承包经营制度、财务会计制度、资产流转制度、资产报告制度等集体资产管理制度。

四、农村集体资产管理的内容

农村集体资产管理的内容涉及诸多方面，概括起来主要有以下几个方面：

1. 农村集体资产的权属管理

界定资产所有权和登记产权工作是农村集体资产管理的主要内容，也是维护集体经济组织合法权益的重要措施。界定资产所有权和登记产权工作要在清查资产的基础上展开。在处理产权关系中，坚持谁投资、谁所有、谁受益的原则。同时，要充分考虑资产形成的过程，从有利于管理的实际出发，尊重历史、照顾现实、实事求是地界定资产所有权；一时难以界定的，要通过协商逐步解决；对于过去形成的产权纠纷，可以通过司法程序依法裁定。在界定资产所有权的基础上，搞好产权登记，做好维护集体资产所有权的工作。

2. 农村集体资产的变动管理

建立农村集体资产报告制度，对新增农村集体资产，农村集体资产所有权、使用权的变动以及集体资产重组等情况要及时报告，防止农村集体资产流失。

3. 农村集体资产的经营管理

深化农村企业产权制度改革，建立健全集体资产、土地流转机制，优化配置土地，集体资产等资源，最大限度地提高集体资产的营运效率和效益。

4. 农村集体资产的收益管理

依据农村经济收益分配的相关政策法规，按照集体资产的经营方式，向集体资产的经营单位，合理收取集体资产经营收益，管理和使用好各种集体资产收益，对税后收益进行合法分配，不断滚动积累，增加农村集体资产。

5. 农村集体资产的审计监督

农村集体资产管理部门要对农村集体经济组织工作指导和管理，

对集体经济组织的经济活动进行全面审计，对占有、使用集体资产的单位实行专项审计，农村集体经济组织要建立健全审计队伍，对占用使用集体资产的单位定期或不定期地组织各项专项审计或全面审计，及时发现和处理集体资产使用过程中的违纪违法行为。

6．要正确处理几种关系

（1）正确处理加强农村集体资产管理与减轻农民负担的关系。加强农村集体资产管理不能增加农民负担，这是我们必须坚持的原则。要提倡开发闲置资源，壮大集体实力，不得突破政策规定，擅自设立收费项目；提倡盘活集体资产，提高使用效益，不得借资产管理之名乱收费；提倡增强服务功能，靠优质服务创收，不得强行服务、仗权敛财。对集体资产的有偿使用，要从村级实际出发，充分考虑群众的承受能力，合理确定有偿使用标准。

（2）正确处理加强农村集体资产管理与家庭承包经营的关系。家庭承包经营是党的农村政策基石。加强农村集体资产管理，必须在维护家庭承包经营基本政策的前提下进行，绝不允许越过这条红线。要严格界定集体经营性资产范围，对实行家庭承包经营的耕地、林地、草场和依法取得使用权的农村宅基地，不能作为集体经营性资产进行盘活、收费。

（3）正确处理加强农村集体资产管理与依法行政的关系。要坚持依法依规，开展农村集体资产管理工作。集体资产的出租、承包使用，要严格履行民主程序，实行民主决策。对农村集体资产有偿使用费的收取、管理和使用，要按照有关规定，规范操作。集体收入的使用，要重点用于解决农民群众一家一户办不了、办不好的实际问题，巩固完善以家庭承包经营为基础的、统分结合的双层经营体制。

五、农村集体资产管理的指导思想及原则

1．农村集体资产管理的指导思想

以邓小平理论和建设社会主义新农村的精神为指导，坚持和完善党在农村的各项基本政策，切实加强农村集体资产管理，使集体资产得到合理利用和有效保护，逐步建立起产权明晰、权责明确、民主监督、科学管理的集体资产管理体制和运行机制，确保集体资产的保值

增值，促进农村的改革开放、经济发展和社会稳定。

2. 农村集体资产管理坚持以下基本原则

（1）要认真贯彻执行党和国家在农村的方针政策及有关法律法规；

（2）适应以家庭承包经营为基础，统分结合的双层经营体制的特点，坚持统一管理与分散管理相结合的原则；

（3）实行计划管理和民主管理的原则；

（4）坚持领导决策与群众监督的原则；

（5）坚持自力更生，增收节支办事业的原则。

六、农村集体资产管理工作中存在的问题

1. 管理主体不明确，民主管理监督不到位

从本质上讲，农村集体资产起源于农户的股金，由农民几十年劳动积累而成。其产权应归广大村民共同所有，集体经济组织代表村民对其实行管理，是最直接、合法的管理主体。但部分基层干部未充分认识到这一点，往往依靠上级行政机关或其他部门去管理和监督，使农村集体组织管理无形中处在一种行政干预之下。另外，长期分散的家庭经营也淡化了村民的集体观念和民主管理的意识，造成监管不到位。

2. 产权不明，纠纷时有发生

随着市场经济的发展和经营形式的多样化，农民的产权意识不断增强，在农村中产权纠纷也时有发生。引发产权纠纷的主要原因：（1）集体土地被征用后，原有附属集体资产处理不当，造成权属不清；（2）原始投资无凭据或凭据不足，使其产权份额无法认定；（3）由于历史遗留问题造成村、组和企业之间土地权属不清，界限不明；（4）不少村集体资产承包时没有承包合同或在承包合同中没有资产标明，久而久之造成了资产的产权不清；（5）一些乡镇平调村组集体财产而引发纠纷；（6）一些村干部权力过于集中，独断专行，贪污、挪用、挥霍、浪费集体资产，进而引发纠纷。

3. 管理队伍素质差，队伍不稳定

当前农村财务人员是村集体资产管理的主要力量，他们中间主要

存在以下问题：首先，文化基础较差，业务素质不强。出现了计账不及时，会计科目设置不规范，凭证编制混乱，审批手续不全等问题。其次，一些乡（镇）、村干部的素质较差，法制观念淡薄。在集体资产管理中损公肥私，以农村集体资产随意抵押担保，甚至放人情债的现象时有发生。再次，农村会计队伍普遍存在更换频繁不稳定的现象，经常是村（社）领导一换，村（社）会计也跟着换。新上任会计业务生疏，得不到及时培训，不能按农村会计制度要求处理具体的会计事务。出现了集体资产存量不实，账目数据损失严重的现象。

4．管理监督制度存在缺陷

从管理制度方面看，目前农村集体资产管理监督制度还不完善。尽管有些村制定了资产管理监督制度，但有章不循，使其未能发挥应有作用。主要表现在：由于缺乏集体资产经营管理责任追究制度，加上资产产权界定和登记制度、集体资产流转和评估管理制度、民主监督制度、审计制度等制度不健全，出现了侵吞农村集体资产，在集体资产经营管理过程中侵占、挪用、私分、挥霍浪费集体资产、非法用农村集体资产进行担保、擅自占有、使用或毁坏各类集体资产，以及在发包、租赁、招投标过程中违规操作等行为，致使农村集体资产大量流失。

5．农村集体债权催收难，债务化解难

农村集体债权既有历年村提留、乡统筹的尾欠积累，也有承包以来形成的新债权。在大多数地方数额较大，已成为当地乡（镇）政府正常运转的一大隐患。农村集体债权难以清收，主要在于：（1）部分债务人长年外出，下落不明（如外出务工经商多年不归者或逃避超生罚款）；（2）有能力偿还，但借乡（镇）、村干部未解决好其相关纠纷或问题，拒不交纳；（3）债务人确有经济困难无力偿还；（4）极少数部分乡村干部给予债务人包庇纵容，难以收回。部分乡镇的债务负担沉重，由于本地缺乏经济增长点，财力单薄，债务化解也难。

七、加强农村集体资产管理的措施

农村集体资产管理工作，涉及面广，政策性强，是关系到广大村民切身利益和农村社会稳定的一项重要工作。加强农村集体资产管理是目前我国农村的一项重要工作。

1．明确农村集体资产管理的主体地位，切实履行职责

要明确集体经济组织是集体资产管理的合法主体。必须建立健全管理机构，理顺政府和集体经济组织之间的关系。乡镇应设立“集体资产管理办公室”，加强对村集体资产管理指导和监督，确保集体经济组织代表社区内全体村民的意愿，发展各类集体经营项目，有效行使集体资产的所有权、处置权和收益权。同时要提高广大基层管理人员对集体资产管理重要性的认识，教育他们切实履行好自己的职责。乡镇要重点抓好村集体财产管理的指导和监督工作。从根本上解决集体资产产权不清、职责不明、监管不严、分配不公等问题，确保集体资产保值、增值，促进村民增收和农村社会的稳定。

2．界定农村集体资产产权，化解产权纠纷

对村集体经济组织所有的资产进行清查，对集体资产所有权以及经营权、使用权等产权的归属进行确认。明晰资产所有权，保护资产的安全和完整。建立集体资产产权登记制度。集体经济组织对占有使用集体资产的单位农户或个人的资产、负债所有者权益状况进行登记，依法确认产权归属关系的行为，建立资产台账，对属于农村集体的资产，在进行全面清产核资的基础上，科学评估确认的资产价值。集体资产产权发生争议、纠纷的应该按照有关法律和法定的程序去解决，在争议、纠纷未解决之前，当事人不得损害、侵占集体资产。

3．加大农村集体资产资源的开发利用力度

资产闲置、资源浪费是造成多数农村集体收入不多，甚至没有收入的根本原因。要管好用好现有资产，大力开发各类经济资源。一要摸清资产底数。由各级农业部门组织，对全省农村集体资产情况进行一次摸底，详细掌握资产种类数量、使用方式、收益情况等。在此基础上，普遍建立起资产台账，实行动态管理。这项工作要在年底前完成。二要搞好分类指导。坚持因地制宜，合理开发利用农村集体资产。要主推三种模式：有一定可开发资源、有人才、有技术、有一定资金的村，要在自愿和民主决策的基础上，积极创办集体企业；闲置资金较多、利用效率不高，人才资金技术缺乏的村，重点盘活现有资产；可利用资源较少，无其他经济收入来源的村，要重点搞好产业服务。

三要规范资产流转。科学制订集体资产流转使用方案，适宜竞争承包的搞竞争承包，适宜定额租赁的搞定额租赁，对直接为农民群众生产生活服务的资产，按照能够维持正常运转的原则进行有偿使用。在发包过程中，要坚持公开、公平、公正，民主决策，坚决杜绝暗箱操作。要下决心解决目前一些地方存在的少数人无偿或低偿占用集体资产问题，该重新确定标准的要重新确定标准，该收回重新发包的要依法收回重新发包。四要加大土地资源开发力度。目前，绝大多数村集体都有一定数量的可开发利用土地资源。要发挥这一优势，搞好开发整理。以土地资源为投入，促进村企共建，走“农村支持企业、企业反哺农村、村企携手共建”的快速发展路子。

4．积极稳妥推进农村集体资产产权改革

进行产权改革，变资产为股权，让农民当股民，才能真正实现农村集体资产的民主化、科学化、规范化管理，走出“人人所有”实际上“人人没有”的模糊地带。要按照“试点先行，逐步铺开”的原则，加大力度，积极稳妥推进。一要选准改革突破口。坚持先急后缓，优先对人均净资产量较大或近期货币性资金收入量大，城市化进程较快，领导班子能力较强，群众有强烈要求的村进行改革；优先对城市化进程中的整体转居村进行改革；优先对整体搬迁村进行改革。对干群矛盾突出且牵涉历史问题较多的村，为从机制、体制上化解这些矛盾，也可进行产权制度改革。二要科学选择改革模式。各村集体经济组织自然条件，社会、经济条件不同，在推进改革中，要坚持实事求是，形式多样，绝不能搞“一刀切”。借鉴省内外经验做法，主要推广三种改革模式，一种是以合作制为基础，劳动联合与资本联合相结合，股东按股份共有为特征的股份合作制；另一种是以筹资入股与量化配股相结合为特征的企业股份合作制；再一种是以公司制法人治理结构为组织形式的股份制。三要严格规范改革程序。对进行产权改革的村，要搞好宣传发动，统一广大干部群众思想认识。充分考虑各方利益，科学制订改革方案。依法搞好清产核资和资产评估，防止资产流失。合理界定股民，维护绝大多数群众的合法权益。严格界定投资者产权份额和劳动者产权份额。及时完善股东代表大会制度，建立起管好用好集体资产的长效机制。

5. 建立健全农村集体资产管理与监督机制

加强监管是防止农村集体资产流失、有效保护集体组织成员合法权益的关键。要切实做到“两加强一突出”，确保履行好监管职责。一要加强队伍建设。建立一支素质高、能力强的农经管理队伍，是做好农村集体资产管理工作的重要保障。将农村集体资产财务管理、农民负担监督管理、农村土地承包管理等行政职能，列入政府职责，要建立健全有权威的工作机构和经常性的工作制度，稳定农村经营管理队伍，强化行政监管职能。指导各地依法建立健全村民主理财组织，搞好农村财会人员培训，提高农村财会人员的业务能力。二要加强法规制度建设。适应规范化管理要求，加快建立完善的法规体系。加快出台农村集体经济审计条例，研究制定农村集体资产产权管理、评估管理等相关规定，健全财务预决算、财务审批、资金管理、票据管理、收益分配等各项财务管理制度以及财务公开和民主理财制度，完善集体资产台账登记、保值增值考核和承包合同管理等管理办法，使监管工作有法可依、有章可循。三要突出监管重点。强化会计监督，认真贯彻落实《会计法》等法律法规，完善规范村有村管、财务委托代理、会计委派和集中上站办公等管理方式，积极推进财务核算专业化、电算化。强化民主监督，落实民主理财制度，严格开支审批程序，推进村务公开，积极开展财务公开规范化建设。强化专项审计，加大力度，切实搞好财务收支、经济合同、土地补偿、项目建设、债权债务、村干部离任和经济责任审计，严厉查处违法违纪案件，今年审计面要达到三分之一以上。

6. 加强农村集体资产管理工作的组织领导

农村集体资产管理工作，涉及面广、政策性强，各级各有关部门一定要高度重视，切实加强组织领导。（1）要摆上重要位置。各级政府要把农村集体资产管理作为农业农村经济工作的一项主要内容来抓，认真研究部署，强化督导检查，切实做到领导到位、责任到位、措施到位、工作到位。各级领导干部要转变工作作风，深入基层，认真搞好调查研究，掌握新情况，解决新问题。（2）要强化部门职责。各有关部门要各尽其职，各负其责，合力做好工作。各级农业部门是农村集体资产的主管部门，要切实负起责任，搞好对农村集体资产管理和集体经济发展的指导和服务。加强农村集体资产管理，增加集体收入，壮大服务能力，并不是不要或者削弱上级扶持。发改、国土、交通、水利、科技、教育、卫生、税务等部门，都要按照有关政策规定，支持村集体盘活现有资产，不断加大对村集体发展经济和社会文化事业的支持力度。（3）要宣传推广典型。在近几年农村集体资产管理工作中，各地涌现出了一批典型县、典型村。他们取得了经验，蹚出了路子。要及时进行总结，通过各种途径大张旗鼓地宣传推广，依靠典型引路，充分发挥榜样力量。省农业厅要对现有的典型进行筛选，编辑成册，大力推广。（4）要抓好村干部培训。管好用好农村集体资产，主要在村级，关键在“两委”。要结合实施农村党员干部“素质工程”，搞好培训，提高他们对发展集体经济重要性的认识，增强着眼市场、立足自身、开拓发展的本领。

总之，农村集体资产管理是事关农村经济发展和社会稳定的大事。为此，各级政府均必须引起足够的重视，正确处理好管理与发展，管理与稳定，管理与改革三者的关系，采取切实有效的措施，努力克服重发展、轻管理的偏向，不断强化管理手段和管理措施。这样就能有效地防止集体资产流失，就能使集体资产实现保值、增值，就能促进农村经济快速发展。

第三节　农村财务管理

一、农村财务管理的概念及机构

农村财务管理是对直接归农民集体占有、支配、管理的各种资产所发生的一切收入、使用、分配等财务活动的核算、计划、监督与控制。根据我国农村集体财务管理主体设置的情况，村集体经济组织、代行村集体经济组织职能的村委会及实行村会计委托代理的乡镇会计核算中心是农村集体财务管理的直接管理者。各级农村经营管理部门（县、乡两级一般都叫农经站）是农村财务的业务主管部门。农业部专设农村经济体制与经营管理司，其三大主体职能之一就是搞好农村财务管理工作。

农村财务管理是发展农村集体经济、推进农村民主管理和基层党风廉政建设的一项基础工作，是推进新农村建设、构建社会主义和谐社会的重要内容。各级党委、政府和有关部门要从推进社会主义新农村建设、构建社会主义和谐社会的高度，充分认识加强和规范农村财务管理工作的重要性，采取积极有效措施，扎实推进农村财务管理规范化建设，切实保障农民群众的根本利益。

二、农村财务管理的工作内容

根据 2006 年 6 月 26 日，农业部办公厅关于印发《农村集体财务管理规范化管理办法》的通知，农村财务管理的主要内容有：

（1）严格执行《中华人民共和国会计法》、《会计基础工作规范》，统一按照《村集体经济组织会计制度》进行会计核算。

（2）建立健全财务管理制度，包括：现金银行存款管理制度、财务开支审批制度、资产台账制度、债权债务管理制度、票据管理制度、会计档案管理制度、“一事一议”筹资筹劳制度、土地补偿费监督管理制度、转移性资金收支管理制度等。

（3）建立健全内部控制制度，特别是对土地补偿费监督管理、“一事一议”筹资筹劳、村级债务管理、转移性资金收支管理进行重点控制。

（4）健全财产清查制度，定期对资产、负债进行清查，年终进行全面资产清查。

（5）建立健全民主理财、民主监督制度，成立民主理财小组，明确理财小组职责，制订民主理财办法，召开民主理财会议。民主理财小组的成员应按规定程序产生，认真履行职责，要对民主理财小组成员定期进行财会知识培训。

（6）财务工作流程，所有经济活动手续必须齐全。

（7）按期编制财务报表，按要求向部、省、县报送相关报表及材料。

（8）专门的会计档案柜（室），加强对会计凭证、账簿、报表、资产台账、财务计划、经济合同、财务公开底稿等文字材料以及电子数据等档案管理。

（9）要建立健全财务公开制度，及时进行财务公开。公开的内容要真实、全面。群众普遍关心和重大经济业务或事项发生要逐项逐笔公开。

（10）接受各级农村经营管理部门的审计监督，提供真实、准确的资料，并及时公布审计结果。

三、农村财务管理的指导思想和工作原则

1．指导思想

坚持以邓小平理论和“三个代表”重要思想为指导，全面贯彻落实科学发展观，紧紧围绕构建社会主义和谐社会和新农村建设的目标，以发展和保障农村集体经济组织及其成员的物质权益和民主权利为核心，严格按照《中华人民共和国会计法》和相关法律法规的要求，进一步加强和改进农村财务管理工作，形成制度健全、管理规范、监督有力的农村财务运行和管理机制，有效防止农村集体资产流失，维护广大农民群众的利益，促进农村经济社会发展。

2．工作原则

（1）坚持民主管理，推进财务公开和民主制度，增强农民群众民主管理意识和能力，维护农民群众的知情权、参与权、决策权和监督权。

（2）坚持示范引导，及时总结经验，树立典型，发挥示范带动作用，提高农村财务管理水平。

（3）坚持发展和规范并举，一手抓村级集体经济发展，一手抓村级财务管理，以完善财务管理促进集体经济发展，防止集体资产流失，夯实新农村建设的物质基础。

四、农村财务管理存在的问题

农村财务管理存在的问题突出表现在以下几个方面。

1．农村财务管理制度的问题

（1）制度不健全。制度是用来约束规范人们行为的，然而有些村没有严格的财务管理制度，即使是有也未必按照制度照章行事；有些制度条款往往规定的不符合农村实际，面对社会千变万化的情况，一种条款形式难以解决农村存在的所有的问题；随着经济社会发展和相

关新政策的出台，与其相应的管理制度迫切需要修订、完善和重修，以适应新形势，确保工作有章可循。

（2）执行制度不到位。政策制度的出台往往带有浓厚的家长制色彩，各级组织越俎代庖的管理，有可能成为越位、错位的嫌疑，甚至成为违法的嫌疑；财务制度流于形式，公开后不能及时收集群众的意见和建议，没有相关的人员和机构对农民群众质疑的地方做出合理的解释；白条抵库和库存现金超额现象没有消除，严重违反了财政纪律。

2．农村财务管理体制的问题

（1）管理不严格。农村财务关键在于管理，而有的村干部疏忽管理，总认为只要将上级安排的事情办好就行，而不管群众满意不满意，表现在村干部多人经手现金，不按时交账，没有现金管理制度，失去有效监督，造成“公款私存”、“公款私借”、“公款私挪”等现象。

（2）不按规定财务程序办事。村干部直接插手管钱管物、坐支收入，使财会人员、民主理财和民主监督形同虚设。村干部的考核主要以乡镇政府的相关部门为主，经营管理部门对村级财经人员失去考核约束，又由于村干部缺乏必要的财经法规知识和会计基本常识，不懂得资金收支的账务处理程序和有关时限要求，主观上无意识地违反了有关财经法律法规，以致造成财务管理的混乱。

（3）财务手续混乱，眷属理财。许多村账目混乱，科目设置不规范，于是，多人收钱，多人管钱，多人用钱，长时间不交账、不结账、不记账成为当前农村村级财务管理中存在的主要问题。财务手续不健全，原始凭证没有审批人、经手人或验收人盖章就入账，公款私存现象严重。也有一些村负责人在选聘会计时，从个人利益出发，任人唯亲，人为地把村级管理人员配备成眷属型关系网，致使内部关系失控，丧失了会计岗位的监督作用。

（4）民主理财小组发挥作用不大。部分村民主理财小组成员不是经村民民主选举产生的，而是由干部指定，民主理财小组失去了本身意义；理财小组成员文化水平低，财务水平有限，在实际理财过程中不能充分发挥财务管理和监督作用；部分村民主理财小组成员参加活动不及时，其监督作用只是走过场流于形式。

3. 农村财务监督机制的问题

（1）财务监控制度落实不到位。目前涉及村、社财务管理的制度，虽然有章可循，但实际上名存实亡，所谓的制度只不过是上条条、墙上挂挂而已，有些村仍存在“一支笔”审批权限擅自突破规定，几千元甚至上万元的单项支出未经集体研究，就由“一支笔”签字入账。

（2）财务监管人员落实不到位。机构改革后，所有乡镇、街道都设了农村经济管理部门，专门配备了编制，然而真正从事经管工作的人却寥寥无几，不是人员编制被其他部门占用，就是人员与其他部门混岗使用，严重影响了对农村财务的监督管理，造成了村级干群矛盾升级，影响了农村社会稳定。

（3）监督机制作用发挥不到位。首先，基础性的群众监督作用发挥不充分，有些地方群众监督成为虚设，部分村民对集体的事不关心、不过问、不了解，民主管理和监督流于形式，给了某些不廉洁干部可乘之机，以致有些地方、有些单位对农村干部的经济问题处理不严，睁一只眼闭一只眼，甚至一些违法乱纪行为往往是上级默认的，大家心照不宣；其次，业务监督和审计监督不到位，只是走过场，没有实质性进展，村级干部碍于情面和怕得罪人，不愿监督，财务管理人员处于个人利益考虑，怕打击报复，怕丢饭碗，发现问题不敢管，听之任之，村民主理财小组不认真负责，对群众质疑的解释敷衍了事，对村干部理财用财的违约行为视而不见；最后，纪检监察部门监督缺乏力度，各级配合不协调，在处理违纪违法的案件中心慈手软，没有按照“客观、公正、规范、具体”的原则办事。

4. 认识不到位，对财务管理不重视

部分乡村领导思想上存在着“重生产、轻理财”、“重指标、轻实效”的片面认识，担心加强财务管理不利于搞活经济，不利于调动各方面的积极性，不利于局面的稳定，影响政绩，从而导致政策、制度执行力度不够，清理、整顿不彻底，不全面。

五、完善农村财务管理的具体措施

1. 规范农村财务管理制度

建立健全和完善规章制度，使农村财务管理有章可循，这是搞好

财务管理的重要保证，是当前加强农村财务管理的当务之急。当前重点是要规范农村年度财务预决算制度，村级会计代理制度，村干部工资报酬管理制度等，使财务人员有章可循，通过这些制度来规范农村财务管理中的违法违纪行为，实现农村财务管理的制度化、规范化，提高农村财务管理在实现“双增”和保障农民群众权益中的作用。同时，农村财务管理在执行过程中必须严格遵守规章制度，坚持收支两条线，实行先收后支，杜绝以收抵支、差额报账、坐支现金等现象。乡镇政府要加强对财务制度执行情况的检查监督，要不定期地组织开展财务大检查，防微杜渐，把问题消灭在萌芽状态。

2. 理顺管理体制，建立规范化模式

一是改进农村财经管理人员的任用或选拔机制，打破村界，逐步实行会计委派。根据实际情况，乡镇政府应将村级财经委员的考核部分改为由财经所进行，财经所面向社会公开招聘村级财务报账员，经培训考核，择优录取，按照异地任职制，委派到各村，实行统一管理，统一要求，统一工资报酬渠道，避免眷属会计的产生，改变只管事不管人的软约束现状。二是明确职责分工，狠抓制度落实。明确村级干部和财务人员的责、权、利，规范每个人的行为。三是将“财权”进行适当分解，由一人掌握变为多人交叉掌握，正式发票或收据至少要由两名村干部签字，避免财务开支“暗箱操作”，形成相互制约的机制。

3. 完善监督机制，加大财务监管力度

要全面建立村级财务公开制度，统一规定财务公开时间；内容及格式，并在便于群众观看的公开栏上按季或按月公布财务明细账。建立健全民主理财小组和民主理财办法，对村干部、村出纳或报账员、民主理财小组成员进行全面培训，切实增强基层民主理财能力，促进农村民主理财工作的规范化。为此要强化群众监督，坚持定期公开账目，落实好民主理财制度，把集体财务活动置于群众监督之下；强化业务监督，乡镇政府要建立有权威的审计组织，加强对农村财务的监督检查，以促进村级财务管理规范化建设；强化纪检监察部门监督，做到各部门紧密配合，协调一致，督促检查，处理违法违纪案件不能心慈手软、偏向袒护，以达到杀一儆百，事半功倍的效果；强化民主理财小组监督，村民主理财小组要定期对本村所发生的财务收支进行一次全面审核，对于不合理或未经审核的票据一律拒收拒付，坚决不予报销。

4．加强领导，提高认识

各级领导干部要端正思想、摆正关系，克服“重生产、轻管理”的片面思想，树立经济越发展，财务管理越重要的观念，要把加强财务管理当作是防腐倡廉，改善党群、干群关系，加强民主法制建设，巩固和发展农村安定团结政治局面的大事抓实抓好。稳定财会人员队伍，提高财会人员素质。严格财会人员的任免程序，要坚决杜绝“任人唯亲”的行为，财会人员确定后，一般不要随意变动。财会人员素质的高低直接影响财务管理质量的好坏，这就要求财会人员既具有良好的业务素质，又具有较强的政治观念和职业道德水平，因而要定期对财会人员进行培训和教育，提高财会人员的业务素质和遵纪守法的自觉性。

总而言之，面对新的财务管理环境，农村财务管理必须从农村现状出发，以绩效为导向，采取有效的对策和措施，解决好制度、体制、监督、理念四个方面的问题，全面保证和促进农村集体经济的健康快速发展。

5．推行农村财务管理电算化

各级要把推行农村财务管理电算化，作为加强农村财务管理工作的基础性工作，配备计算机和电话专线，使用统一的农村财务软件，实行村内部联网。村领导可通过计算机随时调阅村的财务资料，掌握村集体资产财务运作情况。在全面实现农村财务会计电算化的基础上，加快推进县、乡镇、村三级财务计算机监管网络建设，实现财务数据的实时传递、查询和监控。加强对财务数据的分析和运用，提高财务核算和会计监督的时效性、联动性。

6．加强农村财务审计

落实专项审计经费、相关机构和审计专业人员负责农村集体经济审计工作，重点围绕村级财务收支、土地征用补偿、村级重大项目建设审计和村干部经济责任审计、信访问题专项审计等，严肃查处违法乱纪行为，对查出的问题要按照财经纪律和相关制度的规定予以严肃处理，促进农村集体经济审计的经常化、规范化、制度化。

第四节　农村集体经济审计

一、审计的概念及职能

1．审计的概念

审计是由独立的专职机构和受托的专业人员，以被审单位的经济活动为对象，进行审核检查，收集和整理证据，确定其实际情况，对照法规和一定的标准，以判断被审单位经济活动有关资料的真实性、合法性和效益性的经济监督、评价活动。分为现代审计和传统审计。传统审计，也叫财务审计，或称财务资料的合法性审计。它主要是对被审单位的财务报表、会计记录、会计处理是否正确、真实、合法，并就审查结果发表意见。现代审计制度，是现代国家从国家管理和社会经济生活的客观需要出发，依法建立起来的审计制度。现代审计制度具有如下的特点：（1）现代审计制度的确立是由国家以法律的形式完成的；（2）现代审计制度的基本内容是由国家法律来规范的；（3）现代审计制度的衔接、协调等也是由国家以法律的形式来确定的；（4）现代审计制度审计的领域，已由传统的财务审计到与效益审计、廉洁审计并举，而效益、效能和廉洁审计有日益突出的趋势；（5）审计的方法，借助对内部评价分析和控制系统的评价分析结果；（6）审计的技术，逐步发展成为数据信息处理系统审计。

2．审计的职能

审计具有经济监督、经济评价和经济鉴证的职能。

（1）经济监督。通过审计督促使被审单位的经济活动控制在规定的范围内。经济监督要具备以下两个条件：一是监督必须由权力机关实施；二是要有严格的客观标准和明确的是非界限。

（2）经济评价。指的是通过审核检查，评价被审单位的经营决策、计划和方案等是否先进；内部控制系统是否健全；财政、财务收支是否符合有关规定；各项资金的使用是否合理、有效；会计资料是否真实、正确等。

（3）经济鉴证。审计的经济鉴证职能是指通过鉴别被审单位经济活动和有关资料的性质，然后作出书面证明。

二、农村集体经济审计的概念、性质及作用

农村集体经济审计是我国审计的重要组成部分，是由于我国农村集体所有制的特殊性质而产生的一种审计形式。它是指由农村经营管理部门或农村集体经济审计机构及农村集体经济组织内部审计组织，依据国家法律、法规和规章的规定，运用审计的方法，按照规定的程序，对农村集体经济组织及其所属单位的财务收支和经营管理活动的真实性、合法性和效益状况进行审查，并评价其经济责任，对审查结果做出公正结论，以达到严肃财经纪律、改善财务管理水平、提高经营管理质量、维护集体经济组织利益的目的。

农村集体经济审计是我国审计体系中的重要组成部分，是符合我国国情，具有自己特色的一种审计，与国家审计、内部审计、社会审计有许多相同之处，但也有明显区别。它是我国社会主义审计。体系中的独立力量，是属于三种性质审计混合的一种特殊审计形式。按三种审计性质来衡量，农村集体经济审计应属于内部审计。但它又不同于一般意义上的内部审计。它是由地方法规、规章授权的农村经营管理部门和农村审计机构对农村集体经济组织的审计，既要对政府负责又要对农村集体经济组织的农民负责，其性质基本属于政府审计范畴。同时，很多地方的农村审计工作是受委托开展的，并且按规定收取服务费，从这一角度来说，农村集体经济审计又具备了社会审计的性质。

开展农村集体经济审计，是实践“三个代表”重要思想和践行科学发展观的具体体现，对于加强村干部监督、预防和制止腐败现象的发生，促进党风廉政建设，密切党群干群关系，维护农民根本利益和农村社会稳定，促进农村和谐社会建设，加快农村全面小康社会进程都具有十分重要的意义。

三、农村集体经济审计机构及主要职权

农村集体经济审计机构：市（地）、县（市、郊）经营管理站内设审计室；乡（镇）设审计站和乡（镇）经营管理站。农村合作经济

组织审计机构在审计过程中有下列职权：有权要求被审计单位报送财务计划、决算、会计报表以及有关资料；有权检查被审计单位的有关账目、财产，查阅有关文件，参加被审计单位的有关会议；对违反财经法规的被审计单位，有权制止、纠正和按照有关规定提出处理意见；对严重违反财经法律或严重失职造成重大经济损失的直接责任人员和单位负责人，有权提出处理意见，移送监察或有关部门处理，情节严重、构成犯罪的，提请司法机关追究其刑事责任；对阻挠、拒绝和破坏审计工作的被审计单位，经主管单位领导批准，可采取必要的临时措施，并提出追究有关人员的责任的建议；农村审计工作人员依法行使职权，受法律保护，任何人不得打击报复。

四、农村集体经济审计工作的主要内容

1. 财务管理制度的制定和执行情况

主要审查农村集体经济组织的内部控制制度是否健全有效，特别是财务管理制度是否明确具体且严密有效。根据财政部颁发的《村集体经济组织会计制度》规定，村级集体经济组织必须根据有关法律法规，结合实际情况，建立健全货币资金、销售业务、采购业务、存货、对外投资和有价证券等内部控制制度。

2. 财务预算执行情况，以及账、表、证的完整性、真实性和合法性

着重审查农村集体经济组织的收入和支出的预算执行情况，特别是检查相关的支出有无超预算列支并分析其产生的原因。审阅农村集体经济组织的财务会计报表、会计凭证、会计账簿是否真实完整地反映了被审计单位的财务状况和财务收支情况，有无截留收入，有无账外账等问题。

3. 资产、负债、损益（财务收支）和分配情况

审查农村集体经济组织资产和负债真实性、完整性、合法性。根据财政部颁发的《村集体经济组织会计制度》规定，审查各项资金收入的真实性、合法性，有无转移资金及收入不入账问题，有无乱收费、乱集资、乱摊派、乱罚款和隐瞒、转移应当上缴的集体资金和国家资金；审查各项支出是否符合国家及上级部门规定的标准，有无扩大开

支范围，提高开支标准和违反规定滥发钱物，挥霍集体资产和铺张浪费等问题。村级集体经济组织的收入主要包括经营收入、发包及上缴收入、农业税附加返还收入、补助收入、其他收入、投资收益等。村级集体经济组织的支出主要包括生产（劳务）成本、经营支出、管理费用、其他支出等。

4．承包金、租金、土地征用费的收入、管理和使用情况

审查农村集体经济组织收取的农产和其他单位承包集体耕地、林地、果园、鱼塘等上缴的承包金、村办企业上缴的利润、出租房屋等资产收到的租金，征用集体土地收到的土地征用费等是否符合国家的各项政策法规，应计缴的各项税费是否按规定进行了上缴，各项收入的管理是否规范，使用是否合理合规，相关的专项资金是否做到专款专用，有无移用、挪用等违纪违规问题。

5．借入资金、受赠资金及物资的管理和使用情况

审查农村集体经济组织从银行、信用社、有关单位和个人借入的各种借款是否符合国家的各项政策法规，对借款业务是否实行集体决策和审批，是否保留完整的书面记录，借款合同或协议等文件和凭证是否按规定进行管理，各项借款的管理是否规范，使用是否合理合规。审查农村集体经济组织的接受捐赠的资金和物资计价是否合理，账务处理是否准确，受赠资金、物资的管理是否规范，使用是否合理合规。

6．建设项目的财务情况和工程预算、决算情况

审查农村集体经济组织的重大建设项目是否按规定程序进行审批，建设程序是否合规，工程、设计、监理是否按规定进行了招投标，招投标的程序是否公开、公平、公正，是否存在以邀请招标和议标替代公开招投标，是否按规定及时进行了工程的预算和竣工决算审计，相关的资料是否齐全。

7．农村集体经济组织及其所属单位负责人的任期经济责任

农村集体经济组织及其所属单位负责人的任期经济责任，主要是通过审计，达到摸清家底、肯定成绩、指出问题、分清责任、加强管理、严肃纪律的目的，力求客观公正地评价农村集体经济组织及其所属单位负责人任期经济责任履行情况，规范财务收支行为，以提高农村集体经济资金的使用效益，促进村干部廉政勤政、全面履行职责。

对村干部任职期间对其所在单位财务收支的真实性、完整性、合法性、效益性以及有关经济活动应当负有的责任，作出客观公正的评价。

8．农村集体资产的保值、增值与增减变动情况

审查农村集体经济组织的集体资产的管理、使用及保值增值情况，重点检查资产账目是否相符，资产的出让是否合理、合规，有无存在因管理不善造成集体财产物资的损失浪费，有无将集体资产转移，有无擅自将集体财产物资无偿占为个人所有等情况。村级集体经济组织的所有者权益包括资本、公积金、本年收益、收益分配等。

五、农村审计工作的程序

（1）根据上级部署和本单位具体情况，拟订审计项目计划，经本部门、本单位领导人批准后实施。

（2）实施审计时，应提前通知被审计单位。

（3）对审计中发现的问题，可随时向被审计单位和个人提出改进意见。审计终结，提出审计报告，征求被审计单位意见后，报送本单位领导，经批准的审计结论和决定，被审计单位必须执行。

（4）被审计单位对审计结论和决定如有异议，可以向审计单位领导人提出申诉。单位领导人应及时处理，处理不服的可向做出处理决定机构的上一级机构提出申诉。

六、完善农村集体经济审计工作的措施

1．切实加强对农村集体经济审计工作的领导

开展农村集体经济审计工作是一项任务重、涉及面广的工作，事关农村社会稳定大局。各级人民政府农村工作办公室要加强对农村集体经济审计工作的领导和协调。各级农村经营管理部门要认真履行职责，精心组织，周密部署，制订切实可行的工作方案，全面完成年度审计任务。要建立健全农村审计机构，配备专职农村审计人员，落实农村审计工作专项经费，妥善解决农村审计人员工作补贴。要充分调动农村审计人员的工作积极性和主观能动性，整合审计力量，提高审计工作效率和质量，规避审计风险。要坚持实事求是、客观公正的原则。对审计中发现的问题，依照法定权限，及时移交有关部门查处。

2．健全农村审计管理制度

要建立农村审计人员管理制度，加强审计人员管理，规范审计人员行为；要建立审计组长负责制度和审计质量控制制度，加强审计质量管理，明确责任，提高工作效率；要建立立卷归档工作责任制。坚持谁审计谁立卷的原则，加强审计档案管理；要建立审计回访制度，对被审计单位执行审计意见的状况进行回访，保证审计意见的落实。重点加强对新农村建设的审计监督。围绕社会主义新农村建设，我国确定了农村道路通达工程、农村教育培训工程、农民健康工程、农村文化建设工程和农村环境整治工程等一批实事项目。各地要对项目所惠及的农村各种项目资金的使用情况进行专项审计，确保项目资金用到实处。

3．严格规范农村审计工作程序

各级农村经营管理部门负责本辖区内的农村审计工作。其设立的农村审计机构具体承担农村审计工作。农村审计机构在实施审计工作过程中要严格执行规定程序，审计事项完毕后，审计组应当向农村经营管理部门提出审计报告。农村经营管理部门对审计报告进行审查、复核后，应及时向被审计单位出具审计意见书，不能以审计报告书替代审计意见书。

4．注重审计工作方法

实行审务公开，审计小组进点审计后要向被审计单位公布名单和办公电话，认真听取村民理财小组和村民的意见，自觉接受群众的监督。对群众反映大、问题较多的村，要采取就地审计的方法。结合村级民主理财，充分发挥村民主理财小组的作用，组织村民主理财小组开展清账理财。审计结束后，审计结果要向全体村民公开。

5．全面提高审计人员素质

严格实行农村审计人员凭证上岗制度。要加大培训力度，鼓励审计人员参加各种审计业务知识学习和政治学习，拓展知识面，不断提高业务水平和政治素质，更好地为农村审计服务，为社会主义新农村建设服务。

思考题

1. 简述农村集体资产与财务管理的重要性。
2. 简述加强农村集体资产管理的措施。
3. 简述农村集体经济审计的主要工作内容。

第六章　农业产业化经营管理

“三农”问题是关系到改革开放和现代化建设全局的重大问题。解决“三农”问题的有效途径之一就是发展农业产业化经营。所以加强农业产业化经营管理就显得更为重要。本章就此问题主要讲农业产业化经营及管理的概念、农业产业化经营管理的模式、加强农业产业化经营管理措施。

第一节　农业产业化经营

为了更好地理解农业产业化经营管理的相关问题，本节首先介绍农业产业化经营的相关问题。

一、农业产业化经营的概念

农业产业化经营是指以市场为导向，以家庭承包经营为基础，以提高经济效益为中心，以当地的优势资源为依托，依靠龙头企业及各种中介组织的带动，将农业的产前、产中和产后诸环节有机结合，实行多种形式的一体化经营，形成系统内部有机结合、相互促进和利益互补机制，实现资源优化配置的一种新型农业经营方式。一体化经营是农业产业化经营的基本特点，它是一种经营模式，包括横向一体化和纵向一体化。农业产业化经营采用的是纵向一体化，即“贸工农一体化”、“产加销一条龙”，即企业结合产品的材料供应、生产和销售等上下环节，发展不同深度的业务。它实质上是指对传统农业进行技术改造，推动农业科技进步的过程。这种经营模式从整体上推进传统农业向现代农业的转变，是加速农业现代化的有效途径。其具体内容包括以下几个方面：

（1）农业生产专业化。农业生产专业化是指依据客观条件，使农产品生产的全过程实现生产的集约化，以提高劳动生产率，以提升其在市场经济中的竞争力。

（2）农业经营规模化。它是指改变我国现行小规模农业经营格局，加快土地流转，促使土地相对集中，扩大农业生产经营规模，以优化土地、劳动、资金、机械的组合取得规模效益的农业经营方式。

（3）贸工农一体化，产供销一条龙。这是农业产业化最突出的表现形式。它是指农业企业集团内部、农业企业之间以及农业企业与非农业企业之间，通过某种经济约束或协议，把农业的生产过程各个环节纳入同一个经营体内，形成风险共担，利益均沾，互惠互利，共同发展的经济利益共同体。

（4）服务社会化。其基本内容包括产前、产中、产后各个环节上的社会化服务体系。这是农业产业化发展的客观要求。

（5）利益分配机制合理化。发展农业产业化的根本目的就是要保护农民利益，增加农民收入。由于农户处于弱势地位，一般难以得到正常的利润，而农业产业化则可以打破这种不合理的利益分配机制，通过农工商一体化经营，使农户也分享到农产品在加工、流通过程中增值的平均利润，从而实现农户的收入增长。

二、我国农业产业化经营的基本思路和基本特征

1．农业产业化经营的基本思路

农业产业化经营的基本思路是：围绕全面建设小康社会新要求这一发展目标，紧紧抓住社会主义新农村建设的伟大契机，以增加农民收入为根本出发点，以科技创新和体制创新为动力，面向国际、国内两个市场，确定主导产业，实行区域布局，依靠龙头带动，发展规模

经营，实行市场牵龙头，龙头带动基地，基地连农户的产业组织形式。通过大力发展农业产业化经营，使农村经济总量、经济质量、经济效益有较大突破，国内生产总值、农业增加值、农民的人均纯收入有较大幅度的提高，农业和农村产业结构不断优化升级，逐步实现农村经济结构由农业主导型向工业主导型的转变，增长方式由粗放型向集约型的转变，发展格局由内向型向外向型的转变，提升我国农业的整体竞争力。

2．农业产业化的基本特征

农业产业化经营与传统封闭的农业生产经营相比，具有以下一些基本特征：

（1）市场化。市场是农业产业化的起点和归宿。农业产业化的经营必须以国内外市场为导向，改变传统的小农经济自给自足、自我服务的封闭式状态，其资源配置、生产要素组合、生产资料和产品购销等靠市场机制进行配置和实现。

（2）区域化。即农业产业化的农副产品生产，要在一定区域范围内相对集中连片，形成比较稳定的区域化的生产基地，以防生产布局过于分散造成管理不便和生产不稳定。

（3）专业化。即生产、加工、销售、服务专业化。农业产业化经营要求提高劳动生产率、土地生产率、资源利用率和农产品商品率等，这些只有通过专业化才能实现。特别是作为农业产业化经营基础的农副产品生产，要求把小而分散的农户组织起来，进行区域化布局，专业化生产，在保持家庭承包责任制稳定的基础上，扩大农户外部规模，解决农户经营规模狭小与现代农业要求的适度规模之间的矛盾。

（4）规模化。生产经营规模化是农业产业化的必要条件，其生产基地和加工企业只有达到相当的规模，才能达到产业化的标准。农业产业化只有具备一定的规模，才能增强辐射力、带动力和竞争力，提高规模效益。

（5）一体化。即产加销一条龙、贸工农一体化经营，把农业的产前、产中、产后环节有机地结合起来，形成“龙”型产业链，使各环节参与主体真正形成风险共担、利益均沾、同兴衰、共命运的利益共同体。这是农业产业化的实质所在。

（6）集约化。农业产业化的生产经营活动要符合“三高”要求，即科技含量高，资源综合利用率高，效益高。

（7）社会化。即服务体系社会化。农业产业化经营，要求建立社会化的服务体系，对一体化的各组成部分提供产前、产中、产后的信息、技术、资金、物资、经营、管理等的全程服务，促进各生产经营要素直接、紧密、有效的结合和运行。

（8）企业化。即生产经营管理企业化。不仅农业产业的龙头企业应是规范的企业化运作，而且其农副产品生产基地为了适应龙头企业的工商业运行的计划性、规范性和标准化的要求，应由传统农业向规模化的设施农业、工厂化农业发展，要求加强企业化经营与管理。

三、推进农业产业化经营的意义

实现全面建设小康社会的宏伟目标，关键在农村，重点在农业，难点在农民。因此，把解决“三农”问题作为全党工作的重中之重，这是新时期做好农村工作必须坚持的指导思想。从 1982 年到 1986 年，中央连续出台了五个关于农村工作的一号文件，极大地调动了农民的生产积极性。2004 年、2005 年、2006 年、2007 年和 2008 年中央再次出台了关于农村工作的一号文件，充分体现了新形势下党中央、国务院把解决“三农”问题作为全党工作的重中之重的战略意图。一号文件的核心内容是解决关于农民的各方面的问题，这就要求我们的农业农村工作必须紧紧围绕农民增收这个主题，切实抓好各项政策措施的落实。

我国的基本国情决定了要保持农业和农村经济的稳定增长，不断提高人民生活水平，只有通过对农业和农村经济结构进行调整、优化，走农业产业化经营道路，才能保持农村稳定，保障农业发展，保证农民增收。近十年的农村改革实践，进一步明确了推进农业产业化经营的重要性和必要性。

1. 农业产业化经营是农业和农村经济结构战略性调整的重要带动力量

解决分散的农户适应市场、进入市场的问题，是经济结构战略性调整的难点，关系着结构调整的成败。目前，干部和群众对结构调整的重要性和紧迫性虽有一定程度的认识，但农村产业结构，农产品品种品质，农业生产布局等问题还没有从根本上解决。市场还看不准，发展路子还不宽，对农民的信息和技术服务还比较滞后。总体上还缺乏明确的规划，不同程度地存在简单模仿外地经验和模式。要使结构调整不断向农业的深度和广度进军，有一点显得十分重要，就是要使千家万户的小生产与千变万化的大市场有机对接起来。农业产业化经营的龙头企业具有开拓市场，赢得市场的能力，是带动结构调整的骨干力量。从某种意义上说，农户找到龙头企业就是找到了市场。龙头企业带领农户闯市场，农产品有了稳定的销售渠道，就可以有效降低市场风险，减少结构调整的盲目性，同时也可以减少政府对生产经营活动直接的行政干预。农业产业化经营对优化农产品品种、品质结构和产业结构，带动农业的规模化生产和区域化布局，发挥着越来越显著的作用。

2. 农业产业化经营是实现农民增收的主要途径

增加农民收入是新农村建设的根本目标。改革开放的二十多年以来，是农民收入增长较快的时期。但近几年农民收入增长缓慢，城乡收入差距进一步拉大。农民增收缓慢的内在原因主要是由于农产品产量持高与农村劳动力相对过剩以及农业生产劳动率和农产品转化加工率较低而造成的。

发展农业产业化经营，可以有效地延长农业产业链，增加农业附加值，使农业的整体效益得到显著提高，可以促进小城镇的发展，促进农村剩余劳动力转移，拓宽农民增收渠道，增加农民的非农业收入，实现农民分散生产与社会化大市场的有效对接，降低市场风险和交易成本。合理配置各种生产要素和资源，加快提高农业的劳动生产率和比较效益。实践证明，搞好产业化经营是增加农民收入的重要途径。

3. 推进农业产业化经营，是培养有文化、懂技术、会经营的新型农民的重要动力

2006 年中央一号文件给新型农民做了三个界定，即有文化、懂技术、会经营。党的十七大报告再次提出了培育有文化、懂技术、会经营的新型农民，发挥亿万农民建设新农村的主体作用。农民是新农村建设的主体，提高农民素质是建设新农村的重要保证。发展农业产业化，对农民的科技文化素质和经营能力提出了新的要求，同时也为新型农民的培养提供了机会，创造了条件。在发展农业产业化的过程中，农民可以学到更多的专业知识，增强市场经济观念，提高各个方面的素质，从而充分发挥新农村建设的主体作用。

4．农业产业化经营是提高农业国际竞争力的重要举措

大力增强我国农业的国际竞争力，根本出路在于提高农产品质量、档次和卫生安全水准，提高农户的专业化、市场化、组织化程度，提高农业生产经营规模和整体效益。特别是加入世贸组织后，国际农业竞争已经成为整个产业体系的综合性竞争。积极推进农业产业化经营的发展，有利于把农业生产、加工、销售环节联结起来，把分散经营的农户联合起来，有效地提高农业生产的组织化程度，尽快扩大我国有比较优势农产品的生产规模，通过龙头企业建立一批符合专业化、标准化生产条件的农产品原料基地，培育一批有国际综合竞争实力的龙头企业。这有利于应对加入世贸组织的挑战，按照国际规则，把农业标准和农产品质量标准全面引入到农业生产加工、流通的全过程，创出自己的品牌；有利于扩大农业对外开放，实施“引进来，走出去”的战略，创出一批有较强出口竞争力的名牌农产品，全面增强农业的市场竞争力。

四、农业产业化经营中存在的问题及发展的措施

1．农业产业化经营中存在的问题

我国农业产业化经营虽然取得了可喜的成绩，但是总体水平还不高，发展中还存在一些亟待解决的问题。

（1）产业发展的层次较低，科技含量不高。我国龙头企业整体效益增长主要靠数量的增加，平均效益增长不太明显，科技含量不高，而且规模偏小。从生产加工内部来看，比较注重短期效益，简单地产品分类、包装等占了较大比重，而产品的深加工和产业链条延伸方面不足。

（2）利益联结不完善。完善的利益机制是农业产业化持续发展的内在动力。各类产业化组织在带动农户进入市场的产业化组织形式中，肩负着双重责任，既要保证企业自身利益的实现，又要能够带动

农户，并让利于农。全国各类产业化组织带动农户数仅占农户总数的34.1%，只有三分之一的农户参与产业化经营，覆盖面还比较小。其中紧密型带动的仅占 33%，利益关系相对松散。这是因为，一方面各类产业化组织扶持生产的机制不健全，不能自觉地为生产环节提供资金、技术等各项服务，没有建立一种让生产者有利可图、经营者利益合理分配的制度，不能自觉地让利于农；另一方面各类产业化组织与农户双方没有结成风险共担、利益共享、互助协作、联动发展的关系。

（3）产业化发展缺乏有力的资金支持。农业产业的产出水平很大一部分取决于投入的资本。金融支持力度较低的主要原因：一是农产品加工业自身的弱质性和脆弱性。弱质性表现为农产品需求弹性较低，加之产品深加工力度不够，抗市场风险能力较弱。脆弱性表现为农业基础设施建设落后，科技含量低，容易受到自然灾害等因素的影响。因此，商业银行出于利益和资金安全角度考虑，在龙头企业贷款发放方面非常慎重。二是农业贷款风险大，金融机构要求财产抵押贷款，而种养产品无法抵押，资金缺乏导致产品只能粗加工上市，企业的效益就很难得到提高。

（4）基地建设明显滞后。龙头企业生产基地分散，规模化、标准化程度低，基础设施不配套，农作物新品种、农业新技术推广跟不上，制约了龙头企业的健康发展。

2．加快农业产业化经营发展的措施

加快农业产业化经营发展要以农业增效、农民增收和农村稳定为目的，坚持以发展效益农业为中心，以市场为导向，以培育有竞争优势和带动能力的龙头企业为重点，以提高农业生产的市场化和组织化程度为基础，以科技创新和重大先进适用技术的推广为动力，以建立与国际市场相适应的农产品质量标准和检测检验体系为保障，全面提高农业产业化经营水平，使我国农业和农村经济上一个新台阶。

（1）扶强扶大农业龙头企业。农业产业化经营的龙头企业肩负着开拓市场、科技创新、带动农户和促进区域经济发展的重任，其经济实力的强弱和带动能力的大小，决定着农业产业化经营的程度、规模和成效。扶持龙头企业就是支持农业，扶持农民。扶持农业龙头企业要充分考虑不同地区、不同产业、不同发展阶段的特点和实际，实行分类指导、重点扶持，培育、催生农业龙头企业，把龙头企业“扶强、扶优、扶大、扶特”。逐步把目前由政府和部门建设的示范基地转变成在政府规划引导，由龙头企业作为运作主体实施的农产品基地。鼓励国有企业、工商业主、个私经济等多种成分通过多种途径创办农业龙头企业。同时，还要提高农业龙头企业参与国际竞争能力，引导同类农业龙头企业通过商会、协会等途径组建行业协会，实行行业自律，提高参与国际国内市场竞争的组织化程度。

（2）完善农产品市场体系。良好的市场环境和完善的市场体系是农业产业经营发展的客观需要。我们要建成布局合理、产销结合、公平竞争、统一开放的农产品市场体系。进一步扶持市场发挥服务功能。重点支持市场基础设施建设和信息化系统建设，建立多元化的市场价格、供求信息采集、整理和发布系统，为农民、经营户、管理部门提供信息服务。逐步建立农产品市场准入制度，加强市场开拓。加大农产品贩销大户、经纪人队伍培育，以市场为依托，通过组建农产品贩销户行业协会的途径，提高农产品经营户的组织化程度。以市场为中介，通过举办农产品展销会，牵头与大中城市市场建立业务关系等多种途径，扩大农产品对外宣传，提高市场知名度，使更多的农产品走向国内外市场。

（3）大力发展农业专业合作组织。认真贯彻执行《中华人民共和国农民专业合作社法》，结合本地情况，制定示范章程，鼓励和支持发展多种形式的农民专业合作经济组织，规范农村专业合作经济组织内部组织建设。明确专业合作经济组织的业务指导部门和确认部门，形成统一指导、多部门多形式兴办的格局，继续扩大试点范围，总结成功经验，逐步加以推广。按照民办、民管、民受益的原则，积极稳妥地发展各种形式的农产品行业协会，把转变政府职能同加强行业协会自身建设紧密结合起来，充分发挥行业协会在产业服务、行业自律等方面的作用。加大对专业合作经济组织的支持力度，在财政、税收、用地、用电等方面提供优惠政策。加强监督管理，使各类中介组织真正成为连接农户与龙头企业，农户与市场的桥梁和纽带，为农村经济的发展发挥最大作用。

（4）完善和创新利益联结机制。在坚持家庭承包经营基础上，鼓励和引导龙头企业与基地和农户建立稳定的产销协作关系和多种形式的利益联结机制。大力发展订单农业，积极支持有条件的龙头企业在收购农产品时，确定最低收购保护价，将部分加工、销售环节的利润返还给农户，促进龙头企业与农户形成相对稳定的购销关系；积极鼓励龙头企业通过股份制、股份合作制等形式，与农户在产权上结成更紧密的利益共同体，形成“自愿互利、利益均沾、风险共担”的新机制，保护企业和农户的利益，充分发挥龙头企业对农民增收的带动作用，自 2006 年 9 月起，农业部开展了对国家重点龙头企业的监测工作，淘汰了一批不符合条件的龙头企业，保持了国家重点龙头企业的活力。

（5）努力提高产业化科技水平。科技进步是农业产业化经营发展的内在动力。加大新品种研究开发、引进、繁育和推广力度，改善产品结构，提高产品品质，发展名特优新稀农产品。加强农产品质量管理，确保农产品质量安全。发挥农业龙头企业优势，支持重点农业龙头企业建立技术研究开发机构，实行产学研结合，农技人员、科研单位参与农业产业化经营。

（6）积极开拓国外市场。进一步改善农业投资环境，加大农业招商引资力度，积极引进国外良种、技术、设备、资金、人才及经营管理经验，实现与国际水平接轨。进一步完善出口机制，重点扶持和发展外向型加工、流通龙头企业，建设一批有较强竞争力的农业出口产业。积极支持农业龙头企业自营出口，建立出口创汇农产品生产基地，参与国际竞争，鼓励有条件的龙头组织跨国经营，开发农产品原料基地和兴办农产品加工企业。加大我国农产品对外宣传力度，使我国更多的农产品销往国内外市场。

（7）加强对农业产业化工作的管理。农业产业化工作是一项系统工程，难度大，涉及部门多。要切实加强对农业产业化工作的领导，从上到下，加快建立农业产业化工作领导和职能机构，要明确职责，加快落实。要把农业产业化工作纳入各级政府、有关部门目标考核体系的重要内容。各级政府对出台的扶持农业产业化经营的政策要进行督查，确保及时落实到位，产生效益。

（8）农村产业化经营过程中应处理好的几个关系。农业产业化经营是个系统化的工程，涉及农村众多利益主体，要搞好农业产业化，必须处理好以下关系：农业产业化经营与家庭承包经营的关系；龙头企业与农户的利益关系；农业产业化经营与乡镇企业改造升级和小城镇建设的关系；政府和龙头企业的关系；农业产业化经营与提高社会化服务水平的关系。

第二节　农业产业化管理

在进行农业产业化经营时，乡村干部应当始终明确经济工作的主要目标：一是保证农产品有效生产；二是增加农民收入；三是坚持社会效益、经济效益和生态效益同步发展。只有靠农业产业化这只大船，以家庭经营为基础的农户才能顺利进入市场。因此，必须强化管理以实现农业产业化经营的健康发展。

一、农业产业化经营管理的含义及坚持的原则

1．农业产业化经营管理的定义

农业产业化经营管理是以市场为导向，以农户为基础，以龙头企业（包括公司企业、合作经济组织、专业化市场、产学研联合组织等）为依托，以经济效益为中心，以系列化服务为手段，通过实行供产销、农工商一体化经营，将农业再生产过程的产前、产中、产后诸环节联结为一个完善的产业系统。概括地讲，就是指促使生产专业化、经营集约化、企业规模化、服务社会化、运销市场化、产品商品化、产业一体化等各种活动的总称。

对乡村而言，农业产业化经营管理就是如何将本村农民的生产、销售挂到以龙头企业为核心的大产业链条中去，即村组通过与产业组织联系、衔接，将龙头企业的生产车间引入村。简单地说，农业产业化经营管理就是乡村帮助本村村民加入以龙头企业为核心的产业化链条中去，并组织、协调农业产业生产、销售、分配、维权的过程和行为。

2．农业产业化经营管理的主要原则

农业产业化经营管理一般应遵循以下原则：

（1）因地制宜原则。农业产业化经营的形成和建立需要具备若干客观条件，如有否龙头企业带动，有否主导产业做支柱，有否农产品商品基地为后盾等。一切要从实际出发，从村庄现有条件出发。

（2）规模经营原则。推进农业产业化经营要以市场需求为导向、以培育支柱产业为着眼点，围绕主导产业做到基地、专业大户、土地经营、企业上规模，要真正把发展规模经济作为重大举措来抓。

（3）组织引导原则。村庄及干部要充分利用经济的、法律的以及必要的行政手段，协调各方关系，调动各方面的积极性，促进各项工作健康有序地发展。

（4）可持续发展原则。农业开发性生产经营应该坚持合理开发、利用和保护自然资源，实行资源开发与环境保护并重，实现经济、社会、生态协调发展。

二、农业产业化的经营管理的内容

乡村农业产业化经营管理主要有五项内容：一是引进及其谈判；二是组织协调；三是监督生产；四是销售落实；五是双方维护。概括起来就是三项：产业选择、组织引导、协调发展。进行农业产业化经营需要村干部带领农户进行合理的产业的选择、积极的组织引导，从而带动本村经济的协调发展，增加村民的收入。

1．产业选择

产业选择尤为重要，关系到村经济发展的方向，直接影响村经济发展和新农村建设，所以，在产业选择上村干部必须慎重。重点关注以下几点：

（1）选择特色农业。特色依托品牌，品牌体现特色。挖掘出本村特色农产品，做大做强品牌产品，促进农村经济发展。

【案例 1】湖南省郴州市雷大桥村。雷大桥村组织王细堂一批种植能手，建立“公司＋基地＋农户”的模式，负责帮助农户搭建大棚，提供种苗、肥料和各种技术服务；对种植人员进行免费培训并聘请到公司工作，全村 200 多名农民因此成了每月领工资的“工薪族”，当地农民就地转移成为现实；产品实行统一销售，免除了花农的后顾之忧。短短的 5 年时间，雷大桥村利用其区位优势发展花卉苗木产业，产业总体规模不断壮大。其主导产品富贵子、杜鹃花、千年杜鹃和古樟犹如“皇帝的女儿不愁嫁”，全部销往粤港澳和海外市场，全村每户村民的花卉苗木销售年收入都超过了万元，人均纯收入超过了5 000元①。

这个案例是根据自己自身的地理位置选择自己的特色产业。由于该村离粤港澳比较近，村干部带领村民发挥自身的地理优势，找准市场，发展自己的花卉苗木品牌并销往沿海，大幅增加了村民收入。

【案例 2】福建省永定县务田村。务田村村干部首先把“六月红”早熟芋、王官溪蜜柚确定为兴业的两种农业品牌产品。科技种植，是发展农业生产的根本，该村干部把为村民举办技术培训作为首要任务，通过县、乡两级农业部门的指导和帮扶，每年在村里举办两次以上的农业技术培训，培训人数达 500 人次，还把技术送到田头，现场对村民进行栽培指导。据了解，该村 511 户都种植了“六月红”早熟芋，种植率达 100%，种植面积 46.67 公顷，大部分村民还发展种植了共 73.33 公顷的王官溪蜜柚，仅此两种农业产品每年可为村里实现 700 多万元的社会产值。村干部还帮助村民确定了“六月红”早熟芋和王官溪蜜柚的较稳定的销售渠道，从根本上解决了村里种植户的后顾之忧②。

依靠粮食种植很难使农民增收。在这个案例之中，村干部起到了带头作用，对村民进行技术培训，带领村民从事特色农业的产业化经营，取得了显著成效。

（2）选择龙头企业。龙头企业可以是生产加工企业，可以是中介组织和专业批发市场等流通企业。只要具有市场开拓能力，能够进行农产品深精加工，为农民提供系列化服务，带动千家万户发展商品生产走市场的，都可以当龙头。

【案例 3】广东省阳江平地村。4 年来，平地村发生了翻天覆地的变化，村集体收入从 3 万多元增加到 38 万元，村容村貌焕然一新。阳东三明金塑制品有限公司是平地村通过土地出租引进的招商项目，一年可为村里新增集体收入 14 万元，还吸纳了村里 32 个劳动力。村

---

① 绿叶扶红花. 中国乡村发现，http://www.zgxcfx.com/Atilce-show.asp AtilceID=563.

② 张德江参加平地村主题党日时强调抓落实重实效. 广州日报，2007-07-06（5）.

里引进的农业龙头企业，带动农民建起果蔬大棚 170 个，种植网纹瓜、西瓜、草莓等，一亩地一年收入 10 多万元[①]。

（3）选择组织形式。组织形式的选择是关键，影响农业产业化的具体落实。村干部要根据实际择优选择。有三种形式：

① “公司+协会（基地）+农户”。特点是以专业公司为龙头，农民专业协会（农产品基地）为纽带，专业农户为基础，结成经济共同体。

【案例 4】山东省莱芜市莱城区杨庄镇冷家庄村的农民亓祥林，在自家的地头上就把 2 亩地的蒜薹变成了一沓崭新的钞票。他高兴地说：“这多亏了姜蒜协会啊!没有协会，我们不知道得费多少力气才能卖了这些蒜薹。”这是莱芜市“协会+公司+基地+农户”发展农村经济新模式给农民带来的实惠。莱芜汶源姜蒜协会组织会员发展姜蒜产业，从种植管理到产品加工销售，实行一条龙服务。协会建起了姜蒜加工厂 10 处，恒温库 11 座，总库容 1 万吨，从业人员 1 500 人，年加工销售生姜、大蒜、蒜薹 1.7 万吨，年出口交货值 3 000 多万元人民币，利税 1 000 多万元人民币[②]。

② “企业+农户”。以加工企业为龙头，把基地农户联系起来，主要从事农副产品精、深加工。

【案例 5】广东省最大的农业龙头企业——广东温氏食品集团有限公司，在发展肉鸡生产时，通过与农户建立委托生产关系，结成比较稳定的利益共同体，将生产风险和市场风险有效分开，公司和农户的各自优势得以发挥，形成合力，抗风险的能力增强，取得了双赢效果。温氏集团将他们的这种经营模式称之为“公司+农户”。据温氏集团副总裁黄松德介绍，他们的做法是鸡的饲养环节交由农户完成，公司提供鸡苗、饲料、药物、技术及销售一条龙服务。在这种模式下，实力较弱的农户投入养鸡场地、设备，负责日常的饲养，承担一定的生产风险，但不承担技术和市场的风险。而有着技术、管理及资金优势的温氏集团，则集中精力在品种繁育、饲料改良、防疫药品开发方面加大投入，承担技术风险和整体的经营风险，但省去了大量鸡场建设投

① 张德江参加平地村主题党日时强调抓落实重实效. 广东日报，2007-7-6.

② “协会+公司+基地+农户”——莱芜创发展农村经济新模式，中新网.

入和日常饲养费用。这种生产风险和市场风险的有效分离，使双方的优势都得到了发挥，减轻了负担①。

③ “专业批发市场+农户”。运用市场的导向作用，带动优势产业扩大规模，发展与优势产业配套的加工、运销业，从而形成一体化的经营格局。

【案例 6】1984 年 3 月寿光县决定在县城西南角的九巷村建一处占地 10 亩的蔬菜批发市场时，九巷村还是一个普普通通的村庄，家家户户种粮种菜，看天干活，靠地吃饭。而现在，随着房屋租赁、蔬菜运输、蔬菜中介、蔬菜包装、餐饮娱乐等相关行业的发展，九巷村家家户户靠着蔬菜批发市场富起来。村里一幢幢公寓楼，比城里的居民区一点也不差。寿光市 108 万人口中，现在有 14 万多户农民依靠蔬菜种植业脱贫致富。2006 年，全市农民人均纯收入达到 5 936 元，比 2006 年山东全省农民人均纯收入 3 587 元的数字高出近 2 500 元②。

2．组织引导

在实行农业产业化经营的过程中，村干部的组织引导作用十分重要。在带领村民实行产业化经营发家致富的同时，村干部不但需要有长远的经营眼光，还需要讲法律、讲策略，实现全村共同富裕。

【案例 7】莲花镇富廊村委会位于 321 国道边，具有良好的地理优势。近年来，富廊村两委班子紧密地结合本村实际，将村的土地集中起来实行统一规划，规模经营。从 2000 年起，村委会按规定依法召开了村民大会和村民代表会议后，成立工作小组到农户家中征询群众的意见。成立了以支部书记为组长，村主任为副组长，其他村干部为成员的工作小组，明确分工，挨家挨户到群众家中做宣传和思想工作，向村民明确镇、村经济发展的思路和政策，使村民清楚知道集中土地的目的、意义。村干部逐家逐户下去做思想工作，落实政策。富廊村委会在上级党委、政府的大力支持和村民的配合下，结合本村的地形地貌及村的实际情况，通过多方征求意见，制订方案，做好科学、合理的用地规划和布局。现在，富廊村的招商引资工作取得了较好的成

---

① 广东温氏集团“公司+农户”模式可借鉴. 农网快讯.
② 寿光蔬菜批发市场交易全面电子化. 经济日报，2007-06-06（3）.

效。农民收入也得到大幅增加①。

这个案例中，村干部从本村的实际出发，制订了符合本村长远发展的目标与规划，在广泛征求民意的基础上，征求多方面意见，实行招商引资，实现了全村村民收入的大幅度增长。村干部体现了较高的组织和引导能力。

3. 协调发展

协调发展是要求村干部在带领村民进行农业产业化经营时，要坚持生态效益、社会效益和经济效益统筹兼顾，还要注意局部利益和整体利益的兼顾。一定要注意经济发展与生态环境的和谐发展，不能因为追求经济效益而忽视环境保护，甚至以破坏本村的生态环境为代价来换得经济利益，也不能只顾村级利益而忽视整体利益。

【案例 8】海口市秀英区永兴镇罗经村委会关目村。最近，来自广东等地的菠萝蜜收购商准备花 400 多万元收购该村的所有菠萝蜜树，最后还是再次遭到村民的拒绝。望着村里的菠萝蜜树，吴多美说，多年来，村民们有个好传统，大家共同保护祖祖辈辈留下的菠萝蜜树等多种古树，平时村民都舍不得砍菠萝蜜树，更谈不上卖菠萝蜜树了。卖掉 2 万多株菠萝蜜树是有 400 多万元收入，这笔资金马上可以改善村民的生活，但这仅是暂时的，一旦卖掉村里的菠萝蜜树，村里的生态环境就会遭到破坏，要想恢复，得需要几十年或者是上百年，拿这些钱又有何用呢?村民王兴录、王兴胜等人说，“人家来村里买树，是想买走我们的好环境！”为了保护环境又不影响村民收入，关目村村民在保护菠萝蜜的同时，又大力发展果园经济，家家户户屋前屋后村前村后不断地新栽菠萝蜜、荔枝、杨桃、黄皮、槟榔、香蕉等，利用果树上掉下的虫、果养鸡，果树下又种植了粽子叶和各种草药等，并在树林里养蜂，发展立体式生态农业②。能把本村的特色农业经营好，实现赢利增收当然是好事。但是，经营活动不能以牺牲本村的生态环境为代价。

这个案例中，村民们对于保护环境，实行可持续发展的生态农业，都达成了一致的看法。它是寻求农业经营协调发展的一个成功例子。

---

① 依法经营土地出成效，富廊农民增收笑开颜. 鼎湖农业信息网.

② 海南村民为保护环境拒绝商人 400 万元收购菠萝蜜树. 海南日报，2006-06-22（5）.

三、农业产业化经营管理要注意的问题

乡村干部在带领村民进行农业产业化经营的过程之中，主要把握下面两个方面的问题。

1．经营战略要合理

经营战略问题是带领村民从事产业化经营首先需要解决的问题。如果没有长远的目光，没有合理的规划，就无法给村民带来增收，甚至可能导致亏损。所以，在制订农业产业化经营目标之前，需要弄清自己的经营战略，简单地说，就是要弄清楚怎样经营才会赚钱。

【案例 9】侯振河，平原县王庙镇前王明村党支部书记。1984 年，他被选举为村党支部副书记，1994 年任书记至今。1985 年，在种植收入低的情况下，他外出参观学习，回来后带头在村里养鸡，开始只养了 2 000 只鸡，后来逐步发展，这几年全村平均养鸡存栏量达到了 30 万只到 40 万只。现在，全村搞了 15 万只鸡的肉食杂交蛋，出售这类鸡蛋收入提高 1/4。同时，搞了年售 100 万只肉食鸡仔鸡的孵化厂 9 家，形成了小鸡孵化、饲料供应、疾病防疫、鸡蛋销售的一条龙模式。在他的带领下，村里还建了集禽蛋市场、集市贸易于一体，长 1 500 米、宽 35 米的一条商业街，带动了相关产业的发展。如今的前王兴明村养鸡业覆盖周围 5 公里。村里发展了，又通了自来水，硬化了道路，安装了有线电视，新建了文化大院，提高了村民的生活水平①。

在这个案例中，村支书由于及时了解市场信息，抓住机遇，带领村民开办养鸡厂，实行养鸡产业化经营，为全村经济生活水平的提高起到了重要作用。这是村干部经营战略准确的一个成功案例。

【案例 10】河南省社旗县青台镇李营村。李玉堂说，在村支部的支持下，2004 年初，我牵头成立了协会，并在自家门口挂起了“养猪协会”的牌子。于是“养猪协会”就成了乡亲们的免费培训“学校”，许多人在这里学到了生猪饲养技术并建起了养猪场。他还从外地购进单体饲料，按配方配成预混料，最后形成大、中、小猪饲料和母猪饲料，统一供应给协会会员使用；并从郑州购进疫苗，免费为各会员的

---

① 最具影响力的新农村当家人候选人名单．农村大众，2007-07-11（4）．

养猪场统一防疫；并与武汉、上海等地的客户联系销路。今年初，李玉堂买了一台电脑并开始上网，成为全乡十几个村庄第一个上网的农民“国内外的养殖技术、先进经验和市场信息都可以在网上查找到，再不用为信息不畅而犯难了！”据村支书李文才介绍，在“养猪协会”带动下，目前这个只有 2 000 多人口的小村里，100 头以上的养猪场有 50 多个，其中 300 头以上的养猪场有 15 个，全村年出栏生猪 1.2 万头，年产值 840 多万元左右，仅此一项，全村年实现经济效益 240 万元，年人均增收 2 000 元。“俺希望在‘养猪协会’的带动下，全村的群众都来养猪，那就会形成规模，有了规模，就能形成更大的市场效应!”李玉堂对未来充满信心①。

在上面这个案例中，村民们在村干部的支持下，成立了养猪协会，进行养猪业的产业化经营，取得了成功。一般来说，通过农民自发组织的农业协会进行市场经营是农民农业产业化经营的常见形式。

2. 经营方式要合法

经营方式是带领村民实行产业化经营中需要得到充分重视的问题。不能因为在本村兴办企业能够为村里带来利润，就不顾村民的要求，不顾国家的法律法规，做出违背村民意愿与利益的事情。产业经营的方式一定要合法。并且，在实施经营时，一定要懂法，防止被别人欺骗，从而使自己遭受损失。

【案例 11】广东省从化市太平镇佛岗村。该村的四个经济社（罗队、周队、谭队、佛岗队）的 33.33 公顷水田未经村民大会，就被村委会与几个经济社社长签字“卖”掉了。佛岗村村民还列举出材料，反映该镇与村里的干部不止一次地在征地的款项上糊弄群众。根据村民提供的材料显示，早在 1994 年，太平镇政府就在佛岗等几个村征用了 160 多公顷土地，提供给一个企业来发展鸵鸟的养殖业。但由于该企业的经营不善导致了亏损，截至 2003 年 9 月 30 日，企业拖欠佛岗村三个经济社的土地出让款 1 269 523.2 元和利息约 720 000 元。2003 年，该鸵鸟场的土地又转让给了一家房地产企业。但在解决拖欠村民的土地款和利息问题时，太平镇政府又与佛岗村委及三个经济社长

① “鸡鸣三省”一穆营村. 河南日报，2007-06-14（2）.

签约，将企业自 1999 年 6 月开始拖欠村民的利息款 313 000 元，与村民实际计算出来的 720 000 元相差整整 400 000 元。而关于这个协议，村里并没有进行村务公开，因此佛岗村的众多村民并不知情[①]。

在这个案例中，村干部没有经过村民们的同意，就擅自将本村的土地租让给其他企业从事经营活动，使得本村村民无地可种。并且，在进行本村的土地经营活动时，村委会始终没有进行村务公开，这是违反国家相关规定的。

【案例 12】从国家工商行政管理总局获悉，湖北省秭归县工商局近日对当地龙泰农产品开发有限责任公司（以下简称龙泰公司）假借“订单农业”的名义，利用合同欺诈农户，给 58 个村的 4 000 多户农民造成重大经济损失一案进行了查处。据介绍，龙泰公司从 2000 年 9 月—2001 年 4 月，分别与秭归县 7 个乡镇的 58 个村签订了雪里蕻、莴笋、西芹等蔬菜项目的种植合同，共有 4 141 家农户参加“订单农业”生产，合同种植面积为 333.33 多公顷，实际种植面积为 240 公顷，合同价款 480 多万元。龙泰公司在和各村签订合同时承诺，向订单农户实行“五包”，即包产前投入、包技术指导、包产量达标、包定价收购、包产品销售。然而，龙泰公司根本未履行合同承诺。合同中明确规定，农户不搞产前投入，但实际上龙泰公司却要农户到公司指定的信用社贷款。龙泰公司不具备发展订单农业的主体资格和技术实力，公司无一专业技术人才。农作物成熟后，公司以种种借口不进行收购，限制农户外销、自销，致使农户种植的雪里蕻、莴笋全部报废，仅这两项就给农户造成直接经济损失近 80 万元[②]。

在以上案例中，由于经营农户没有弄清楚对方公司的经营资格与技术实力，就与对方签订合同，结果损失严重。这样的情况，其实在当初签订合同的时候就可以避免。在进行农业产业化经营时，农民往往处于弱势，因此就越发需要小心谨慎，要懂得按照国家法律来进行经营。这里要指出的是了解《合同法》中的一些相关内容，对于我们的经营特别重要。

① 广东从化农民失地引发多重矛盾和冲突. 中华工商时报，2006-09-27（2）.
② 借订单农业欺诈——湖北四千多户农民损失惨重. 市场报，2001-12-7.

第三节　农业产业化经营管理模式

农业产业化经营管理的模式有多种，各地应根据当地情况择优选择。

一、我国农村产业化经营管理模式

从我国农村产业化经营的实践来看，农村产业化经营的模式主要有以下几种：

1．龙头企业带动模式

以农产品加工企业、营销企业作为龙头，采用“公司+农户”的形式，一头连着国内外市场，一头连着生产基地和农户，采用契约、股份制等形式与农户形成利益联结。龙头企业为农户提供技术指导等服务，按协议价格收购农产品，农户按协议生产并销售农产品给龙头企业。龙头企业是建设社会主义新农村的一支重要力量，他们贴近农业、农村和农民，与“三农”存在着天然的“血缘关系”、地缘关系和利益关系。龙头企业参与新农村建设，是实践“城市支持农村，工业反哺农业”的具体行动，也是企业开拓农村市场、抢抓发展机遇的明智举措。目前，一大批龙头企业参与新农村建设，赢得了农民的欢迎、政府的肯定和社会的称赞。随着新农村建设的深入开展，将会有越来越多的龙头企业和其他各类工商企业，依据自身优势，通过产业带动、村企联动、投资推动、科技驱动、服务拉动、外向牵动等多种形式，积极支持和参与新农村建设，实现兴村富民、村企共赢，促进农村经济社会和谐发展。在这一有益实践中，一定要遵循客观规律，把握政策导向。创新农业产业化的经营模式，进一步完善龙头企业与农户的利益联结机制，对于促进农民增收、粮食增产和农业增效具有极其重要的意义。

2．合作组织带动型模式

合作组织带动型模式是指由从事专业生产经营的农民，在自愿互利的前提下，以家庭经营为基础，按照“民办、民管、民受益”的原则组建而成的技术、生产、资金和供销等互助合作组织。主要采取（合作社+农户）或（公司+合作社+农户）的形式，通过发挥合作组织的组织、引导和协调功能，以技术、信息交流和服务为纽带，把从事专业化生产的大量分散农户组织起来，实现农户与市场的有效对接，促进一些具有发展优势的产业迅速区域化、规模化，靠专业化服务推动产业化经营。

3．专业市场带动模式（主要是以专业批发市场为载体）

采用“市场+经纪人+农户”的模式，形成利益联结机制。这一模式中，经纪人一头连着市场，一头连着农户。经纪人与农户签订合同，按协议价格收购农户种植的农产品，农户按协议生产、销售农产品给经纪人。以专业市场或专业交易中心为依托，拓宽商品流通渠道，带动区域专业化生产，实行产、加、销一体化经营，扩大生产规模，形成产业优势，节省交易成本，提高运销效率和经济效益。

除了上面三种主要类型，还有其他类型。如各级农业社会化服务体系或科研教育等事业单位，通过合同契约关系为农产专业生产提供产前、产中、产后服务，实施产加销或贸工农一体化经营的组织类型。但无论哪种类型，它们都具有农业产业化经营的共同特点，即能够引导和组织分散的小农户进入社会化大市场。企业与农户有不同的利益联结方式，共同促进市场农业的发展，将现代科学技术引入农业，提高农业专业化、社会化、商品化水平，重新调整农业生产结构，增加农业附加值，提高农业比较利益，并引入现代农业的组织与管理方法，提高农民经济收入水平。

二、农业产业化经营管理模式存在的问题

1．龙头企业带动模式存在的问题

从总体上看，龙头企业带动模式的利益联结机制还不够强，主要原因是企业与农户都有追求利益最大化的倾向。龙头企业与农户都是经济体，在市场经济的情况下，都想追求利益最大化。一旦农产品市场价格有较大变动，企业与农户之间签订的订单就往往难以落实。当市场价格高于订单价格时，有的农户就卖给其他收购者，以获得更多的收入；当市场价格低于订单时，企业就想从市场上直接收购，以降低成本。这也是订单落实率不高的根本原因。同时，企业强势、农户

弱势的状况没有明显改变。由于龙头企业可以为地方财政增加税收，因此，当龙头企业与农户发生矛盾时，不少地方政府大都保护龙头企业。于是，大多数农户难以真正获得农产品加工增值的利益，根本原因在于大多数的龙头企业不是农民自己组织的合作制企业。

2．合作组织带动模式存在的问题

从总体上看，由于合作组织都存在着规模较小、实力不强、运作不规范、运行质量较差、不够稳定等问题，很多合作组织既缺少自有资金，又很少有固定资产，特别是缺乏加工转化能力，因此在拓展市场、占领市场上，难以获得较好的效果。

3．专业市场带动模式存在的问题

发挥专业市场的带动力，辐射带动分散经营的农户走进大市场，促进了农业产业化经营。但这种模式因其利益联结机制主要是依靠契约来维系，属松散型联结。而且这种模式主要适用于加工层次少、只进行初级分类整理即可出售的新鲜蔬菜瓜果等农产品产业化经营。

三、创新农业产业化经营管理模式

农业产业化经营能否发展壮大的关键在于，产业化各经营主体之间的利益联结是否紧密。由于以往的产业化经营模式在利益联结机制上存在一些问题，制约了农业产业化的进一步发展。因此，创新经营模式，促进产业化经营就显得尤为迫切。

1．改造龙头企业带动模式，创新产业化经营模式

以往“公司+农户”的模式，之所以利益联结不紧，主要还是公司与农户之间的联结多为契约联结，通过发展农民合作组织，从而形成“公司+农民合作组织+农户”的模式。这种模式虽然在一定程度上有利于改变农民的弱势地位，但事实证明其利益联结机制仍然存在问题。比较彻底的办法是通过产权制度改革，使松散型、半紧密型利益联结向紧密型利益联结转变。松散型依靠契约联结。半紧密型依靠“契约+部分利润返还”联结，尽管半紧密型比松散型的利益联结要紧密一些，但公司与农户之间依然没有形成利益共享、风险共担的共同体。通过实行产权制度改革，变契约联结为“契约+返利”式联结，使原来在产权上与农民没有关系的龙头加工企业逐步演变成由农民合作组织创办的加工实体，从而形成利益共享、风险共担的利益共同体。

2．引导农民专业合作组织发展农产品加工业，创新产业化经营模式

2005 年中央一号文件提出引导农民专业合作组织发展农产品加工业，为创新产业化经营模式带来了契机。农民专业合作组织发展农产品加工业，既可以把农产品的加工、销售所获取的利润留在农业内部，达到农业增效、农民增收的目的，又可以形成“农户+专业合作组织+企业”的模式，实现产业化经营模式的创新。由于专业合作组织是由农户组成的，而企业又是由专业合作组织建立的，因此所形成的“农户+专业合作组织+企业”的模式的利益联结机制是比较完善的，企业与农户的利益联结是紧密的。正是由于加工企业是由农户组成的合作经济组织建立和拥有的，从而确保了企业与农户、专业合作组织在利益上的一致性，也就较好地避免了以往产业经营模式在利益联结上存在的弊端。正因为如此，这一模式将会有很好的发展前景。

3．改造专业市场带动模式，创新产业化经营模式

既然单纯的契约联结机制不完善，可实行加工及销售环节的部分利润返还农户、为农户提供各种服务等措施，实现由单纯契约式的松散型联结向“契约+部分利润返还+服务”的半紧密型联结。另外，专业市场带动模式目前还存在缺乏深加工能力的问题，也应围绕专业市场，适时发展深加工，形成“培育一个支柱产业、带动千家万户、促进专业化区域经济发展”的格局。

思考题

1. 简述农业产业化经营管理的概念和原则。
2. 简述农业产业化经营管理的内容。
3. 结合实际分析如何创新农业产业化经营管理模式。

第七章　农村劳务经济管理

农村劳务经济是以农民跨地区流动就业为主要背景，现在已发展成为农业增效、农民增收的有效渠道。本章围绕这一问题主要讲农村劳务经济的概念及农村劳务经济管理的内涵、原则、特点及措施。

第一节　农村劳务经济的概念、成因、特点及意义

一、农村劳务经济的概念及意义

“劳务经济”又称“打工经济”，是指农村富余劳动力为家庭以外的单位或个人提供劳务而获得收益的一种经济关系和经济活动。也可理解为农村劳务经济是以提供劳动力服务而获取报酬收入为目的的产业经济。它是农村劳务输出的一种经济形式，是工业化和城镇化的产物，是社会经济发展的必然历史过程。其作为农村经济发展过程中的一种独特的经济活动现象，是改革开放的产物。农村劳动力转移是加快工业化、城市化、农业产业化的必然趋势。

我国是一个农业大国，农村劳动力大量剩余。发展农村劳务经济，是促进农业经济发展，应对经济全球化的战略任务。随着全国各地按

照统筹城乡经济社会发展的要求，不断加大农村劳动力跨地区转移工作，加强农村劳动力市场建设，加大农民工培训力度，保障农民工合法权益，我国农村劳务经济已经呈现出良好发展势头，农村外出劳务产业发展能力明显增强，但是仍然存在着一些问题，必须顺应新形势、开拓新思路、增添新措施，全面有效地推动农村劳务经济健康、持续发展。

我们不能简单地认为农民进城务工只是为了挣钱，而应该看到，农民通过社会流动向旧体制提出了挑战，从这个意义上讲，这是一项重要的制度创新。其重要意义表现为：

1. 农民外出劳务是当前缓解农村剩余劳动力就业压力的重要方式

随着耕地面积不断减少、劳动力数量逐年增加、农业新技术的推广应用，农村劳动力就业压力越来越大。农村剩余劳动力的转移就业，主要是通过乡镇企业、城镇化以及二、三产业的发展与扩张等方式来实现。但从实际看，乡镇企业、城镇建设和二、三产业的发展速度与规模，不但远远落后于东部发达省份，而且还落后于全国平均水平。所以在河南省就地消化吸收农村剩余劳动力能力较弱，在当前农村经济发展不利因素较多的情况下，农民出省就业起到了缓解农村劳动力就业压力的作用。

2. 外出劳务有利于资源要素合理的配置

资源配置效应中，劳动力资源是一个重要的方面。因此劳动力转化与流动是实现资源合理配置的关键，通过劳动力资源在产业之间、城乡之间的再配置，改善劳动力与其他资本结合的比例关系，提高资源配置效率，已成为河南省经济持续增长的重要支撑力量之一。近几年国家实行积极的财政政策和稳健的货币政策，采取了加大基础设施投入，综合运用税收、价格、汇率和收入分配等经济杠杆，刺激内需的宏观调控政策，使资金与劳动力结合。全国各地加强基础设施建设、综合治理生态环境，重点加快水利防洪、高速公路、铁路复线、城乡电话扩容、电网改造、城市基础设施等的建设，这些建设对农村劳动力提出了新的需求，就业结构出现多元化特点，农民外出务工的人数明显增加。

3．外出劳务、流动转移有利于农民自身观念的更新

一是有利于促使农民自身素质的提高。由于文化素质较高的劳动力更受城市和用人单位的欢迎，外出就业机会更多，外出对他们的吸引力更大，这些劳动力离开农村，增强了当地人送子女读书和年轻人提高自身素质的动力。二是外出劳动力受到输入地的技术及经营管理的培训，其技术素质、商品经济意识得到很大提高，使输出地不花钱而达到借地育才的目的。三是有利于农民传统观念的更新。农民进入城市后，受到城市文明及生活方式的影响，传统观念发生变化。据调查，劳动力转移到城市较多的乡村，早婚、早育、多生、多育现象明显减少。

4．农村劳动力的跨区域流动，突破了二元社会结构，顺应了社会发展的客观规律

在由农业社会向工业社会转变的过程中，农业人口不断减少，非农业人口不断增加，也就是农村人口的城市化，这是被发达国家已经证实了的客观历史进程。它使发达国家的农业就业人口已经由开始向工业社会转变前的总就业人口 90%以上降到目前的 10%以下，有的才占全社会就业人口的 2.5%～3%[①]。发展中国家虽未完成这一历史进程，但却正在这样的进程中演进，并最终会像发达国家一样实现农业人口向第二和第三产业的历史性转移。民工潮的出现预示着中国的农民正在走历史应该走的路。

5．农村劳动力的流动，调节了财富和机会的再分配

改革前，城市的社会资源如就业等为市民所独占，通过农村劳动力的流动，把一部分就业机会让给了农民，尽管目前农民在城市所从事的一般都是脏、累、苦、险的职业，但毕竟他们已经分享到了一部分原来不属于他们的社会资源。农民工在最艰苦的岗位上，在为城市建设作出了巨大贡献的同时也挣了钱，促进了农村经济的发展。特别是在西部地区打工收入成为农民收入的主要来源。

6．外出劳务是农民增收的一个主要途径

河南省农村劳动力转移就业总量达到 2 155 万人，实现劳务收入

---

① 中国日报网，2009 年 02 月 25 日。

1 611 亿元。目前，河南省外出务工人员已经遍及全国各省（市）、自治区以及世界 40 多个国家和地区，农村劳动力转移总量稳居全国首位。全省已有 15 个市建立了劳务输出工作机构，68 个县（市）建立了劳务输出服务网络，87%的乡镇建立了农村劳动力资源数据库，在外出农村劳动力较为集中的地方，建立了 338 个驻外劳务办事机构①。外出劳务收入占农村居民家庭人均纯收入比重的 55%以上，已超过农村家庭经营收入，成为农民增收的主要收入来源。

7．外出务工促进了农村经济结构调整

农民外出劳务人数增多的直接原因是农业效益下降和利益驱动所致，但从社会经济的大环境来观察，农村劳动力的外出、流动、转移是社会主义市场经济条件下出现的必然现象。内陆省份的农业就业比例明显偏高，这使得内陆省份农业结构调整问题更为严峻。目前最为迫切的是要素结构调整，农业结构调整的成效如何关键在农村劳动力的转移程度。因此农村剩余劳动力的流动和合理配置是经济结构调整的内容之一。农民外出劳务又促进了经济结构的调整。如大量的农民外出劳务，有利于土地流转机制的形成，解决土地规模经营和耕地撂荒问题，使得一部分土地能集中到种养能手手中，为集约经营、规模经营、增强农业竞争力创造了条件。

8．外出劳务在促进社会经济发展中起到了重要作用

一是对经济增长作出贡献。调查发现，农业剩余劳动力转移率较高的年份，GDP 增长较快。据有关部门测算，改革开放以来，有 15%～20%的经济增长是劳动力部门转移的贡献，农村劳动力功不可没。二是劳务经济改善了流入地劳动力紧缺的局面，对城市化建设起到了极为重要的推动作用。农村剩余劳动力在城市所从事的工作，大多是苦、脏、累、险等城市人不愿干的活，他们为城市社会经济发展做低报酬劳动，弥补了城市劳动力不足，其劳动成本却比较低廉，增强产品的竞争力，提高经济效益，为企业积累和上缴税收作出了较大的贡献。另外扩大了城市的消费市场，据推算，河南省外出务工经商的劳动力构成城镇 200 多亿元的消费市场。农民在城市就业还能增强城市职工的危机感和竞争意识，

① 中国日报网，2009 年 02 月 25 日。

促进城市体制改革。

9．外出劳务在区域经济发展中发挥了重要作用

首先是转移劳动力带回的资金对农户家庭的经营生产有很大帮助，能够使更多的资金投入本地的生产。其次是返回劳动力成为地区经济发展的加速器。由于打工者经受市场经济、城市工业文明的熏陶，增长了才干，开阔了眼界，锻炼培养了一批经历市场经济风雨、见识了工业现代化的经营技术人才和有一技之长的农民工。返回家乡创业，带回了资金、技术、管理经验及市场信息，成为当地农村经济发展的一支新生力量，培育出多方面的新的经济增长点，拓宽了就业渠道。他们中有的成为当地乡镇企业技术管理骨干，促进了乡镇企业的发展；有的自己投资办企业当老板，成为当地脱贫致富的带头人。

10．回乡创业的外出务工人员越来越多，并逐步成为当地新农村建设的新生力量

近几年，河南省各级党委、政府非常重视外出务工人员回乡创业工程，把农民工返乡创业作为发展县域经济、建设社会主义新农村的重要举措来抓，组织实施回归创业工程。规定农民工返乡投资和外商一样，享受用电、用地、信贷、税收等政策优惠，并在户籍管理、社会保险、子女入学等方面，为回乡创业者提供优质服务。据不完全统计，目前全省返乡创业人数已达 56 万多人，其中创办企业 11.3 万多个，年产值 470 多亿元，年利税达 44 亿元，带动 220 多万农村劳动力常年就近转移，对促进当地农村劳动力就业和推进新农村建设，发挥了非常重要的作用①。

二、农村劳务经济的成因

农村劳务经济是伴随着农民工的出现和强势发展而发展和完善的。但是，大规模民工潮现象的形成绝不是偶然的，它有着深刻的社会经济原因，长期以来，农村中诸种矛盾的集中爆发，也是社会经济发展的必然趋势。具体原因表现为：

（1）改革以来，农民主动冲破二元社会结构的樊篱，寻求同城市

① 中国日报网，2009 年 02 月 25 日.

居民平等就业和劳动的权利。新中国成立后，我们首先是按一种错误的理论和观点很快建立了种种农业集体组织，把农民牢牢地拴在日益减少的土地上，禁止他们自由流动，其次是我们在建立高度集权的计划经济体制时，又以计划经济的名义，在城乡之间筑起了一道使农民极难逾越的大坝。这道大坝，在过去几十年内，将每年都以数百万、上千万增长的农村人口，牢牢地拴在日益变浅，也日益拥挤的农业这个“蓄水库”里。当作为“水库”里的农民越积越多，水位越来越高时，我们也不是设法开坝“泄洪”，而是不断增高和加固大坝。直到人民公社解体和旧的经济体制瓦解，困在大坝内的农民自己冲破大坝。“民工潮”，即是大坝被农民冲破后的集中“泄洪”。它也使原本便存在农民自发流动的微观机制，又复活了。

（2）农村实行家庭联产承包后，剩余劳动力要寻找出路。农村实行联产承包制以后，农村剩余劳动力问题变得十分突出。开始解决的途径是通过乡镇企业，其特点是“离土不离乡，进厂不进城”，1984年以后，政策的变化（允许农民自理口粮到城市落户，起因在于加强城市的副食品供给）拉开了农民大规模进城务工经商的序幕。有数字表明：1990—1994 年，外出打工的流动民工占农村劳动力总数的比例平均在 15%左右，1995 年达到 6 600 万人，同期乡镇企业吸纳劳动力为 2 754 万人①。随着乡镇企业吸纳农村剩余劳动力能力的下降。进城流动民工的人数在快速增加，由此形成了“民工潮”。

（3）比较利益驱使农民向城市和非农产业进军。市场经济是效益经济，同其他产业相比，农业的比较效益是最低的，如安徽定远县农民收入中粮食产业和打工的比例是 13∶6，全县 76 万人，15 万人在外打工，按每人平均收入 5 000 元计算，全年 7.5 亿元②。农民为了增加收入，很多人选择了进城打工。

（4）城市居民特殊利益的减少，为农民进城提供了条件。改革前，从粮食到副食及许多生活日用品都实行票证供应。农民手里没有任何票证，进城自然无法生活。随着票证制度的取消。农民只凭身份证就可以进城打工。因此身份证的实行和票证的取消，为农民进城打工提

① 中国日报网，2009 年 02 月 25 日.
② 中国日报网，2009 年 02 月 25 日.

供了制度保障。

三、当前农村劳务经济的特征

劳务经济是我国改革开放之后出现的一种特有的经济活动，它带有明显的区域性、阶段性，其特征主要表现为：

（1）劳务输出地的农村劳动力资源丰富，大量劳动力临时“离土离乡”到外地打工或经商等，外出劳务的人数达到了一定的数量，形成了较大的规模。

（2）外出劳务者的收入除了基本生活消费外，大部分带回或寄回家乡，在当地经济发展中占据了重要地位。外出劳务者群体，表现出由人力资源逐步变为人力资本的演变过程。

（3）外出劳务者的经济关系仍以农村家庭为主，保留有责任田，甚至还直接参与一些农业生产，随时可能停止外出劳务，而回家继续从事农业生产或其他家庭经营活动。

（4）这种经济行为是在改革开放过程中，伴随着东部沿海地区经济发展速度相对较快，对劳动力需求较大的情况而产生的。同时，随着我国经济的进一步发展，这种经济模式将会变得更加完善。

（5）这种经济行为主要出现在经济发展速度相对较慢、交通方便和距离发达地区、城市较近的区域，或交通得到初步改善的区域。从静态观察，劳务经济可以缓解剩余劳动力的就业压力，从发展角度看，劳务经济是农村劳动力实现大容量转移出去的前奏，外出劳务既是农村劳动力实现转移的途径之一，也是其他多种转移途径或方式的前期准备和基础。我国全面建设小康社会后，从中长期的发展前景看，我国城镇化水平将大幅度提高，必将会有大量的农村人口转向城镇，面对这一重大发展机遇，必须转变观念，拓宽思路，立足于地方的实际情况，积极发展劳务经济，从而推动农村经济的快速发展。

四、发展农村劳务经济的对策

1．大力发展乡镇企业仍是促进农村劳务经济稳定发展的重要渠道

改革开放以来，乡镇企业的发展对于缓解农村剩余劳动力就业压力，发展农村劳务经济，作出了巨大贡献。乡镇企业由于资本密集度

较低，其就业生成能力比城市企业要高得多，在吸纳农村剩余劳动力方面，将继续发挥重要作用。当前乡镇企业发展面临的制度环境和市场已经发生了根本性的变化。在新的环境下，乡镇企业不可能在所有的行业都与城市企业展开竞争。在经济发展进入结构大调整、大部分行业生产能力出现相对过剩的情况下，乡镇企业要适应国内和国际市场竞争的要求，对产业结构进行战略性调整，在农产品深加工、发展第三产业上大做文章，努力改变目前乡镇企业发展同城市工业“同构化”的问题，走与城市工业在结构上互补的路子，使丰富的农产品资源和充足的农村劳动力得到充分利用和发挥。

2. 加快城镇化建设，是减少农业人口的重要途径

要加速实行多元城镇化战略，根据国家多元城镇化战略规划，编制好河南省的城镇体系规划和发展规划，各级也都要制订好城镇发展建设规划，在规划中要把吸纳农村人口作为一项重要内容列入。目前，周口市城镇化水平仅有 15.34%，与全国全省的平均水平有很大差距。必须按照科学发展观的要求，强力推进城乡一体化进程，统筹城乡协调发展，运用各种经济手段，吸引乡镇企业向小城镇相对集中，以此带动更多的劳动力就业。

3. 形成城乡统一的劳动力市场是发展农村劳务经济的重要保障

在市场经济条件下，只有充分发挥市场机制在配置劳动力资源方面的基础作用，才有利于最大限度地开拓就业门路。应当看到，目前劳动力市场的发育程度不高，特别是劳动力供求信息收集与发布、劳动力市场中介组织发育、劳动就业服务体系、劳动就业法律法规体系和就业制度方面，还不适应农村劳务经济发展的要求。首先，要大力发展多种形式的劳动就业中介组织。逐步形成包括就业信息、咨询、职业介绍、培训在内的社会化的就业服务体系，帮助劳动力对转移成本、收益、风险作出正确的判断，以减少盲目流动而遭受的损失。其次，要完善和规范政府对劳动力市场的管理。必须建立一整套促进农村剩余劳动力跨地区流动的市场组织体系以及调控和保障就业者权益的法规和制度体系。彻底消除各地方政府出台的限制外来劳动力就业的政策，健全劳动力市场规则，使外来务工者的合法权益得到切实的保护。再次，要加大户籍制度改革的力度，逐步消除城乡劳动力市场的分割状况。户籍改革的核心内容是剔除黏附在户籍关系上的种种社会经济差别，真正做到城乡居民在发展机会面前地位平等，获得统一的社会身份。户籍制度改革的背后是城市用工制度的改革和城市原有福利体制的改革。在就业制度上，应建立“企业自主用人，劳动者自由择业”的市场化就业制度。在城市福利体制上，要逐步变国家财政暗补为统一的社会保障体制。建立新的人口登记和管理制度，就是要建立对人口实行开放式管理的户口制度。户籍制度的改革可以采取渐进的方式，可先在小城镇实行新的户籍管理制度，在取得局部突破的基础上，再循序展开。目前，在小城镇，非农业户口已没有多少特权，改革现行户籍制度的条件已经具备。

4．加强农村劳动力培训，提高劳动者素质，是进一步发展农村劳务经济的前提条件

劳动力的文化素质和技术素质是发展劳务经济的前提，没有适应劳动力市场需求的人才，再好的政策也无济于事。过去，在从事劳务工作的农村劳动力中，普通劳动力多，有技术专长的少，从事体力劳动的多，搞经营管理的少。要提高农村劳动力对市场的适应能力，我们就要高度重视劳动力的培训，提高劳动力的素质。既要培养有理想、有文化、有知识、有技术的新型农民，又要培养懂管理、善经营的农民企业家。充分发挥国家、社会和个人的积极性，建立各级各类的职业培训中心，形成全方位、多层次的劳动力培训体系，利用各种场地，采取长短结合的方式，培训有一技之长的劳动者，提高劳动力对市场的适应能力。

5．积极发展劳务输出，是进一步发展农村劳务经济的必然选择

随着经济全球化的不断发展，世界各国的人口迁移也越来越频繁，外籍工人或劳务输出成为当代国际移民的主要特征，也成为各地发展劳务经济的主要措施之一。因此，积极发展劳务输出，提高国际劳务市场的占有率已成为进一步发展农村劳务经济必然选择的主要措施之一。要根据发达国家及发展中国家对劳动力的不同需求，分别组织和培训大批农业劳动力出国。还可以充分发挥劳动力价格相对较低的优势，发展“三来一补”的外向型工业，在国内实现对外国劳务的输出，达到发展劳务经济的目的。

第二节　农村劳务经济管理的概念、原则、特点

一．农村劳务经济管理的定义

农村劳务经济管理是指对农村劳务输出的各个环节进行指挥、组织、协调、监督等活动以达到预期目的的过程。其主要内容包括：

（1）为农民工提供务工经商的信息，引导农民外出打工；

（2）为打工农民及其家庭提供服务，减少打工人员的后顾之忧；

（3）解决好外出务工人员的土地问题，避免资源的浪费；

（4）搞好外出农民工的回流工作，特别是为打工人员回村创业创造条件；

（5）帮助农民工维护自身权益；

（6）搞好农民工的技能培训，提高其就业的能力。

二、农村劳务经济管理的原则

农村劳务经济具有其特殊性，农民工具有较强的流动性，涉及劳务输出地和输入地两个区域的管理。所以农村劳务经济管理一般要遵循以下原则。

1．坚持服务为主的原则

作为农民工的主管职能部门要坚持服务为主的原则。因为打工是农民自己的事情，乡村干部及相应的职能部门不仅不能干涉，而且还要鼓励农民外出打工，并为此提供便利条件，以寻求新的收入增长源。村庄要本着服务为主的原则，方便农民外出打工，同时利用村庄、资源，为农民打工创造条件。包括提供打工信息、组织农民外出打工、协助办理打工证件、组织农民进行专业技术培训等。

2．坚持主动配合的原则

乡村两级及相应的职能机关都要主动关心打工农民家庭的生产、生活，为打工家庭提供力所能及的帮助，解除打工人员的后顾之忧，使打工农民能够安心地外出打工。

3．坚持协调关系的原则

乡村两级几个主管机关都要主动帮助农民工妥善解决协调其家庭内部和家庭外部之间以及与务工单位之间的各种关系，及时帮助其解决各种矛盾，协调解决各种冲突，从而维护农民工正当权益。

三、农村劳务经济管理的特点

由于劳务经济具有分布不均衡的特点，所以务工经济管理也相应地具有分散性、季节性、间接性三大特点。

1．分散性

打工是农民自主决策、自主选择的过程，不受行业、地域分布的限制，因此，对外出务工者的管理具有分散性，即要针对个体提供相关服务和帮助。

2．季节性

一般来说，农闲季节外出打工的多，农忙季节外出打工的少，因此对打工经济的管理工作随着农忙与农闲的变化而有不同的侧重点。

3．间接性

一般来讲，很难做到对打工者进行面对面的管理，只能通过电话、信件、网络或其他方式进行间接的管理。

第三节　农村劳务经济管理工作

农村劳务经济管理工作是围绕打工行为展开的，包括为村民外出打工前要做些什么工作，村民打工中又要做些什么工作以及村民打工回乡后还要为他们做些什么工作，以下从打工前后的各环节出发，阐述如何进行打工经济管理工作。

一、农村劳务经济管理工作的主要内容

1．重视“证件”的管理

身份的合理界定，是农民外出流动顺利进行的保障，尤其在发达地区，由于大量流动人口的存在，相关的执法机构对于身份证明不全的人往往实行收容或遣送，对打工者来说，如果不能进城，就无法安

心找工作。因此，作为长期进驻城镇的通行证，一定要重视外出村民的证件管理工作。

随着城乡户籍管理制度的放松，农村人口的流动规模日益壮大，但这种流动仍然是有条件性的流动，即流动的自由是一种相对性的自由，尤其在跨区域流动的过程中，农民仍然必须遵循一定的规则。

对这种“证件”现象在各地区已不足为奇，一方面，我们应理解这方面工作的意义及作用，但也要看到带给外出务工农民的不便。证件表面上只是作为一种标签、一种证明而存在，但其实质是对一种和谐、有序社会环境的保障。因此，不能盲目就证件本身进行质疑而要从证件的办理过程看到问题。对村干部来说，能够组织起来统一办理的，就统一办理，不能够的，则要提前指导村民到了外地后如何在相关部门去办理，使村民安心外出就业。

2．挖掘打工信息，提高就业能力

市场是多变的，尤其随着城市下岗失业人员的增多，就业压力越来越大，对打工者的素质提出了越来越高的要求。要使打工为经济发展注入延绵不断的动力，必须从两方面帮助农民外出务工：（1）逐步建立和完善劳务输出工作体系，为农民工务工提供及时、优质的服务；（2）要注重对市场就业信息的搜集，进行针对性的岗位培训，以扭转以往农民进城在就业方面无发言权的弱势地位，使农民外出能够主动地适应市场需求，及时找到市场上的空缺职位。

3．搞好跟踪服务，维护打工权益

不管身处村内，还是村外，村民都是村里的一分子，对村干部来说，不能因为村民外出务工而放松了对村民的关心与管理，也不能认为村民打工是其个人的事而不加理会。在相对安稳的村庄内部，村民们尚且离不开村干部在各方面的指导，何况是复杂多变的外部社会。长久以来，农民习惯于依赖土地，打工潮的兴起，也不过是最近二十年的事，对他们来说，一下子从一个“熟人社会”进入一个“陌生社会”，面临的最大问题就是远离了村庄视线之外后如何维权。村干部作为农民外出务工的娘家人，一定要“一管到底”，对外出农民进行跟踪服务和管理，突破地域限制，适应打工经济特点，开展长线服务管理工作战略，为农民工维权护权。

4．做好“回流”工作，鼓励回乡创业

对大多数外出务工的农民来说，最终还是要回归到农村、回归到土地上来。因此，打工只是短期内的增收途径，如何致富才是要考虑的长期目标。作为乡村干部，眼光一定要看得更远：增收不等于致富，打工不是目的，回乡创业才是最终目的。在加大劳务输出力度的同时，要积极为返乡人员提供创业平台，鼓励回乡创业人员承包、建设和开发，提高货币资金的资本转化率，甚至要把那些有社会经验、有组织能力的打工能人吸收到管理组织中来，选拔他们担任村干部，使他们真正成为建设现代新农村的领头雁，带动农村经济的全面发展。

打工者回乡创业的过程是打工者自身和村干部共同努力的结果，只有创造良好的创业条件，才能吸引打工者的目光，在上面案例中，村党支部的积极努力，终于带动了阳长镇堰塘村打工经济向创业经济的升级，村庄经济发展走上了一条良性循环的道路。

总的来说，打工经济管理是一个多元化的行为过程，它既对问题加以解决，又对问题加以防范，更是对未来加以规划。作为村庄干部，不仅要看到这一点，还要在今后的工作中，从务工农民的利益和需要出发，衡量长远和近期利益，积极地扶持并加以引导，有了“娘家人”做靠山，农民外出务工才会底气十足，没有后顾之忧。

二、农村劳务经济管理存在的主要问题

劳务经济作为一种新生经济力量，经历了从无到有，由弱变强的发展阶段，暴露出的一些问题值得关注。

1．组织、管理和服务化程度不够高

近年来，就业服务体系不断完善，各类职业介绍机构不断增多，政府部门组织的劳务输出比例也有所上升，但各级劳务机构的职能仍没得到充分发挥。不少地方开展的劳动技能培训流于形式走过场，部分技工学校办学理念不清，以逐利为目的的短期行为明显，难以培养出用人单位满意的劳动力；民间中介组织良莠不齐、欺诈行为仍然存在；务工信息网络建设起步较晚，作用也不够明显，农民外出务工的盲目性较大；政府职能部门重输出轻管理，很少对劳务输出人员进行有效的跟踪管理和服务。同时，外出务工人员的管理办证手续较烦琐，

收费种类较多，一定程度上阻碍了劳动力有序转移。

2. 行政管理上的缺陷

当前，在劳务市场机制不健全的情况下，劳务输出在很大程度上要靠政府来提高组织化程度。但是，有些地方不但没有加强劳动管理机构的职能，反而取消了原有的乡镇劳动服务站，也没有安排专人专职去抓，劳动管理工作成为搭头甚至空头，造成基础工作薄弱，管理服务缺位，劳务输出力度不大、效益不高。

3. 人口计生管理上的缺陷

各地对流动人口的计生管理缺少有效的办法，尤其是流动人口输入地对流动人口的计生管理缺位，给输出地的基层党政组织增加了工作难度。

4. 服务措施滞后

主要表现在四个滞后：一是信息服务滞后。信息不对称的问题比较突出，一些农民与外界接触少，缺乏沟通，获得用工信息的渠道不多，获取的信息量少，即使心存外出打工的念头，也不知往哪里去，不知出去后干什么；二是农村社会化服务滞后。农村老人托养、幼儿托管等工作没有开展起来，一些外出务工人员在家的老人生老病养无人照顾，小孩读书、生活无人照看，影响了劳务人员安心务工创业；三是培训服务滞后。培训服务量少面窄，大多数外出务工人员没有机会接受培训。有些地方虽然开展了职业培训，但培训机构单一，培训不经常；四是法律服务滞后。农民打工族是当今社会的弱势群体，工资被拖欠、工伤得不到及时足额赔偿、不给签合同、任意延长劳动时间、缺乏起码的劳动保护、没有劳动保障等问题比较突出。为农民工讨回公道，主要依靠法律途径，但目前农村基层司法力量薄弱，法律服务水平不高，一些司法人员虽有意援助，却力不从心。

5. 重前方，轻后方

表现在：一是重视前方打工经济，轻视后方农业生产。打工收益越来越多，打工经济的地位越来越高，使越来越多的青壮年农民一改对土地的依恋，转而漠视与荒废农业生产。对土地的忽视，将直接影响农村的长远协调发展。不过有些地区已经开始对此问题采取措施；二是重视前方打工青壮年，轻视后方留守老小。由打工带动的经济热，使乡村干部将管理的重心偏向了打工主体，这一部分人，基本都是上有老、下有小的青壮年，常年外出，家里留下的是老、小两代人，却也是问题多多的两代人。首先，留守在家的多为 50 岁以上的老年人，一边要从事家务农活，一边还要照顾小孩，这些都是他们力所难及的，更有甚者，连照顾自己都有困难，再加上他们受教育程度比较低，与村干部的交流也难以达到满意的效果；其次，一大批年轻父母外出务工经商，将学龄儿童留给祖辈抚养教育，孩子正是成长和求知的关键时期，父母长期不在身边，处于“失控”状态，逃学、厌学问题突出存在，祖辈往往由于溺爱，无法对其形成适当的管制与教育，既然连家里人都管不了，那么村干部更加不会插手这种家务事。正是各种原因，使留守的两代人得不到村庄应有的重视。

6．重使用，轻教育

如果说青壮年是打工经济的主力军，那么现在越来越多的青少年开始加入到这一行列，这种短期利益的驱使，使本来脆弱的农村教育受到了严重的打击，“自愿辍学率”日渐上升，甚至连义务教育都难以保证，对村委来说，学校并不在其工作职责之内，所以不但不会去了解入学情况，反而为村里打工人数增加而沾沾自喜，并以劳动力达到最大化使用作为对自身工作的肯定。对乡村来说，大量的打工人数确实带来了短期内可观的收入，但随着现代经济的不断往前推进，低素质的打工者将难以支撑新一轮的打工经济。因此农村教育问题及农民工培训问题必须引起高度重视。

7．重经济，轻发展

在农村，每年经由打工回流的现金相当可观，但农民真正有钱的却很少，稍微一点风险就有可能返贫。在村干部的眼里，打工带来的经济效益才是值得关注的，对打工经济管理的重点也主要停留在“打工”而非“创业”、“消费”上，即每年村民能够带回村里多少钱上，至于这些钱最后怎么花，则认为是村民自己的事。因此，作为乡村干部，除了在经济上要对村庄进行管理外，还要加强村庄精神文明管理，只有这样，打工经济才会与村庄的全面发展结合起来，上升为一种真正的经济发展模式。

打工不是什么新鲜事物，但如果要将打工作为一种经济模式加以管理的话，就不能不将其视为一个新问题，乡村作为打工劳务输出的大本营，自然承担了更多的责任，对乡村干部而言，对打工经济进行系统的管理工作，是史无前例的，没有更多的经验加以借鉴，也没有更多的时间适应，只有在不断积累、不断思考中逐渐完善对打工经济的管理，最大限度地发挥打工在农村经济发展中的动力作用。

三、强化农村劳务经济管理的对策

劳务经济积累了丰富的实践经验，正日趋走向成熟。近些年来，各地高度重视发展农村劳务经济，改善服务，积极引导，农村劳动力转移已初具规模，初见成效。农民从非农产业得到的收入不断增加，基本生活条件不断改善，农村经济得到发展，仅仅依赖土地生存的意识逐步淡化。农村剩余劳动力转移呈现出新的态势：从事技术、管理工种的多了，向全国范围转移和国际劳务输出的多了，政府有序组织的多了，长期稳定务工的多了，劳务收入在输入地就地消费的多了。新形势下，必须进一步加强政府的组织引导作用，为外出务工农民和用工单位架起相互沟通的桥梁，减少“盲流”，使劳动力转移组织化、有序化。

近几年，连续六个中央一号文件的核心内容都在于农业增效、农民增收，而科学地实现农村富余劳动力转移是实现农民增收、农业增效的有效途径。如何抢抓机遇，因势利导，创新思维，强力推进，让打工经济朝组织化、基地化、流转有序化发展，把劳务经济发展成为地方经济的主导产业，以此反哺农业，增强农业综合效益，已成为当前农村的一项亟待解决的问题。

1．健全网络，优化服务，畅通信息

加强务工信息服务，充分发挥各级劳动保障部门的职能，发挥本地各级驻外机构的窗口作用，发挥社会中介和信息网络的作用，多渠道、多形式收集和发布市场用工信息。要让县、乡政府和有关部门、山区的农民及时了解用工单位、地点，用工人数、用工条件、工资和福利等情况，以利及时组织农村劳动力外出务工。作为县一级的相关职能部门，要从方便农民外出打工的角度出发，简化手续办理程序，减免手续办理的相关费用，适当下放相关手续的办理权限，要充分发

挥乡镇劳动服务管理站的作用，上下联动，主动出击，迅速建立起与全国联网的劳务信息网络，做到信息宽领域，广覆盖，管理科学，反馈及时，形成一种容量大、反应快、全方位、多层次的信息服务体系。

2．积极引导输出，降低务工成本

一是宣传引导。利用会议、板报、广播、电视、打工能人典型推介等多种形式，发布用工信息，鼓励农民外出务工经商。在劳务输入地，加大宣传力度，打造强势品牌，如“东安保安”、“新田保姆”，提高社会认知度。二是中介机构引导。充分利用劳动服务公司、社区居委会劳动和社会保障服务站、劳动职业介绍所等多种形式的劳动服务中介机构，引导农民外出务工；同时各级各部门也可根据实际大力开展劳务职介工作，完善劳务服务；进一步拓宽“定向培训”和“订单输出”的新路子；搞好外派劳务基地建设和全省劳务输出基地学校的挂牌工作，促使劳务经济迈上产业化的道路。三是能人引导。部分县区召开“打工能人”座谈会，到沿海等经济发达地区走访慰问“打工能人”，鼓励他们引导、带动更多的农民走出家门务工的做法既可以推动劳动力有序转移，又可以降低劳务输出成本，值得推广。四是加大执法，密切合作。各级政府和劳动监察、工商等执法部门要齐心协力，加强对用工单位的管理，规范其企业行为，保障外来人员的合法权益，要加大对各类非法劳务中介组织的打击力度，坚决取缔非法中介和地下“黑网点”，下大力气规范劳务中介行为，切实维护农民利益；县、乡、村三级要加强同劳务用工密集区政府及劳动部门的协作联系，建立起劳务合作伙伴关系，根据用工地区、单位的要求，及时输送合格的劳务人员，定期调查，针对打工人员开展维权活动，为外出打工党员提供组织生活方便，实行由单一的劳务用工输出向劳动就业全方位的跟踪服务。

3．开展多种培训，提高就业能力

在一定意义上说，发展劳务经济，转移农村富余劳动力，是劳动者的素质和就业竞争能力的体现。随着市场经济的发展，用工单位对劳动力的素质要求越来越高，低素质劳动者就业范围越来越窄。因此，应及时调整劳务输出战略，按需培训，提高农民工就业竞争能力，尽快实现由输出体力型农民为主向输出技能型农民为主的转变。在培训形式上，可采取办培训班、以会代训等形式；在培训内容上，要侧重于基本知识和基本技能的培训。具体地讲：一是开展技能培训。整合教育培训资源，组织各类技工学校、劳动服务中心等就业培训机构开展系统性的技能培训，如“保安”、“保洁”、“家政”、“营销”、“酒店服务”等专业技能培训。二是加强专业培训。劳动服务机构在每一批劳务人员赴岗之前，应组织他们进行法律法规、安全生产知识等培训。如《劳动法》、《合同法》、《保险法》等法律常识、企业管理基本知识、安全知识以及特殊情况下的应急自救能力方面的知识，提高外出打工人员的自我保护意识，提前做好相应的心理准备。三是进行脱产培训。利用乡村夜校及各种技校定期组织农民进行培训，讲授文化、科技与法律等方面知识。

4．强化服务保障，解除后顾之忧，提供创业平台

把保护在外务工人员的合法权益作为优化服务的首要工作来抓。一是，为外出务工人员免费提供法律法规咨询，帮助调解纠纷，保护他们的合法权益。二是，组织劳动、计生等有关部门定期分赴务工人员较多的深圳、东莞等地，为打工人员开展办证服务的同时，主动与用工单位协调关系，为打工人员创造良好的工作环境。三是进一步完善各项管理机制，完善农村养老保险，强化社会关爱，净化社会环境，尽快实现农村老有所养，少有所教的局面，免除在外务工人员的“后顾之忧”。在农民工回乡创业上，作为劳务输出地政府和村（居）委会要利用一年一度打工人员返乡过年的机会，分层次分对象召开打工人员座谈会，表明地方政府态度，让其现身说法，介绍经验，交流思想感情，加强横向联系。地方政府和各职能部门，要共同配合，加强协作，为打工人员提供优质的后勤保障，例如在外出打工后的土地流转、子女入学、老人赡养、税收征缴等方面都要给予优先考虑，解决其后顾之忧，让其在外地安心打工。同时，要积极创造条件，提供政策支持，引导消费，为返乡人员回乡创业提供便利，发展地方经济。各地可利用打工人员的资源优势，加快推进地方农业和农村经济的战略调整，充分利用返乡人员发展优质高效农业，结合各地实际，承包农业基础设施，发展优质水果、水产养殖等；推进农业生产化，培植和壮大支柱产业，重点培植一批返乡人员创办支柱产业，鼓励他们发展农产品加工业、交通运输业、旅游服务业；利用外出打工人员众多，分布面广，信息量大的优势，积极开展招商引资，为地方经济发展提供资金、技术、人才支持，实现“输出人员，引回人才，输出劳动力，引回创业者”的双赢目标。

5．建立农村劳动力资源库

摸清家底，建立农村劳动力资源档案，是劳动力输出地为适应劳动力市场需要，成建制、成规模组织劳务输出的重要基础工作，也是领导机关制定打工经济政策措施的重要依据。对农村劳动力和外出打工的情况进行逐乡、逐村、逐户造册登记，建立农村劳动力资源档案，用计算机进行动态管理。

6．改革户籍管理，拆除城乡篱笆

要改革户籍管理制度，降低农民工进城“门槛”，允许已经在县城和小城镇就业、居住并符合一定条件的农村人口在城镇办理长住户口，在户籍管理、用工就业、子女就读等方面，给进城农民以市民待遇，实现农民工市民化。放松外来人口的暂住管理，逐步取消申报、办理暂住证、收取暂住费这些管理规定，让农民工自由流动。建立与农民工流入集中地政府交流的平台，建议切实落实国务院关于解决流动人口子女就学的有关政策，通过降低农民工子女入学“门槛”等有效举措，让更多的“留守儿童”不再留守家园，可以跟随在父母身边，享受家庭关爱，接受平等、良好的教育。

7．加强服务，维护农民工的合法权益

要降低进城门槛。为农民工进城提供方便，农民凭身份证即可就业。对农民工的用工条件应与城镇居民一视同仁。取消专门对农民工设置的限制和收费项目，防止乱收费。要利用经济的、行政的、法律的手段，认真解决拖欠和克扣农民工工资的问题。农民工子女进城读书，入学条件和收费标准与城镇学生一视同仁。

8．切实加强对打工经济的领导

省、市、县、乡（镇）党委、政府，应把大兴劳务经济，推进农村富余劳动力向非农转移，促进农民增收，作为农民脱贫的重要途径，作为解决“三农”问题的重要环节，作为富民兴黔的重要举措，作为提高执政能力的体现，把劳务经济作为一把手经济，纳入党委、政府的工作目标，制定措施，加强领导，持之以恒，抓出成效。

思考题

1. 简述农村劳务经济的概念。
2. 简述发展农村劳务经济的意义。
3. 简述农村劳务经济管理工作应坚持的原则。
4. 简述农村劳务经济管理工作的主要内容。
5. 结合实际分析如何完善农村劳务经济管理工作。

第八章　农民增收

农业、农村、农民问题的核心是农民问题，而农民问题的关键是农民增收问题。本章围绕这一问题主要讲农民收入和农民纯收入的含义、构成及提高农民收入的措施。

第一节　农民收入与构成

农民收入问题是当前“三农”问题的核心，是社会主义农村建设的基本出发点和归宿。千方百计增加农民收入，使广大农民由温饱全面进入小康，是我们面临的带有根本性、全局性、政治性的历史任务。必须把促进农民增收作为做好农业和农村工作，推进农业和农村经济结构调整的基本目标，放在整个经济工作的突出位置。因此，我们必须了解农民收入的概念及其构成。

一、农民收入的含义及构成

1．农民收入

农民收入是指当年实现的可以用来分配的各种收入的总和，包括生产性和非生产性活动（如利息收入、租赁收入等）创造的可以直接支配的收入。

2．农民收入的构成

农民收入的构成主要有以下三块：一是包括农、林、牧、副、渔在内的农业生产收入；二是国家对农民的各种财政补贴；三是来自非农业生产的劳务收入以及各种投资经营收入。

从经营层次上划分，它包含乡办企业、村组织集体经营、农民家庭经营和其他经营四个层次；从行业上划分，它包含种植业、林业、牧业、工业、建筑业、运输业、餐饮业、服务业及其他各行业的收入。

二、农民净收入、农民纯收入、农民人均纯收入

1．农民净收入

农民净收入是指当年农民收入扣除生产成本、管理费用后，称净收入。净收入在国家、集体、农民之间进行分配，一般是上缴国家税金，扣除乡村提留、统筹后，便可在农民之间进行分配。其计算公式是：

农民净收入=农民经济总收入－总费用

总费用=生产成本+管理费用

2．农民纯收入

农民纯收入是指农村住户当年从各个来源得到的总收入相应的扣除所发生的费用后的收入总和。也就是当年农民净收入扣除税金、乡村提留、统筹后的部分。农民纯收入不仅包括农民当年可分配的部分，还包括外出劳务收入和从集体再分配的收入。例如干部、教师的报酬、奖金等。纯收入主要用于再生产投入和当年生活消费支出，也可用于储蓄和各种非义务性支出。

3．农民人均纯收入

农民人均纯收入是指当年农民纯收入除以当年汇总人口。也就是按人口平均的纯收入水平。也可解释为：农民人均纯收入指农村住户当年从各个来源得到的总收入相应的扣除所发生的费用后的收入总和除以汇总人口。反映的是一个地区（或一个农户）农村居民的平均收入水平。其计算公式是：

农民人均纯收入=（农村经济总收入－总费用－国家税金－上交有关部门的利润－企业各项基金－村提留－乡统筹）÷汇总人口

上述计算公式中的农村经济总收入，指农民从当年各项生产经营

项目中取得的生产经营收入及利息、租金等非生产性收入、但不包括那些不能用来分配，属于借贷性质或暂收性质的收入，如贷款收入、预购定金、国家投资、亲友赠送等。从经营层次上划分，它包含乡办企业、村组织集体经营、农民家庭经营和其他经营四个层次；从行业上划分，它包含种植业、林业、牧业、工业、建筑业、运输业、餐饮业、服务业及其他各行业的收入。

要正确理解农民人均纯收入的含义。农民人均纯收入，也称农民人均所得，是"农村经济收益分配统计表"①中的一项指标，反映的是年度农村经济水平和农民的富裕程度。

不少人对农民人均纯收入的含义不能正确理解，主要是因为：计算该项指标时，往往只计算家庭经营层次，而忽略其他经营层次；只看到农业收入，而忽略多种经营收入，此外，在计算运输、餐饮、服务业以及外来打工收入时也错误地把个人、家庭消费掉的部分列作生产费用支出，人为降低了人均纯收入的水平。当然，也不能把当年不能用来分配的数字（例如林木的生产量、大小家畜的繁殖、增长和增重的产值）列入当年收入之内。人均纯收入是经国家统计局批准的法定统计指标，必须按照《统计法》的规定，如实填报，任何单位和个人都不得虚报，瞒报。故意提高人均纯收入数字的做法是虚报行为，是违法的，必须依法对有关领导人员或者直接责任人员给予行政处分。当然，在统计中，由于对统计指标的理解和采用调查方法不同，可能会产生一定的误差，这种误差应由上级统计部门按规定给予纠正。

三、近几年我国农民人均纯收入的发展情况

1. 改革开放以来，我国农民纯收入的发展历程

改革开放 30 年来，我国农民收入增长大体可划分为六个阶段：

第一阶段（1978—1984 年），高速增长阶段。在这六年间农民人均纯收入增长 2.66 倍，年均增长 17.7%；

---

① "农村经济收益分配统计表"是农业部和国家统计局联合制定的，它的起报点是村，而村上数字的取得是根据对典型户的调查加推算分析得来的，统计范围是当年实现的可以用来分配的成果，包括生产性和非生产性活动（如利息收入、租赁收入等）创造的可以直接支配的收入。

第二阶段（1985—1990 年），缓慢增长阶段。在这几年间，扣除物价影响因素农民人均纯收入年均递增 2.97%；

第三阶段（1991—1996 年），回升阶段。从 1991 年开始，农民收入出现了强劲的回升趋势，1994 年起农民实际收入增长超过 5%；

第四阶段（1997—2000 年），增幅持续下降阶段。农民收入增幅连续四年下降，是改革开放二十多年来第一次；

第五阶段（2001—2003 年），恢复增长阶段。2001 年农民人均纯收入比上年增长 5%，扭转了增幅连续四年下滑的局面；

第六阶段（2004—2008 年），稳定增长阶段。扣除物价因素，农民人均纯收入增幅实现了 1985 年以来首次连续五年超过 6%。根据国家统计局发布的统计数据显示，2008 年，我国农村居民人均纯收入达到 4 761 元，扣除物价因素，实际增长 8.0%，增速连续 5 年超过 6%。

近几年来，党中央、国务院先后出台了逐步减免农业税、实行粮食直补等一系列前所未有的惠农举措，大大提高了农民的生产积极性，使农民特别是种粮农民真正得到了实惠，对农民收入的增加起到至关重要的作用。另外，扶贫开发力度的加大，新农村建设的推进，也为农民增收起到了促进作用。

2. 河南省农民人均纯收入情况

改革开放 30 年来，河南省农民人均纯收入从 104.71 元增加到 4 454.24 元，与全国平均水平相比，由 78.4%提高到 93.6%，在全国各省区市的位次显著提升。特别是近年来，党中央、国务院和省委、省政府大力实施一系列支农惠农强农政策，采取各种强有力的措施开辟农民增收渠道，农民收入呈现出前所未有的快速增长态势。2004 年以来的五年间，河南省农民人均纯收入实际增幅均超过 7%，年均增长 9.4%；农民人均纯收入的增加额连续突破 300 元、500 元、600 元三个大台阶；尤其是 2006 年、2007 年农民收入增幅连续两年高于城镇居民收入增幅，农民收入进入了增速最快、增幅最大、增长最稳定的阶段，成为改革开放以来农民得到实惠最多的时期。

根据国家统计局河南调查总队抽样调查，2008 年河南农民人均纯收入为 4 454.24 元，比上年增加 602.64 元，增长 15.6%，扣除物价因素实际增长 7.2%。成为改革开放 30 年来增加额最多的一年。农民人均纯收入的主要构成有三个方面：一是家庭经营收入。2008 年农民家庭收入为 2 699.22 元，比上年增加 300.98 元，增长 12.5%，对农民人均纯收入的贡献率为 49.9%。其中，来自农林牧渔业的家庭经营纯收入 2 262.4 元，增加 254.52 元。来自二、三产业的家庭经营纯收入为 436.79 元，增加 46.86 元；二是工资性收入。2008 年全省农民人均工资性收入达到 1 500.01 元，增加 232.31 元，增长 11.3%，对农民人均纯收入增长的贡献率为 38.5%；三是转移性收入。2008 年全省农民获得的转移性和财产性收入人均为 255.02 元，比上年增加 69.02 元，对农民人均纯收入增长的贡献率为 11.6%。

从以上分析可以看出，从农民收入的来源性质看农民人均纯收入有三方面构成；家庭经营收入、转移性收入、工资性收入。

3．农民收入连年增长大的原因分析（以河南为例）

（1）惠农政策是农民增收的动力源。河南省委、省政府把解决好“三农”问题作为工作的重中之重，坚持工业反哺农业、城市支持农村和多予少取放活的方针，加强和完善支农惠农政策，切实加大对农业的投入，努力增加农民收入。2008 年省财政筹措资金 415 亿元为群众办十大实事，大部分都投向了农村。继续实施粮食直补和农业生产资料综合补贴政策，同时完善补贴兑现方式。2008 年，各项惠农补贴达到 100.5 亿元，其中，兑现粮食直补和农资综合直补资金 77.8 亿元，比上年增加 38.3 亿元，增长 97%，公顷均补贴达到 1 230 元。补贴标准的大幅提高，缓解了农资价格持续上涨对种粮成本的影响。同时，政府还提高和完善了良种、农机购置、农村劳动力转移培训和测土配方施肥等政策性补贴项目。农民不仅从各项政策性补贴中直接得到实惠，农业生产投入能力得以增强，更重要的是，其产生的促进粮食增产、农民增收的政策导向作用，更大程度上激发了农民的种粮积极性，为粮食产量的稳步提高、农民收入的持续增长提供了可靠保证。

（2）农业丰收是农民增收的支撑源。2008 年，河南省夏粮生产连续 5 年获得丰收，产量再创历史新高，政府实施最低保护价收购政策，为农民收入的稳定增长提供了可靠保证。农民从农业生产中得到的纯收入人均达到 1 746.51 元，较上年增加 165.95 元，增幅为 10.5%。自 2007 年开始，国家推出了能繁母猪补贴和保险、生猪良种补贴、生猪标准化规模养殖建设等一系列扶持政策，畜牧业生产较往年有较大幅度增长。2008 年全省农民人均从畜牧业生产方面得到的纯收入为 455.21 元，比上年增长 21.8%。同时，农产品价格大幅提升，农产品出售收入增加。据抽样调查，全年全省农产品生产价格上涨 14.6%，其中农业产品价格上涨 8.2%，林业产品价格上涨 5.4%，牧业产品价格上涨 26.5%，渔业产品价格上涨 21.1%。2008 年农民出售农业产品、牧业产品、林业产品收入人均增长 10.5%、21.8%和 18.2%。

（3）劳务经济是农民增收的增长源。近年来，我们坚持把发展劳务经济作为推进“三化”进程的重大战略来谋划、来推动，把解决农民工问题作为爱民之举、执政之责、当务之急，下大气力抓紧抓好，始终做到有责、有情、有益、有力。坚持“省外转移要先行一步，就近就业要多管齐下，自主创业要热情帮助，投身农业要加强引导”的基本思路，着力在“转”和“移”上下工夫，通过加大培训力度，拓宽就业渠道，优化务工环境，维护农民工权益等措施，推动了河南省劳务经济的蓬勃发展。去年，全省外出务工人员达到 2 155 万人，实现劳务总收入 1 611 亿元，形成了长垣厨师、林州建筑、遂平家政、唐河保安、鄢陵花工、新县涉外等一大批叫响国内外的品牌。2007 年，全省农民人均工资性收入占农民人均纯收入的比重达到 34%。固始县在外务工人员近 50 万，年劳动收入超过 50 亿元。

（4）回乡创业是农民增收的潜力源。广大农民通过外出打工“闯市场、创事业”，把经济社会发展急需的经验、技术、资金带回家乡，创办“回归工程”成为支撑当地经济社会发展的重要力量。长垣县大力营造回乡创业环境，各类“回归”企业达 920 多家，年产值达 80 多亿元，走出了从“劳务经济”到“回归经济”，再到“特色经济”的跨越之路；孟州市全民创业活力竞相迸发，桑坡村 130 多家皮毛加工厂，年加工羊皮 1 500 多万张，年产值 15 亿元，人均纯收入超过 2 万元；虞城县特色创业激发一地活力，以南庄村为核心的钢卷尺生产企业已达 238 家，年产各种卷尺 2.6 亿只，占据全国钢卷尺市场份额的 85%。

（5）农业产业化是农民增收的内生源。河南省大力推广“公司+合作组织+农户”、“公司+基地+农户”等各种行之有效的联结模式，大胆创新龙头企业与中介组织、农户的利益分享机制，大力发展订单农业，引导农民以土地承包经营权和劳动力入股，推动企业与农户之间的关系由松散型向紧密型转变，变农民为会员、变农民为股民，实现企业赢利、产业发展、农民增收。目前，全省农产品加工业增加值已占工业增加值的四分之一，成为拉动工业增长的重要力量，淇县、潢川等地农业产业化快速发展，农民收入的 30%以上来自产业化经营。漯河市已有 70%以上的农户进入产业化经营体系，户均增收 3 900 元[①]。

随着河南省工业化、城镇化双加速，中央和省里支农惠农政策力度的不断加大以及河南省粮食生产核心区建设的扎实推进，河南省农民增收的渠道和空间将进一步拓宽，农民收入有望继续保持持续较快增长的态势，腰包会越来越鼓，日子会越过越好。

第二节 提高农民收入 缩小城乡收入差距

农民问题是“三农”问题的核心，而其关键是提高农民收入，因此，提高农民收入是农业和农村经济发展的根本出发点和归宿点。

一、城乡收入差距的现状

农村改革开放以来城乡收入情况对比见表 8-1。

表 8-1 历年中国城乡收入总量以及差距显示

年份	城镇居民人均可支配收入/元	年增长率/%	农村居民人均纯收入/元	年增长率/%	城乡收入比
1978	343.3	—	133.6	—	2.57
1985	739.1	115.29	397.6	197.60	1.86
1986	828	12.03	424	6.64	1.95
1987	916	10.63	463	9.20	1.97
1988	1 119	22.16	545	17.71	2.05

① 省委政研室. 河南农民人均纯收入情况调查分析. 河南日报，2009-03-06.

年份	城镇居民人均可支配收入/元	年增长率/%	农村居民人均纯收入/元	年增长率/%	城乡收入比
1989	1 260	12.60	602	10.46	2.09
1990	1 387	10.08	630	4.65	2.2
1991	1 570	10.19	710	12.70	2.21
1992	1 826	16.31	784	10.42	2.33
1993	2 337	27.98	923	17.73	2.53
1994	3 179	36.03	1 220	32.18	2.61
1995	3 893	22.46	1 587	30.08	2.45
1996	4 839	24.30	1 926	21.36	2.51
1997	5 160	6.63	2 090	8.52	2.47
1998	5 425	5.14	2 160	3.35	2.51
1999	5 854	7.91	2 210	2.31	2.65
2000	6 280	7.28	2 253	1.95	2.79
2001	6 859.6	9.23	2 366.4	5.03	2.9
2002	7 702.8	12.29	2 475.6	4.61	3.11
2003	8 472.2	9.99	2 622.2	5.92	3.23
2004	9 422	11.21	2 936	11.97	3.21
2005	10 493	11.37	3 255	10.87	3.22
2006	11 759	12.07	3 587	10.12	3.28
2007	13 786	18.00	4 140.4	15.43	3.33
2008	15 781	14.47	4 761.0	14.99	3.36

数据来源：国家统计局各年度公报，城镇居民人均可支配收入年增长率（%）及农村居民人均纯收入年增长率（%）是根据表中数据计算而来，未扣除物价上涨因素。

从表中各年数字可以看出，在不同的发展年份，城乡居民的收入水平增长幅度也不一样，因而，必然导致城乡收入差距呈现阶段性的变动。主要表现出以下几个阶段的变化：

（1）1978—1985 年，城乡居民收入差距呈较快缩小趋势。1985 年，农村居民人均纯收入比 1978 年的 133.6 元增加到 397.6 元，增加了 2.98 倍，年均增长 28.23%；同期城镇居民收入从 343.4 元增加到 739.1 元，增长了 115.23%，年均增长 16.46%。此阶段，农民收入增速快于城镇居民，城乡居民收入差距从 1978 年的 2.57∶1 缩小到 1985 年 1.80∶1。1985 年成为改革开放以来城乡收入差距最小的年份。

（2）1986—1994 年，城乡居民收入差距总体上呈逐步扩大趋势。这一阶段，城镇居民收入增速超过农村居民，同期农村居民收入增速有所下降。1986—1989 年，城乡居民收入差距扩大较快，城乡收入差距从 1986 年的 2.12∶1 扩大到 1989 年的 2.29∶1；1989—1990 年，城乡居民收入差距又呈略降趋势。此阶段，农民收入增速高于城镇居民；1991—1994 年，城乡居民收入差距又有所扩大，1992 年城乡居民收入差距超过了 1978 年，1994 年达到最高点，相对差距为 2.86∶1。这一阶段收入差距从 1991 年的 2.40∶1 扩大到 1994 年的 2.86∶1。

（3）1995—1997 年，收入差距再度缩小。这一阶段，城镇居民收入增长了 20.48%，年均增长 10.24%。农村居民收入增长了 32.84%，年均增长 16.24%，城乡收入差距从 1995 年的 2.71∶1 缩小到 1997 年的 2.47∶1。

（4）1998—2003 年，城乡居民收入差距又呈扩大趋势。这一阶段，城镇居民收入年均增长 7.51%，农村居民收入年均增长 3.23%，城乡居民收入差距从 2.51∶1 扩大到 3.23∶1。从 2002 年开始，城乡居民收入差距连续三年均超过 3.0∶1。

（5）2004—2008 年，城乡居民收入差距继续呈扩大趋势。农民人均纯收入逐年增长，自 2004 年以来，年均增幅都在 6%以上，但是城乡差距却在逐年增大。2004 年和 2005 年城乡居民收入比分别为 3.21∶1 和 3.22∶1，2006 年扩大到 3.28∶1，绝对额的收入差距达到 8 172.5 元。2007 年农村居民人均纯收入实际增长 9.5%，为 1985 年以来增幅最高的一年而城乡居民收入比却扩大到 3.33∶1，绝对差距达到 9 646 元，是改革开放以来差距最大的一年。2008 年城乡居民收入比由上年的 3.33∶1 扩大为 3.36∶1 绝对差距首次超过 1 万元。如表 8-2 所示：

表 8-2　近几年城乡收入对照表　　单位：元

年份	城镇居民人均可支配收入/元	比上年增长率/%	农村居民人均纯收入/元	比上年增长率/%
2004 年	94 221	7.7	2 936	6.8
2005 年	10 493	9.6	3 255	6.2

年份	城镇居民人均可支配收入/元	比上年增长率/%	农村居民人均纯收入/元	比上年增长率/%
2006 年	11 759	10.4	3 587	7.4
2007 年	13 876	12.2	4 140	9.5
2008 年	15 781	8.4	4 761	8.1

注：表中增长率扣除了物价上涨因素。

总体而言，我国城乡收入差距呈现出缩小—扩大—再度缩小—扩大的变化趋势，在将来的一段时期内，这种差距仍将继续扩大。

二、城乡收入差距扩大的原因分析

关于城乡收入差距存在并进一步扩大的原因分析，可以从以下几个角度着手：

1．农业自身的原因

主要表现在：一是农业结构不合理，农民增收困难。种植业结构趋同，品质不高；农业产业体系发育不完全，特色不明显；农产品市场体系不健全，流通不畅；农业产业化经营程度低，增产不增收。二是农村中非农产业不发达，农民收入增长缓慢。非农产业是指农村中乡镇企业和农户的非农产业经营：农民从乡镇企业得到的收入和外出打工收入增长放慢。这是农民现阶段获取非农收入的两条主要途径；乡镇企业对农民增收的贡献率下降；农村剩余劳动力大量涌现，造成农民收入低下且增长缓慢。三是农产品市场体系不完善，农民的信息渠道少，信息滞后。

2．二元经济结构的存在

城乡收入差距存在并进一步扩大的原因是多方面的，但城乡分割的二元体制仍然在各个方面制约着城乡经济的均衡发展，是城乡收入差距持续扩大的主要原因。

二元体制的影响主要体现在以下三个方面。（1）劳动力流动方面：形成于 20 世纪 50 年代并延续至今的户籍管理制度，在形成城乡收入差距方面起了至关重要的作用，在城乡分离的户籍制度管理下，农村剩余劳动力还不能完全自由流通到城市；（2）实物资本投资方面：二元体制下，对农村地区的固定资产投资长期明显少于对城市的固定资产投资；（3）人力资本投资方面：在二元体制下，对农村地区的教育投资明显少于对城市地区的教育投资。这些因素都导致了城乡收入差距的进一步扩大；我国市场经济最明显的特征就是城乡二元多等级市场的分割。这种市场等级化格局导致农村市场化程度很低，市场数量少、功能不全、信息闭塞，农民参与市场的交易费用高、生产效率低，维持了城乡居民收入差距的拉大；再者我国工业部门从总体上来说资本积累能力和利润率不高，城市就业压力也很大，工业部门处在劳动密集型向资本技术密集型的转轨阶段，使得工业部门吸收劳动力的能力降低，也就意味着农村剩余劳动力向工业部门转移遇到了困难。

3．国家政策及体制因素

新中国成立以后，我国实行的是重工业优先发展的战略，依靠不合理的工农产品“剪刀差”，维持不具有比较优势的重工业的优先发展；改革开放后，市场经济条件下农业经济的弱质性，其在市场竞争中处于不利地位，所以完全依靠市场机制把经济资源配置到农村是不可能的。

中国目前的农业生产保障体系不健全。在发达国家都实行农产品价格保护政策，农业自然灾害保险计划等。虽然我国实行了价格保护政策，但是保护的范围小，程度低，很难保证农民达到较高的收入水平。

在城乡之间由于一些政府性体制的存在，使得城乡之间差距不断扩大，所处的地位、拥有的机会不平等，进一步促成了城乡收入差距的扩大。例如：倾斜的国民收入再分配体制也是造成城乡收入差距扩大的原因之一。这主要表现在：农民社会保障缺少；财政支农力度较弱。

4．国家经济政策

由于国家发展的需要，对于城市、乡村的经济发展，国家总是采取不同的经济政策，这也影响了城乡之间的收入水平。政府对农副产品价格的控制，导致了城乡收入差距的进一步扩大。农村居民收入的主要经济来源是农产品的种植和销售，农村居民收入的大小与农产品的价格有很大的关系。政府对农副产品价格的控制会直接影响到农村居民的收入增长幅度，从而进一步影响到城乡之间的收入差距；农业财政投入的有限和农村金融制度安排的缺陷也是促使城乡收入差距扩大的重要的原因。有人曾对我国农业信贷对农业产业绩效进行了实证分析，结论是农业信贷对农民人均纯收入的弹性是 0.61。因此我国农业信贷与农民人均纯收入之间呈正相关的关系；如果不考虑其他因素的影响，增加农业信贷将有利于提高农业的收入水平。而从我国目前的现实情况来看，在农村中资本越来越成为一种稀缺要素，从而使劳动力与资本之间的配置效率低下，农民收入水平难以提高。这与我国现在对农村与农业的财政投入力度和农村中金融制度安排均有相当大的关系。

5. 城镇化水平低

城镇化也是经济发展、工业化和现代化的必然产物，又是促进经济发展，加快工业化和现代化的重要条件。因此，加快城镇化步伐十分重要。再加之目前我国农村剩余劳动力的转移已从乡镇企业就业为主的模式转向以农民工外出进城务工为主的模式。

三、提高农民收入，缩小城乡收入差距的措施

根据当前我国经济形势及农村发展情况，进一步提高农民收入的措施主要有以下几方面：

1. 要在稳定农民家庭经营的基础上，实行土地的规模经营

鼓励和支持具有优势的农户通过各种形式扩大经营规模，在更大的范围内配置资源；劣势的农户重新定位，或是出租土地，或与优势农民联营，或是加入产业经营，还可以进城经商打工。这样就可以增加农民增收的机会。

2. 继续推进农业结构调整，充分挖掘农业内部的增收潜力

这是增加农民收入的现实途径。重点是组织实施优质粮食产业工程，着力支持粮食主产区重点建设旱涝保收、稳产高产基本农田；发展农区畜牧业和农产品加工、储藏、保鲜、运销业，促进粮食加工转化增值；继续推进农产品优势区域布局规划，大力发展特色农业，优化农产品品质结构，提高农产品质量安全水平和市场竞争力；推动畜禽养殖小区建设，加快畜牧业养殖方式转变，进一步加快畜牧业发展；

推进渔业结构调整，积极发展出口优势水产品生产，不断提高优势水产品的国际竞争力。

3. 加快农村劳动力转移，拓宽农民增收渠道

这是保持农民收入持续稳定增长的根本之计。适应市场需求变化、产业结构升级和增长方式转变的要求，调整乡镇企业发展战略和发展模式，加快技术进步和体制创新，重点发展农产品加工业、服务业等劳动密集型产业，把更多的农村劳动力转移到流通、加工和服务业领域，向二、三产业要收入。在政策、资金、税收、信贷等方面给予支持，鼓励发展农村个体私营等非公有制经济。清理和取消针对农民进城就业的歧视性规定及不合理收费，组织实施好农民工转移培训阳光工程，完善对农民工的信息服务，切实维护农民工的合法权益，增加农民外出务工收入。

4. 加大各级政府对农业和农村发展的投入力度

这是农民增收的重要条件。按照“两个趋向”重要论断的要求，调整国民收入分配结构，依法安排并落实对农业和农村的预算支出，加大工业反哺农业、城市支持农村的力度，确保财政支农资金稳定增长。国家固定资产投资用于农业和农村的比例要保持稳定并逐步提高，加强农村道路、农村水电、农村通讯等基础设施建设，加快发展农村社会事业，全面改善农民生产生活条件。

5. 深化农村改革

这是农民增收的体制保障。加快农村土地征用制度改革，严格区分公益性用地和经营性用地，明确界定政府土地征用权和征用范围，完善征用程序和补偿机制，提高补偿标准，改进分配办法，妥善安置失地农民，切实保障农民合法权益。深化粮食流通体制改革，充分发挥市场机制在配置粮食资源中的基础性作用。推进以农村税费改革为主的综合改革，进一步减轻农民负担，让农民得到更多实惠。改革和创新农村金融体制，逐步扩大农村信用社改革试点，扩大政策性银行对“三农”服务的范围，遏制农村资金外流趋势。加快建立政策性农业保险制度，减轻动物疫病和自然灾害给农民带来的损失。

6. 健全农村市场体系，充分发挥市场的导向和主渠道作用

当前对千家万户增收有直接帮助的，就是搞活流通。应根据形成几大生产基地的特点，建立专业批发市场，提高知名度，形成市场—基地—农户的联动发展格局，并创造条件，争取建成农产品出口基地。同时，加大对重点农用生产资料调控的限价力度，防止价格过高。此外，政府应加强对农产品市场需求状况的分析和发展趋势的预测工作，引导农民的生产经营行为，从而弱化市场风险，达到增收的目的。

7．兴建农产品加工企业，加快农业产业化进程

根据国际、国内的需求，兴建一批科技含量、产品附加值高的农产品加工企业，全方位、多层次地进行深度开发，生产出具有一定规模的名、特、优、稀的拳头产品和加工制品，创出“名牌”，占领市场，达到全面增收的目的。

8．要加大教育投资，提高农民的科学文化素质，提高农民增收能力

要大力发展农村教育事业，加强九年制义务教育，优化劳动力的供给结构，提高农村劳动力的整体水平。积极发挥农业技校的作用，加强对农民的技术培训，推广科技种田知识。向农民讲解 WTO 的有关规则以及世界贸易的知识。通过对农民的教育培训，全面提高农民素质，为农村的经济增长和提高农民收入水平奠定良好的基础。

9．加快乡镇企业结构调整与体制创新，促进乡镇企业持续健康的发展

乡镇企业给农民提供了近 1.3 亿个就业岗位，是农民增收的一个重要来源，市场压力和环境束缚的逐渐增强，使乡镇企业的发展面临多重困难，政府和社会要重视而不是轻视乡镇企业的发展，要帮助乡镇企业解决一些实际的困难。（1）政府要在政策、资金和市场的开拓等方面对乡镇企业加强扶持。（2）调整产业结构，把发展乡镇企业的重点转向农副产品的加工和第三产业。发展农副产品加工、储藏、保险和运销业，既能开拓乡镇企业自身的发展空间，又能解决农产品销售难，促进农业增值、增效。（3）要引导乡镇企业积极创新体制，提升技术，改进管理，调整发展战略，再造发展优势，进一步加快乡镇企业“二次创业”的步伐，使乡镇企业成为吸纳农村剩余劳动力的主体和农民致富的主渠道。（4）加快乡镇企业技术创新。要鼓励和扶持乡镇企业，增加科技投入量，加快技术改造，大力开发新产品，提高产品质量和档次，增强乡镇企业的竞争能力。

思考题

1. 简述农民收入及农民纯收入的概念。
2. 简述城乡收入差距扩大的原因。
3. 试述提高农民收入，缩小城乡收入差距的措施。

第九章　乡镇企业经营管理

20 世纪 80 年代以来，我国乡镇企业获得迅速发展，对充分利用乡村地区的自然及社会经济资源、向生产的深度和广度进军，对促进乡村经济繁荣和人们物质文化生活水平的提高，改变单一的产业结构，吸收数量众多的乡村剩余劳动力，以及改善工业布局、逐步缩小城乡差别和工农差别，建立新型的城乡关系均具有重要意义。乡镇企业已成为我国农民脱贫致富的必由之路，也是国民经济的一个重要支柱。本章主要对乡镇企业发展情况、乡镇企业管理及村集体企业经营管理问题进行阐述。

第一节　乡镇企业发展简述

一、乡镇企业的概念及其意义

1. 乡镇企业的概念

乡镇企业是指以农村集体经济组织或者农民投资为主，在乡镇（包括所辖村）举办的承担支援农业义务的各类企业，是我国乡镇地区多形式、多层次、多门类、多渠道的合作企业和个体企业的统称。

所谓投资为主是指农村集体经济组织或者农民投资超过 50%，或者虽不足50%，但能起到控股或者实际支配作用。

从所有制形式看，乡镇企业包括乡镇办、村（村民小组）办、联户（合伙）办、户（个体私营）办、股份合作制办、股份制办、中外合资、合作办等多种形式；从产业分布看，它从事工业、商业、交通运输业、建筑业、饮食服务业以及现代种植、养殖业等一、二、三产业，生产经营活动几乎涉及国民经济的各个领域。

从企业组织形式看，它既有公司制，也有合伙制、个人独资制；从企业规模看，有一些大型企业，但大部分是中小型企业，是我国中小企业的主体。

从类型上看，根据河南省第九届人民代表大会常务委员会第十八次会议于2000年9月27日审议通过的《河南省实施〈中华人民共和国乡镇企业法〉办法》的规定，乡镇企业的类型主要包括：

（1）乡镇集体经济组织举办的企业；

（2）村集体经济组织（包括村民小组，下同）举办的企业；

（3）乡镇、村集体经济组织或农民举办的股份合作制、股份制企业；

（4）农民合伙举办的企业；

（5）农民个人举办的企业；

（6）农村集体经济组织或农民与其他企业、事业单位、社会团体、个人、港澳台投资者、外国投资者联合举办的企业；

（7）因城市发展由农村划归城区，但所有权仍属农村集体经济组织或农民的企业。

（8）下列机构或企业按乡镇企业对待：

① 乡镇企业在城市设立的分支机构。

② 农村集体经济组织在城市开办的并承担支援农业义务的企业。

乡镇企业与一般企业一样具有三个基本属性。即：经济性、赢利性、独立性。经济性是指企业的首要属性，就是指通过商品生产和商品流通，为消费者提供使用价值，借以实现自己价值的活动，也称商业性。也就是说只有从事经济活动才能成为企业。赢利性是指企业为赢利而经营的经济组织。有些组织，虽然从事经济性活动，但不以赢利为目的，如良种实验厂，也不能成为企业。是否以赢利为目的，是区别企业组织和事业单位的主要依据。独立性是指企业必须具有能够独立核算、自主经营、自负盈亏资格，是独立的法人组织。企业与工厂不是同一个概念，工厂是工人从事工业生产活动的场所。有些工厂，虽然从事经济性活动，以赢利为目的，但不具备独立性，就不能称为企业。

2．发展乡镇企业的意义

扶持和发展乡镇企业，是邓小平理论的重要组成部分。邓小平同志指出："在农村改革中，我们完全没有预料到的最大收获，就是乡镇企业发展起来了"，"乡镇企业很重要，要发展，要提高"。新时期发展乡镇企业更具有重要意义。

（1）发展乡镇企业是解决"三农"问题的主要途径。乡镇企业是大农业和大工业的交集，是我国农民发展经济的成功创造与实践。实践证明，发展乡镇企业是解决农村、农业、农民即"三农"问题主要途径，无论是农业的工业化，还是农民的富裕化、农村的城镇化都离不开乡镇企业的发展。我国是农业大国，农民众多、农村相对落后，我国经济新一轮的发展，最大的内需存在于农民之中，而启动农民需求的关键是乡镇企业的发展。

（2）发展乡镇企业是解决农村剩余劳动力再就业的关键。农业的结构调整、农业的规模化和现代化，必然导致农村劳动力的大量剩余，现在农业的生产不需要这么多的劳动力，城市也承受不了大量农村劳动力进城。上亿农民的再就业是一个关系国计民生的大问题。农村剩余劳动力转移的最主要途径就是流向乡镇企业，流向小城镇。也就是说要引导农民脱离一产，进入到二产和三产。

（3）乡镇企业是农业产业化的载体。农产品的增值，关键是通过农产品精深加工，通过农业产业化来实现，而产业化的载体就是乡镇企业。通过培育和发展农业产业化龙头企业，实现农产品增值的长期效应。一定意义上说，对产业化龙头企业的扶持就是对农业和农民的支持，就是为农民进一步致富创造新条件。

（4）发展乡镇企业是小城镇建设的基础。乡镇企业发展到一定程度，必然要求走向集聚和规模化、现代化。这种集聚效应要求企业间加强配合与协作，进行产业链精细分工以及共同解决环保、服务、信息、人力资源等公共利益问题，这就要求必须加快工业园区和小城镇的发展。小城镇是乡镇企业的孪生姐妹，乡镇企业的发展带动了小城镇的建设，小城镇的发展又促进了乡镇企业发展的升级。

二、乡镇企业具备的条件及特点

1. 乡镇企业应具备的条件

乡镇企业符合法人条件的，依法取得企业法人资格。《中华人民共和国乡镇企业法》从法律的角度对乡镇企业的基本特征进行了界定，明确了乡镇企业应当具备的三个基本条件：

（1）乡镇企业必须以农村集体经济组织或者农民投资为主。农村集体经济组织是指乡（镇）、村、村民小组和部分农民共同所有的农村劳动群众集体所有制的经济组织。农民是指具备农民身份的农户或个人。投资是指举办企业时各投资方投入企业的可供支配使用的资本总额，包括投资者自有的货币资金和借入的货币资金；以建筑物、厂房、道路、机器、设备、工具、原材料及场地使用等实物形态投入的货币折价；以专有技术、专利权、土地使用权、商标权、服务标记等无形资产形成投入的货币折价等。

（2）乡镇企业是以乡镇（包括所辖村）为企业的设立地域。乡镇是指按国家行政建制而设立的乡或者镇，包括乡镇管辖下的行政村和自然村，也包括乡镇管辖下的集镇。以乡镇（包括所辖村）为企业的设立地域并不意味着农村集体经济组织或者农民就只能在本行政区域的乡（镇）村范围内设立企业，农村集体经济组织或者农民完全可以在其他乡（镇）村设立企业，国家还鼓励农村集体经济组织或者农民到小城镇和工业小区开发小区集中设立企业。

（3）乡镇企业必须承担支援农业的义务。乡镇企业由于投资主体是农村集体经济组织或者农民，企业的设立地又主要在乡（镇），与农村、农业、农民有着千丝万缕的联系，且在乡镇企业的发展过程中，农业为乡镇企业提供了原始的资金积累，提供了劳动力、农副产品、原辅材料等方面的支持，乡镇企业发展要利用农村的各项基础设施、资源等，在此基础上，发展起来的乡镇企业必须承担一定的支援农业的义务。

2．乡镇企业的特点

（1）地域性。这是乡镇企业的基本特点。由于它地处乡村，所以在空间分布上不像城市企业那样密集，具有布局分散，点多面广的特点。

（2）经营范围广、门类多。乡镇企业生产经营活动的范围几乎涉及国民经济的各个部门，进入了社会商品生产、交换和服务的各个领域。主要包括工业、商业、交通运输业、建筑业、饮食服务业以及现代种植、养殖业等。

（3）组织形式多样化。乡镇企业的规模大小不一样，有些相差悬殊，因此在企业所有制形式上也需要有所不同，规模大的企业要求组织形式严密一些，复杂一些，可以采取股份有限公司和有限责任公司；规模小的乡镇企业，就可采取简便易行的形式，比如合伙公司形式、业主经营的形式。

（4）资金筹集渠道多样化，产权关系复杂化。乡镇企业的资金筹集是多渠道的，有农村经济组织、农民自己、国有资产投资、社会筹集以及外商投资等。资金来源的多样化，必然使乡镇企业的产权关系复杂化，与此相应的乡镇企业经营组织形式多样化。

三、乡镇企业的权利和义务

1．乡镇企业的权利

根据《中华人民共和国乡镇企业法》规定，乡镇企业可享受的权利有：

（1）国家根据乡镇企业发展的情况，在一定时期内对乡镇企业减征一定比例的税收权利。

（2）国家对集体所有制乡镇企业开办初期经营确有困难的，设立在少数民族地区、边远地区和贫困地区的，从事粮食、饲料、肉类的加工、贮存、运销经营的，国家产业政策规定需要特殊扶持的中小型乡镇企业，根据不同情况实行一定期限的税收优惠的权利。

（3）国家运用信贷手段，鼓励和扶持乡镇企业发展，并对符合贷款条件的乡镇企业给予优先和优惠贷款的权利。

（4）依照国家有关规定，利用乡镇企业发展基金的权利。

（5）国家积极培养乡镇企业人才，鼓励科技人员、经营管理人员及大中专毕业生到乡镇企业工作。所以，乡镇企业具有享受人才为乡镇企业服务的权利。

（6）享受国家鼓励乡镇企业同科研机构、高等院校、国有企业及其他企业、组织之间开展各种形式的经济技术合作的优惠措施政策的权利。

（7）国家鼓励乡镇企业开展对外经济技术合作与交流，建设出口商品生产基地，增加出口创汇，对具备条件的乡镇企业依法经批准可以取得对外贸易经营权。

（8）按照统一规划、合理布局的原则，将发展乡镇企业同小城镇建设相结合，引导和促进乡镇企业适当集中发展，逐步加强基础设施和服务设施建设。

2．乡镇企业应尽的义务

《中华人民共和国乡镇企业法》规定乡镇企业的义务是：

（1）乡镇企业应当按照市场需要和国家产业政策，合理调整产业结构和产品结构，加强技术改造，不断采用先进的技术、生产工艺和设备，提高经营管理水平。

（2）举办乡镇企业，其建设用地应当符合土地利用总体规划，严格控制、合理利用和节约使用土地，凡有荒地、劣地可以利用的，不得占用耕地、好地。

（3）乡镇企业应当依法合理开发和使用自然资源，从事矿产资源开采的，必须依照有关法律规定，经有关部门批准，取得采矿许可证、生产许可证，实行正规作业，防止资源浪费，严禁破坏资源。

（4）乡镇企业应当按照国家有关规定，建立财务管理制度，加强财务管理，依法设置会计账册，如实记录财务活动。

（5）乡镇企业必须按照国家统计制度，如实报送统计资料。

（6）乡镇企业应该依法办理税务登记，按期进行纳税申报，足额缴纳税款。

（7）乡镇企业应当加强产品质量管理，努力提高产品质量，生产和销售的产品必须符合保障人体健康、人身财产安全的国家标准和行业标准，不得生产、销售失效、变质产品和国家明令淘汰的产品，不得在产品中掺杂、掺假，以假充真，以次充好。

（8）乡镇企业应当依法使用商标，重视企业信誉，制作所生产经营的商品标识，不得伪造产品的产地或者伪造、冒用他人厂名、厂址和认证标志、名优标志。

（9）乡镇企业必须遵守有关环境保护的法律、法规，采取措施，积极发展无污染、少污染和低资源消耗的企业，切实防治环境污染和生态破坏；保护和改善环境。

（10）乡镇企业建设对环境有影响的项目，必须严格执行环境影响评价制度。

（11）乡镇企业必须遵守有关劳动保护、劳动安全的法律、法规，认真贯彻执行安全第一、预防为主的方针，采取有效的劳动卫生技术措施和管理措施，防止生产伤亡事故和职业病的发生。

四、当前乡镇企业面临的问题及对策

1. 当前乡镇企业面临的问题

（1）乡镇企业的产权制度存在缺陷。从产权制度来看，现在乡镇企业主要有集体经营、承包经营以及股份合作制。前面两种形式的产权关系模糊，名义上财产归集体所有，而实际包括企业职工在内的乡村群众并没有对财产的支配权、处置权，真正拥有财产支配权和处置权的是乡村行政组织和领导。而对于股份合作制的乡镇企业，很多还发展很不成熟，企业的经营者只简单地把它看做是一个融资的渠道，并没有把推行股份合作制看做是企业产权制度、组织形式、经营机制的重大变革，是建立新的企业制度，发展市场经济的需要。

（2）企业的内部管理制度比较落后。长久以来，乡镇企业的内部管理始终以粗放式经营为主，大多数乡镇企业存在着任人唯亲、任人唯近的裙带关系，缺乏合理的绩效考核机制和人才选拔机制，从而导致家族式的管理方式。在对待企业员工上，企业管理者忽视了企业员工既是“经济人”，也是“社会人”的现实。企业员工不仅有物质方面的需要，而且还有社交的需要、尊敬的需要、自我实现的需要，很多企业缺乏激励机制；在员工培训方面，缺乏系统性和连续性，甚至不进行培训，很多乡镇企业为了企业短期经济目标的实现，往往只对企业员工进行一般职业技能的掌握，而且时间较短，制约了员工整体素质的提高。

（3）乡镇企业缺乏资金供应和技术创新。从生产要素来看，资金缺乏仍是困扰乡镇企业发展的主要难题。由于大多数乡镇企业都是从农村的集体企业发展起来的，其资金主要来源于自身的经营利润，很少享受到国家的补贴和帮助，因此并无稳定的资金来源。当企业的资金链出现问题时，企业很容易因为缺乏外部资金支持而处于困境，甚至导致破产。我国乡镇企业长期以来主要从事那些科学技术含量低、环境污染严重、浪费资源的低水平产业，产品生产只重数量，忽视质量，片面追求产品的低成本，因而严重影响了乡镇企业在市场中的竞争实力。

（4）人才和劳动力缺乏的问题成为当前乡镇企业必须解决的问题。目前我国乡镇企业是以劳动密集型为主要特征的，缺乏高素质的人才。缺乏人才和技术是乡镇企业普遍存在的问题。加入 WTO 后，乡镇企业要提高市场竞争力，要发展，关键在人才。一般情况下，外资企业和大型国企依靠其雄厚的资本和技术、管理等多方面的优势，一方面，它们必然会留住很多高技术、高学历的人才，使得很少有人才来到乡镇企业发展；另一方面，城市会吸引农业剩余劳动力的转移，这些农业劳动力以“民工潮”的形式流向东部沿海城市的工业或服务业，使得乡镇企业缺乏基本的劳动力，处于对外吸引不了人才，对内留不住人才的尴尬局面。

2．我国乡镇企业的发展策略

（1）依靠政府政策，从宏观上调整乡镇企业，实行多元化发展。为了适应市场的多变，乡镇企业应采取多元化的经营战略。这种多元化的经营战略，应该是在充分考量企业自身发展的实际，同时考虑本地区的各种资源，包括自然资源、劳动力资源及文化资源的特点，发展具有地方特色的多元经营领域。同时，乡镇企业多元化的生产经营方式、灵活多变的经营战略，既有别于国有企业单一化的生产经营现状，又有别于其他类型企业单纯以赢利为目的的经营方式。

（2）改善经营机制，激发企业活力。能否建立一套灵活有效的经营机制，是乡镇企业成功与否的关键所在。企业应有灵活的发展和营销机制。乡镇企业的生存与发展始终依赖于市场，以市场为导向，充分发挥市场机制的作用，按照市场需求来配置资源，组织生产经营活动，成为乡镇企业发展的基本规律。积极汲取先进企业的管理经验，认真学习现代化管理知识，及时总结本企业的管理经验。国内外的先进企业，特别是国内的经济体制改革的试点企业，它们在企业管理的某些方面，如生产管理、质量管理、劳动管理、财务管理、物资管理等方面有许多成功的经验。

（3）加快乡镇企业的技术创新。创新，永远是企业长久发展的动力。从总体而言，乡镇企业的技术进步的思路应是：首先，尽量采用适合乡镇企业当前情况的先进适用技术。乡镇企业的经济、技术水平很不平衡，采用技术应因地制宜，发达地区和不发达地区应区别对待；其次，搞好规划，量力而行，循序渐进。尽管技术创新主要还是市场行为，技术创新的主体是乡镇企业，但为了促进乡镇企业的技术创新，县及乡镇级政府和乡镇企业领导都要有技术创新意识，要制定鼓励乡镇企业技术创新的政策，强化政府激励技术创新的手段。

（4）建立有效的人才战略。一方面，立足培养是开发乡镇企业人才的战略基点。乡镇企业培养本地的技术人才应从本地的实际情况出发，综合运用各种灵活的培训方法，开发企业现有人才资源和本乡镇的后备人力资源；另一方面，乡镇企业积极引进急需的人才，尤其是技术骨干和专业带头人，在这一点上，应该大胆引进，在不违反原则的情况下，不惜花大代价；更要建立好自身的企业文化和人力管理制度，吸引更多的外来人才。

第二节　乡镇企业管理

一、乡镇企业管理的概念及任务

1. 乡镇企业管理的概念

乡镇企业管理是根据企业的特性及其生产经营规律，按照市场反映出来的社会需求，对企业的生产经营活动进行计划、组织、领导、控制，充分利用各种资源，不断地适应市场变化，满足社会需求，同时求得企业自身发展和职工利益的满足。正确理解乡镇企业管理的概念还要理解以下内容。

（1）管理的对象。企业的生产活动是生产过程和流通过程的统一。因此企业的主要活动是内部的生产活动和外部的经营活动，企业管理的对象就是内外结合的生产经营活动。

（2）管理的主体。企业由管理者来管理。凡是参与管理的人，都是管理者。企业总体发展，各个方面总体活动的控制是由企业的主管以及以他们为中心组成的企业管理系统来完成的。在这个系统中的人，就是企业管理的主体。

（3）管理的实施。企业管理是管理者通过计划、组织、领导、控制等一系列管理职能进行的。只有熟悉和运用多项管理职能，才能顺利地完成任务。

（4）管理的目的。管理活动本身不是目的，管理是实现一定目的的手段。企业的管理目的就是合理利用资源，实现企业目标，在满足社会需求中获得更多的利润。

（5）管理的依据。企业管理是管理者的主观行为，要使主观行为变成可行的客观活动，并取得客观效果，就必须使管理的主观活动符合客观规律。所以管理的依据是企业的特征及由此表现出来的生产经营规律。可以说，企业管理的成效如何，取决于管理者认识和利用生产经营规律的程度以及主观能动性的发挥程度。

2. 乡镇企业管理的任务

（1）合理组织生产力。合理地组织生产力是企业管理最基本的任务。合理组织生产力有两个方面的含义：一是使企业现有的生产要素得到合理配置与有效利用。具体来说，就是要把企业现有的劳动资料、劳动对象、劳动者和科学技术等生产要素合理地组织到一起，恰当地协调他们之间的关系和比例，使企业生产组织合理化，从而实现物尽其用，人尽其才，不断开发新的生产力。一是不断改进劳动资料；二是不断改进生产技术，并不断地采用新的技术来改造生产工艺、流程；三是不断发现新的原材料或原有材料的新用途；四是不断对职工进行技术培训，并不断引进优秀科技人员与管理人员。

（2）维护并不断改善生产关系。企业管理总是在某种特定的社会生产关系下进行的，一定的社会生产关系是企业管理的基础，它从根本上决定着企业管理的社会属性，从全局上制约着企业管理的基本过程。因此，企业管理的重要任务之一就是维护其赖以生产、存在的社会关系。另一方面，由于生产关系具有相对稳定性，在相当长的一个历史阶段内，其基本性质可以保持不变，而生产力却是非常活跃、不断变革的因素，必然会与原有的生产关系在某些环节、某些方面发生矛盾。这时，未来保证生产力的发展，完全有必要在保持现有生产关系基本不变的前提下，通过改进企业管理手段、方法和途径对生产关系的某些环节、某些方面进行调整、改善，以适应生产力不断发展的需要。

二、乡镇企业登记与变更

1. 乡镇企业登记

企业登记是指登记主管机关，依照法律规定，对企业的筹建、开业、注销、合并、分立转产迁移企业和生产经营活动进行登记管理。企业登记不但是企业取得经营主体资格的形式要件，也是国家对经济活动主体进行监督管理的重要手段。企业登记具有的法律效力。按我国现行法律法规的规定，企业登记具有以下法律效力：一是具备法人条件的企业，未经登记，不能取得法人资格。企业只有经过登记以后才能成为法人；二是企业未经登记，不得从事生产经营活动；三是未经登记的企业所实施的民事行为是无效的民事行为，应当宣告其无效。

（1）企业申请注册登记应当遵循的程序：

① 受理。登记主管机关对企业提交的证件、文件、申请登记注册书等进行核对审查，看其文件、手续是否齐全。文件手续齐全的予以受理，否则不予受理，并通知申请人。

② 审查。登记主管机关受理登记申请后，不但要对申请文件、手续作形式上的审查，还要对其文件、证件及其他手续登载内容的真实性、合法性、有效性逐项进行审查。

③ 核准。登记主管机关经审查核实，在受理登记申请后30日内，作出核准登记或者不予核准登记的决定，并通知申请人。

④ 发照。对符合法定条件、手续齐备，应予以核准登记，并办理登记手续。核准开业登记，发给营业执照。企业领取营业执照后，可以据此在银行开立账户，刻制公章，按照核准登记的经营范围或者业务范围从事生产经营或者业务活动。

⑤ 公告。登记主管机关在核准企业的登记申请后，将企业的开业、变更、歇业情况通过报纸、期刊等大众传媒向社会公开，以便社会了解该企业的登记情况。开业登记公告的内容应包括名称、住所、法定代表人、经济性质或者企业类型、注册资金、经营范围、经营方式、注册号。

（2）向乡镇企业主管部门提出申请。设立乡镇企业，必须报经乡级以上乡镇企业主管部门批准，其目的有四：

① 审查申请者是否符合办企业的条件；

② 鉴定企业是否符合乡镇企业的条件；

③ 所办企业生产的产品和经营范围是否符合国家产业政策；

④ 企业布局是否合理。

属特殊规定行业的企业的设立，依据特许的原则，由国家有关主管部门审批，有些企业还要领取生产许可证方可进行生产。向乡镇企业主管部门申请开办农民股份合作制企业必须持有村民委员会的证明。

（3）向国家商行政管理机关申请登记。在向乡镇企业主管部门按照规定提出申请并获得批准后，还必须到国家工商行政管理机关核准登记，领取营业执照，企业才取得了法律上的合法地位，他拥有按照核准登记的范围进行生产经营的权利。

按照工商企业登记管理条例的有关规定，申请登记的工商企业应当登记的主要事项包括：企业名称及住所、经济性质、生产经营范围、生产经营方式、资金总额、职工人数及其他需登记的事项。

需要进行基本建设的乡镇企业，应向市、县工商行政管理机关申请筹建登记。经审查符合规定条件，给予登记，发给《筹建许可证》，进行筹建活动。筹建项目建成后，向市、县工商行政管理机关申请开业登记。不需要进行基本建设的企业，则可在开办企业批准后直接向所在市、县工商行政管理机关申请开业登记，领取营业执照。

企业经依法办理法人登记，即取得企业法人资格，受到法律的保护。

（4）企业名称登记。

① 企业名称含义。企业名称是企业的称谓，是一个企业区别于另一个企业的标志，也是企业在业务运行过程中借以实现权利和承担义务的名义，是企业章程中绝对必要的记载事项。因此，法律规定企业必须有自己的名称。

企业名称也是一种商号，它代表着一种商业信誉，乃至资信能力。企业的产品、经营业绩以及为了创造名牌而花费的广告费用，往往使企业名称本身就成为一种财富，具有经济价值，法律允许其转让，并可以作为一种投资。在市场经济中，有些投资者不愿开办新企业，而愿意购买老企业，为的不是现成的厂房设备和技术人员，而图的是老企业具有悠久历史的名气。一些企业竞相兼并那些亏损严重、濒临破产的老企业，替代偿债，目的也是为了老企业的名称。

② 企业名称的基本要求。企业名称必须用文字表示，使人可以直呼其名，而不能使用一些记号、符号和图形；企业可以制作自己的徽标来代表企业的形象。企业有自己的名称，但同时也可以使用一些记号、符号和图形，制作自己的徽标，代表公司的商业形象；企业的名称和徽标不同于企业的商标，企业的商标是企业产品的商业标志，而企业的名称和徽标则是企业本身的标志。

③ 企业名称的构成。企业名称的选定必须符合法律规范，否则工商行政管理部门不予注册登记。按照中文的书写习惯，企业名称从左到右，共有四部分组成：

a. 企业注册地。指企业成立时，进行工商行政注册的地方。一个企业可能有数个办公处所，也可能有数个营业场所，企业处所和营业处所也可能不在同一个行政区域，但该企业名只能冠其注册地。按照我国现行的工商登记办法规定，由市、县（区）级工商行政管理机关予以注册登记的企业，应冠以县名或区名。凡在省或自治区、直辖市一级工商行政管理机关登记的企业，可以在企业名称前冠以省、自治区、直辖市名。凡由国家工商行政管理局予以登记注册的企业，可以使用“中国”、“中华”冠在公司名称之前。

b. 公司的具体名称。首先，企业选用具体名称不得与注册地范围内的其他公司或者企业名称重复或相近似，更不得与注册地范围内同一行业的公司或企业名称重复或相近似。其次，企业选用名称的含义也不应当过于宽泛，可以用投资者的姓名，也可以用一些有意义或者无意义的字眼，但应当注意不得使用对国家、社会或者公共利益有损害的名称，不得使用外国国家和地区名称；不得使用国际组织名称、不得使用以外国文字和汉语拼音字母组成的名称；也不得使用以数字组成的名称。

c. 企业的行业、宗旨或者经营范围。为了业务交往上的方便，企业名称中宜于表明上述内容。但不要过泛，避免有瞒天过海的嫌疑。实践中，一些公司较多地采用了“实业”、“电子”等一类的字眼。

d. 公司的种类。也就是要表明公司是什么性质的公司，是股份有限公司，还是有限责任公司，还是无限公司。

总之，企业的名称由上述 4 部分构成，但不宜过长，实践中，在非正式的场合，可以使用企业名称的简称，但在正式场合，尤其是在正式的法律文件，应采用企业的全称。

企业名称在工商行政管理机关注册登记后，公司就取得了该名称的专用权。公司名称可以转让。

（5）企业税务登记。在向工商行政管理机关进行开办登记以后，应当按照《中华人民共和国税收征收管理法》的规定，办理税务登记。建立税务登记的目的是为了通过企业申请登记，以便税务机关掌握税源，加强税收征管工作。凡是根据税法规定应当纳税的单位，不分经济性质，不论规模大小，在开业时都应当持批准开业的证明，向当地税务机关办理税务登记。税务登记的内容包括：纳税人名称、地址、所有制形式、隶属关系、经营方式、经营范围以及其他有关事项。

企业办理税务登记后，发生重大变更事项如合并、分立、迁移、停业、歇业的，应当在有关部门批准变更后向主管税务机关申报办理变更登记，重新登记或者注销登记的手续。

2. 乡镇企业的变更

乡镇企业的变更是指在乡镇企业从业期间或者停业、终止阶段；发生企业重要事项的变动或者关闭、解散的法定情形。前者包括企业改变名称、住所、经营场所、法定代表人、经济性质、经营范围、经营方式、注册资本、经营期限，以及增设或者撤销分支机构的业务，后者包括企业的分立、合并、迁移、停业和终止等。

乡镇企业在发生上述情形时，按国家规定，应在乡镇企业主管部门或者审批机关批准后30天内，向登记主管机关申请办理变更登记。

三、乡镇企业劳动管理

1. 乡镇企业劳动管理的概念、原则、内容及特点

（1）乡镇企业劳动管理的概念。所谓劳动管理，就是按照客观规律，运用科学的理论和方法，对招聘、培训、工资、保险、福利、晋降级、辞退职等有关劳动方面的一切管理工作的总称，是企业人事管理工作的重要组成部分，是企业基础管理工作中不可缺少的一个重要环节。企业的全面劳动人事管理体系是以职工为对象的人力资源的规划、开发和利用的综合性管理，其目标是充分发挥和利用企业的人力资源。

现代劳动管理的特点主要是以人为核心的管理。在生产力诸因素中，人是起决定性作用的因素，只有当劳动者的基本权利在企业的各项制度中得到切实保障，他们的劳动又与自身物质利益紧密联系的时候，劳动者的积极性和创造性才能充分发挥出来。因此既要充分调动劳动者的积极性，又要通过岗位研究和人员素质测评进行科学管理，从而使劳动管理能适应社会主义市场经济的客观要求。

（2）乡镇企业劳动管理的主要内容。在生产力诸因素中人的因素是最根本的因素，而如何发挥职工在劳动和工作中的能动性和有效性，正是全面劳动管理要解决的问题。归结起来，乡镇企业劳动管理主要内容有：

① 建立健全劳动定额。

② 劳动定员与人员规划。

③ 人事、劳资管理。包括录用、考核、奖惩、调动、升晋级等工作。

④ 不断改善劳动组织。包括做好固定工、临时工、集体包工队间的配合和组织工作，建设好生产班组。

⑤ 贯彻按劳动分配原则，正确处理国家、企业、职工三者之间的经济利益关系，确保职工利益不受侵害。

（3）乡镇企业劳动管理应遵循原则。乡镇企业劳动管理应遵循原则主要有：

① 经济性原则。经济性原则要求劳动力和生产资料的配合最经济、最合理，职工的技术素质结构与工作所要求的能力结构相适应，职工工时应当满负荷。

② 竞争原则。竞争原则要求通过竞争，实现劳动力与岗位的最佳结合，这样才能充分发挥生产过程中人与物质生产条件的作用，获得最佳经济效益。

③ 科学性原则。科学性原则要求自觉运用客观经济规律进行管理。

④ 法制原则。法制原则要求将科学的原则和方法形成制度和法律，巩固下来，成为规范，持久地、普遍地发挥作用。

2. 乡镇企业劳动合同管理

（1）乡镇企业劳动合同概念及特征。劳动合同又称“劳动契约”或“劳动协议”，是指乡镇企业与劳动者之间，为实现一定的劳动过程，明确相互权利义务关系的协议。劳动合同除具备合同一般特征外，还具备以下法律特征：

① 当事人一方必须是企业，另一方是劳动者本人。

② 合同订立后，劳动者成为该企业的职工。

③ 劳动合同的目的在于劳动过程的实现，而不是劳动成果的给付，即劳动者一方只要在规定时间内按要求完成任务，无论其劳动成果如何，企业应当按照合同支付劳动报酬。

④ 劳动合同要通过企业公布招工简章、劳动者自愿报名、考核录用等程序，才能正式签订。

⑤ 劳动合同一般有试用期限的规定。

（2）乡镇企业劳动合同的内容：

① 在生产上应当达到数量指标、质量指标或应当完成的任务。这项内容的内涵主要是指工种和岗位，因为在合同中不确定具体的工程和岗位，就不可能确定数量和质量指标。

② 试用期限和合同期限。现行法规规定，合同制工人的试用期为 3～6 个月，由企业根据不同工种具体确定。合同期限是指合同所规定的双方当事人的权利和义务的有效期限，在当前实践中，试用期限包含在合同期限内。为了避免在合同期限内解除劳动合同引起纠纷，可以在合同约定，若解除合同，必须提前若干天通知对方。

③ 生产、工作条件和技术培训要求。这项内容应包括生产安全技术规程、卫生规程、劳动保护条例、伤亡事故报告和处理制度、女工和未成年工保护、加班加点和技术培训等内容。特别是有毒工作岗位招用合同制工人，应在劳动合同中明确脱离或轮换有毒有害物质岗位的期限。

④ 劳动报酬和保险、福利待遇。这项内容要按照《劳动法》及其相关规定执行，在劳动合同中不得做出与之相抵触的规定。

⑤ 劳动纪律。一般均应明确规定合同制工人应遵守本企业的《职工守则》，合同制工人违纪时，企业可依据本企业的有关规定给予处罚等。同时在订立合同时，将《职工守则》或罚则规定作为合同的附件，连同合同文本一并向合同制工人提出，以便合同制工人在签订劳动合同前了解企业的有关规定，做出选择。

⑥ 违反劳动合同者应当承担的责任。在劳动合同中规定违约责任时，应特别注意不得侵害合同制工人的基本权利，如宪法规定的国家保障公民的劳动权、休息权和取得物质帮助等基本权利。

⑦ 双方认为需要规定的其他事项。这是劳动合同的重要内容之一。

（3）乡镇企业劳动合同订立的原则。由于劳动合同是劳动法律关系发生的根据，并产生一定的法律后果，因此，在订立劳动合同时，双方当事人应严肃认真地对待，并遵循以下两条原则：

① 遵守国家法律和政策的原则。这一原则必须同时具备三个条件：一是劳动合同的当事人必须具备法定资格；二是劳动合同的内容必须合法；三是劳动合同订立的程序必须合法。

② 坚持平等自愿、协商一致的原则。这里所谓的平等是指合同当事双方的法律地位的平等；自愿是指劳动合同的订立、变更或终止，完全出于合同当事人的自愿，任何一方或第三者都不得胁迫或干涉；

协商一致是指合同双方当事人之间的一切分歧，必须用协商的办法解决，最后取得一致意见。平等自愿、协商一致是互为条件，相互补充的统一体。

（4）乡镇企业劳动合同订立的程序。劳动合同的订立程序，指企业招用合同制工人的程序。

① 公开招收。企业在招用合同制工人前，应首先公布招工简章。招工简章一般包括两部分内容：a. 招工条件，包括所招收的工种或岗位、招工名额、男女比例、对象及条件、招工地区范围等；b. 录用后的权利和义务，包括工资、福利、劳动保护、保险和遵守规章制度等。

② 自愿报名。符合条件的应招人员，可结合自身情况和志愿，有选择的自愿报名。根据现行法规规定，应招人员必须年满 16 周岁，身体健康，现实表现好。因此，在报名时，应招人员还应提交有关证明文件，如学历、户口本等。

③ 全面考核。企业招用工人，必须进行德智体全面考核。考核的具体内容及标准，可根据生产、工作需要有所侧重。招用学徒工人，侧重文化考核；直接招用技术工人，侧重专业知识技能考核；招用繁重体力劳动工人，侧重身体条件考核。对重新就业的工人，应注重实际技能考核，经考核合格的，可优先录用。

④ 择优录用。企业对考核合格者，必须张榜公布，公开录用。

⑤ 签订劳动合同。应由企业提出劳动合同的草案，经双方当事人平等自愿，协商一致后，正式签订劳动合同。

（5）乡镇企业劳动合同的履行。劳动合同的履行，是指劳动合同生效后，当事人双方在规定的时间、地点，用规定的方式，按质、按量履行合同义务。规定的时间，包括生产（工作）时间、工作日、工作班次（长日班、运转率、两头班等）和合同期限等。规定的地点，包括本市或外地、市区或市属郊县、总厂或分厂、车间或仓库、门市部或食堂、技校或幼儿园等。规定的方式，包括生产、工作方式（如机械的、手工的、体力的、智力的），劳动工种（如车工、钳工、刨工、铣工、镗工、冲工、电工、辅助工等），报酬给付方式（如日工资、月工资、计时工资、计件工资、浮动工资、计时加奖金、计件加奖金以及其他福利待遇等）。按质、按量包括生产的质量和产量、技术规范和工时定额、工作的服务标准和要求，以及应该遵守的规章制度、劳动纪律和奖惩制度。

劳动合同订立以后，由于当事人双方的主客观原因，或者出现某些在合同签订时不能预见的情况，原合同会迟延履行。劳动合同迟延履行有合同开始执行时的迟延和合同改造过程中的迟延两种情况。

第一种情况：合同开始执行时。迟延原因有：

① 因当事人主观上考虑不周等原因，致使合同不能按期履行。

② 因某些客观原因，致使合同不能按期履行。

③ 因当事人一方受第三者的影响，致使合同不能按期履行。

④ 因上级机关的指令，致使合同不能按期履行。

第二种情况：合同履行过程中的迟延。其原因大多是由于企业在调整产品结构开拓市场的同时，劳动力有多余，或由于生产任务不足，或由于产品不能适销对路而出现临时性的生产不正常等原因。

合同迟延履行的责任，可以由当事人双方在合同中加以规定。

（6）乡镇企业劳动合同的变更。劳动合同的变更，是指当事人双方通过协商，对原合同所订条款做部分修改、补充或废除，重新调整双方的权利义务关系，从而保证合同的继续履行。劳动合同的变更有下列三种情况：一是企业经上级主管部门批准转产。在这种情况下，变更的条款一般限于因转产而引起的与转产相关的条款，如生产上应当达到的数量指标、质量指标、劳动报酬、保险待遇，或双方认为需要规定的其他事项等。二是企业调整生产任务。企业必须根据国家宏观规划和市场的需要及时地调整自己的生产任务，企业生产任务调整后，原劳动合同中规定的产量、质量、生产条件也会相应起变化，这就需要对原合同的某些条款做相应的修改，如技术质量的提高、工时定额的调整、生产条件的改善、工资报酬计算的方式等。三是情况变化。情况变化一般指劳动合同改造过程中，当事人一方情况出现了变化，不能保证合同的全部履行。

由于劳动合同的变更，涉及当事人双方的权利和义务，因此，和签订劳动合同时一样，当事人双方必须遵循平等自愿、协商一致的原则，不得单方面擅自变更合同。劳动合同变更时，当事人应签订劳动合同变更协议书，指明对哪一份合同的变更，对哪些条款变更，并应注明生效日期。劳动合同变更协议书应同劳动合同书一样，妥善保管，存档备案。劳动合同的变更协议应当是书面的，口头达成的劳动合同的变更容易引起争议。

（7）乡镇企业劳动合同的终止。劳动合同履行过程中可能由于下列情况的出现而告终止。

① 经当事人双方协商同意而终止。在劳动合同履行过程中，当事人一方或双方由于主客观情况变化，使合同无法继续履行或没有继续履行的必要，经当事人一方提出，双方协商一致，达成协议，可以终止合同。

② 因企业破产而终止。劳动合同在履行过程中，由于企业长期亏损，资不抵债而破产，原订合同也就无法继续履行，只能终止。

③ 因不可抗拒的原因而终止。劳动合同在履行过程中，由于自然因素或社会因素而发生了当事人所无法预料，或虽然能预料而无法防止的不可抗力情况，如地震、海啸、战争、国家政策与计划的重大修改，致使原订合同无法继续履行，合同即告终止。

④ 因劳动者死亡而终止。劳动合同在履行过程中，由于合同期内工人因故死亡，即合同主体一方已经消失，原订合同无法履行，只能终止。

⑤ 经仲裁或判决而终止。劳动合同在履行过程中，因当事人一方违反合同规定，拒绝履行合同规定义务；另一方请求劳动争议仲裁部门或人民法院仲裁或判决，一旦裁决或判决书生效，原订劳动合同即宣告终止。

（8）乡镇企业劳动合同的违约责任。劳动合同订立以后受法律保护，当事人一方或双方违反劳动合同，给对方造成损失的，应当承担经济责任或行政责任。

① 根据国务院颁发的《企业职工奖惩条例》第十一条规定，对职工玩忽职守，违反技术操作规程和安全规程，或者违章指挥，造成事故，使人民生命财产遭受损失的，以及工作不负责，经常产生次品，损坏设备工具，浪费原材料、能源，造成经济损失的，应责令赔偿。

② 企业迟延履行劳动合同应承担的法律责任是：a. 企业只在特殊情况下，才可以要求合同制工人待工；b. 每一次待工周期不得超过

一定的时间；c. 待工期间合同制工人的待工工资，不得低于法定待业救济金金额；d. 合同制工人不愿意待工时，应解除合同，并由企业做一次性补偿。上述4点，一般在劳动合同中应作出明确规定。

③ 因第三人过错而违反劳动合同的法律责任。如果劳动合同未履行，是由于第三人的过错而造成的，应先由合同当事人一方向另一方赔偿经济损失，然后再向有过错的第三人追偿经济损失。

④ 劳动合同无效或部分无效的法律责任。这是指因劳动合同无效或部分无效而被撤销或解除后，致使双方当事人权益的被侵害或造成损失的责任，追究这种责任，首先应找出造成劳动合同无效或部分无效的原因，从而确定过错方。如一方有过错，应由过错一方承担责任；如双方均有过错，应分清主次和责任大小处理，如企业负有主要责任，原则上应赔偿合同制工人的全部损失。

⑤ 因不可抗力而违反劳动合同的法律责任。当事人一方主观上没有过错，纯粹因客观上的不可抗力而违反合同，可以不负赔偿责任，但有义务设法尽早通知对方，并取得有关主管机关对不可抗力的书面证明。

四、乡镇企业的信息管理

1. 乡镇企业的信息管理的内涵及要求

（1）信息管理的内涵。信息管理是人类为了有效地开发和利用信息资源，以现代信息技术为手段，对信息资源进行计划、组织、领导和控制的社会活动。简单地说，信息管理就是人对信息资源和信息活动的管理，是指在整个管理过程中，人们收集、加工和输入、输出的信息的总称。信息管理的一般过程包括信息收集、信息传播、信息加工和信息储存四个阶段。

必须强调的是：信息管理的最终目的是信息的使用。它是信息管理活动的目的，同时也是检验信息工作成效的主要途径。

（2）信息管理的基本要求。信息管理系统对信息管理的基本要求是及时和准确。

① 及时。所谓及时就是信息管理系统要灵敏、迅速地发现和提供管理活动所需要的信息。这里包括两个方面：一方面，要及时地发

现和收集信息。现代社会的信息纷繁复杂，瞬息万变，有些信息稍纵即逝，无法追忆。因此信息的管理必须最迅速、最敏捷地反映出工作的进程和动态，并适时地记录下已发生的情况和问题。另一方面要及时传递信息。信息只有传输到需要者手中才能发挥作用，并且具有强烈的时效性。因此，要以最迅速、最有效的手段将有用信息提供给有关部门和人员，使其成为决策、指挥和控制的依据。

② 准确。信息不仅要求及时，而且必须准确。只有准确的信息，才能使决策者作出正确的判断。失真以至错误的信息，不但不能对管理工作起到指导作用，相反还会导致管理工作的失误。

为保证信息准确，首先要求原始信息可靠。只有可靠的原始信息才能加工出准确的信息。信息工作者在收集和整理原始材料的时候必须坚持实事求是的态度，克服主观随意性，对原始材料认真加以核实，使其能够准确反映实际情况。其次是保持信息的统一性和唯一性。一个管理系统的各个环节，既相互联系又相互制约，反映这些环节活动的信息有着严密的相关性。所以，系统中许多信息能够在不同的管理活动中共同享用，这就要求系统内的信息应具有统一性和唯一性。因此，在加工整理信息时，要注意信息的统一，也要做到计量单位相同，以免在信息使用时造成混乱现象。

2. 乡镇企业信息管理的概念

乡镇企业信息管理是指乡镇企业为适应企业的生产、科研和供销、企业管理的需要进行的收集、加工和输入、输出信息的总称。

乡镇企业的信息工作与其他信息部门开展的信息工作相比，有着自己的特点。

（1）经济性：乡镇企业最主要的目的是为了搞活经济、增加收入，十分强调经济核算，故其信息工作必须特别注意经济效益。

（2）实用性：因经营管理的需要而设立，是专门为本企业服务的，故其开展的工作必须紧紧围绕本企业的实际需要，必须实用。

（3）灵活性：这是乡镇企业信息管理工作区别于其他信息管理工作的显著特点。

信息在市场经济体制下，将贯穿于经济、社会活动的全过程。企业如果能获得及时、准确的信息，适时抓住机遇，就能取得预期或更好的经济效益，创造更多的财富。

乡镇企业初期发展是农民凭着一种致富的冲动和愿望干起来的。不论获取信息的渠道、手段，辨别信息真伪、可用与不可用的加工处理能力都有限，既有巨大的成功，也有惨痛的教训。随着知识经济和信息产业的发展，乡镇企业在跨出社区、跨出国界、走向市场的过程中，必须改变传统小生产者经济活动的封闭性和信息的封闭性，提高信息意识，开发信息资源，加强信息系统管理。

3. 乡镇企业开发信息资源的手段

乡镇企业开发信息资源的手段主要有：

（1）培养信息人才。信息人才应有较强的信息意识，有较宽的知识面，能够使用现代化手段获取、处理信息，能够开拓信息渠道。

（2）采用先进设备。依靠现代化的电信装备；电信技术，高效的计算机信息网络，先进的交通工具，准确及时地获取最新信息。

（3）依托信息咨询服务。采纳乡镇企业服务机构的信息咨询，获得系统和专业的信息服务。

4. 乡镇企业信息管理系统

乡镇企业信息管理系统的功能是把从企业内外收集的信息，变成一种有秩序的和稳定的信息流作为经营决策的依据，贯穿于企业的管理活动之中。乡镇企业信息管理系统包括四个子系统：

（1）内部信息管理系统，负责全面收集、汇总本单位的经营状况，如定货量、销售额、各项经济指标等，并以简明扼要、重点突出的报告，使企业领导者随时掌握情况，作出相应决策。乡镇企业内部信息管理系统主要由财务科和统计科组成。

（2）市场信息管理系统，负责信息的收集工作，如走访用户，参加展销会，购买情报等；主要功能是使领导者及时了解市场情况。乡镇企业市场信息管理系统主要由供销科组成。

（3）市场调研信息管理系统，负责把收集到的情报整理、汇总，进行分析后，找出市场及产品的变动规律和竞争对手的特点，预测未来。这个系统中企业领导亲自主持，供销、生产、财务、统计共同参加，企业顾问班子配合组成。

（4）经营研究信息管理系统，负责研究的内容包括开发新产品、产品价格计算、广告开支、产品销售策略和计划等。主要作用是综合整理各种反馈信息，研究改善乡镇企业经营管理的各种可行性方案。

这四个子系统充分、协调发挥作用，是乡镇企业持续、健康发展的可靠保证。

五、乡镇企业的全面质量管理

1. 乡镇企业的全面质量管理含义

乡镇企业的全面质量管理是指在全面社会的推动下，企业中所有部门，所有组织，所有人员都以产品质量为核心，把专业技术，管理技术，数理统计技术集合在一起，建立起一套科学严密高效的质量保证体系，控制生产过程中影响质量的因素，以优质的工作，最经济的办法提供满足用户需要的产品的全部活动。

2. 乡镇企业的全面质量管理的基本特点

（1）具有全面性，控制产品质量的各个环节，各个阶段。

（2）全过程的质量管理。现代工业生产是按一定程序进行的，一道工序生产的产品或半成品存在质量问题，就会影响产成品质量。所以，全面质量管理应以设计、生产、流通全过程为管理对象，不仅以保证设计和工艺加工过程的产品质量来保证产成品质量，而且要保证售后使用质量。

（3）全员参与的质量管理。企业要提高产品质量不能单凭厂长宏观指导，也不能完全依赖检验人员现场把关，而应是人人关心产品质量，形成一个全面质量管理氛围，只有这样，全面质量管理工作才能有一个坚实的基础，产品质量才能有一个可靠的保障。

（4）全企业参与的质量管理。企业各方面工作的质量，最终都会影响产品质量，各部门的质量工作都是提高产品质量不可缺少的一部分，企业中不同层次有着各自不同的质量管理内容，但各个层次的管理活动都是以生产物美价廉的满足用户需求的产品为目的，这就充分体现了全面质量管理的“全面性”。

（5）以预防为主的管理。优良的产品是设计和制造出来的，不是检验出来的。根据这一原理，全面质量管理要求把管理工作重点从“事后把关”，转移到“事先控制”上来。

（6）科学的质量管理。即全面质量管理不能凭经验、凭印象进行管理，而必须一切用科学数据、科学原理说话。为此要做到：管理思想要正确；管理人员的要素、结构要合理；工作程序要科学；采用的方法、手段要科学。

3．全面质量管理的基本内容

全面质量管理的内容，大致可以划分为四个过程，即产品设计试制过程的质量管理、生产制造过程的质量管理、辅助过程和服务过程的质量管理以及使用过程的质量管理。

（1）设计试制过程的质量管理。设计试制过程包括研究、试验、制订方案、产品设计、工艺设计、试制鉴定等，它是指产品正式投产前的全部技术准备过程。

（2）生产制造过程的质量管理。生产制造过程的质量管理是指直接生产过程的质量管理。

（3）辅助过程和服务过程的质量管理。辅助和服务过程的质量管理工作主要包括：物资、工具供应的质量管理，设备保养、维修和动力供应的质量管理，仓库保管、工件搬运、运输服务以及产品包装等方面的质量管理。

（4）使用过程的质量管理。使用过程的质量管理，是企业质量管理的归宿点，又是新的出发点。它包括：对用户开展技术服务工作，对产品的使用效果和使用要求进行调查，并及时反馈给有关部门进行改进，在使用过程中，对产品实行三包等。

近年来，乡镇企业在深入开展全面质量管理的基础上，积极推行GB/T 1900（ISO 9000）质量管理和质量保证系列标准，一些管理基础好、产品质量较高的重点企业、大型企业和生产出口产品的企业都自愿向国家权威的认证机构申请了企业质量体系认证；并获得企业质量体系认证证书，对提高企业的信誉及其竞争能力有显著效果，取得了良好的经济效益和社会效益。

第三节　村集体企业的经营管理

一、村集体企业经营管理的概念、方式及原则

1. 村集体企业经营管理的概念

村集体企业是按照地域和所有制（产权）性质界定的一类企业，具有明显的历史特色。村集体企业属于乡镇企业范畴，但具有其独特性。

狭义的村集体企业是以村干部为管理主体，以村行政资源为管理手段，以集体名义集合经济资源而形成的具有经营目标的经济组织。广义上讲，村集体公有股权占有控制地位，代表村集体的行政（或自治）机构拥有决策和管理权的企业属于村集体企业。

1990 年 5 月 11 日国务院第 59 次常务会议通过的《中华人民共和国乡村集体所有制企业条例》从法规的适用范围对乡村集体企业给予了粗略的界定。具体指乡（含镇）村（含小组）农民集体举办的企业，并明确为公有制经济的组成部分。《中华人民共和国乡镇企业法》（1996 年 10 月 29 日第八届全国人民代表大会常务委员会第二十二次会议通过）指称乡镇企业为农村集体经济组织或者农民投资为主，在乡镇（包括所辖村）举办的承担支援农业义务的各类企业。按照这一规定，乡镇企业的范围比乡村集体企业的范围更广。该法第十条从财产归属的问题上进一步明确了乡镇企业中属于乡村集体性质的企业。本条第一款规定了集体所有制乡镇企业财产权的归属，即：农村集体经济组织投资设立的乡镇企业，其企业财产权属于设立该企业的全体农民集体所有。本条第二款，从多元投资的角度规定：农村集体经济组织与其他企业、组织或者个人共同投资设立的乡镇企业，其企业财产权按照出资份额属于投资者所有。

村集体企业经营管理包括企业经营和管理两个方面。村集体企业的经营是指村级组织作为所有者的代表与经营者对生产要素、生产成果所采取的运营方式，主要表现为集体企业所有权与经营权分离情况下，处理所有者、经营者、生产者之间经济关系的运营方式。而村集

体企业的管理主要是指企业的经营者通过计划、组织、控制、激励和领导等环节来协调人力、物力和财力资源，以期更好地达成经营目标的过程。

2．村集体企业经营管理的方式

我国村集体企业的实践过程中，村集体企业实行的经营方式主要有直接经营、承包经营、租赁经营、合资经营、股份经营等形式。不同方式的采用也反映了村集体企业的变迁过程。

当村集体企业严格地实行了两权分离后，企业管理权就转移到经营者身上，村级组织不再直接承担具体的经营管理任务了。即使是村级组织直接经营企业，企业内部的管理方式也不同于村级组织的行政管理方式了，根据实际控制权来看，村集体企业具有明显的两权分离的特点。

从纵向上看，村集体企业的内部管理有属于决策计划的战略性管理、属于组织协调的专业性管理和属于工作监督的作业性管理。横向上看有生产管理、技术管理、营销管理、财务管理和人力管理等。但是由于多数村集体企业的规模比较小，村集体企业管理方式一般比较灵活，管理内容也比较简单。

3．村集体企业经营管理的原则

（1）明晰产权的原则。任何企业都有明晰产权的内在要求，村集体企业也不例外。所谓明晰产权就是要明确责、权、利的关系，只有这样才能调动各个方面的积极性，顺利地实现企业的经营目标。村集体企业所采用的几种经营方式，都是按照这一原则做出的努力尝试。

（2）保值增值的原则。村集体企业不管采取什么经营管理方式，企业资产的保值增值是第一要务。这一方面是由企业赢利目标决定的；另一方面也是企业生存发展的基本要求，更重要的是为了维护村集体企业的所有者权益。所以保值增值既体现在企业法人整体资产的保值增值方面，也体现在村集体所有者控制的资本份额的保值增值方面。

（3）公益服务的原则。这是由村集体企业的产权特点决定的。由于村集体企业的所有权属于全体村民，企业经营的成果就当然要由全体村民分享。村集体企业支持村级公共事业发展的职能，具体的实现方式是除了企业留利扩大再生产外，把一部分企业利润的分配用于村级公益性投资。村集体企业如果能真正坚持这一原则，持续发展的可能性就比较大。华西村和南街村就是这方面的代表。

二、村集体企业经营管理的内容

村集体企业是村集体经济的重要载体，按照两权分离的要求，村干部可以从产权经营和项目经营中，结合当地发展情况，因地制宜地选择具体的经营管理方式。

1．产权经营

（1）直接经营。由村级组织直接经营管理企业，在这种方式下，村级组织既是集体企业所有权的代表，也是企业的经营者，也就是人们常说的村企合一的形式。河南省临颍县南街村就是采取这种方式。

【案例 1】 南街村全村有回、汉两个民族，15 个村民组，848 户，3 180 人，1 000 亩耕地，总面积 1.78 平方公里。村企业组织河南省南街村（集团）有限公司属国家大型一级企业，下属 26 家村营企业，拥有员工 11 000 多人，其中工程技术人员 1 600 多名，现代化设备 3 000 多台（套），产品 100 多种。1984 年，村办企业的总产值只有 70 万元，到 1995 年已经达到 12 亿元，1996 年是 15 亿元，1997 年 16 亿元，1998 年 16 亿元，1999 年 14.2 亿元，2000 年是 14 亿元[①]，实现了飞跃发展。改革开放以来，南街村遵循党的“一个中心，两个基本点”的基本路线，因地制宜，大力发展集体经济，走集体共同富裕道路，实现了物质和精神文明建设的飞速发展。

南街村在村企业经营中坚持外圆内方的策略，从“玩泥蛋起家”到“玩面蛋发家致富”，大力发展村办企业。由于集体经济实力的壮大，自 1993 年起，村民都住上了 75 平方米或 92 平方米的楼房，用上了电冰箱、电视机等家电，村民生活实现了供给制，就近入托入学，人身保险等实现了全免费，公益事业日益发展，形成了富庶文明的社会主义小社区，现在正朝着建设共产主义小社区迈进。

南街村巩固与发展集体经济走共同富裕之路的三大措施[②]：一是

---

① 河南省南街村发展真相. 南方都市报，2008-4-2.

② 曹锦清. 黄河边的中国：一个学者对乡村社会的观察与思考. 上海文艺出版社，2000.

实行低工资、高福利的分配制度。二是在南街村集体企业的管理上，坚持“集体承包”，不搞个人承包制。三是南街村的“斗私会”。从南街村的案例可以看出，村直接经营集体企业是需要特殊条件的。一是需要能人治村，搞好项目；二是通过公益福利增强村民的集体意识；三是采取一些严格的集体管理措施。

（2）承包经营。承包经营是在不改变村集体企业资产所有权的前提下，实行所有权与经营权分离，以承包经营合同的形式，确定所有者和经营者权利义务关系的经营方式。

【案例 2】 高县元田村 1996 年投资 50 万元办起了红砖厂，由于实行集体统一经营，企业内部管理混乱，投产近半年就出现了亏损的苗头。1997 年初，根据干部群众的建议和要求，村党支部和村委会决定，村办红砖厂实行招标承包经营，当年中标人就上交承包费 6 万元。1998 年村委会采取“滚雪球”的办法，又投资 12 万元办起了预制板厂，预制板厂建成后和红砖厂一样招标承包给私人经营，每年收承包费 3 万元。现在该村 2 个村办企业每年为集体创收 9 万元，为国家创税收 8 万元[①]。

村办企业办起难，办起后管理更难，这是发展壮大村级集体经济带有普遍性的问题。有的村村办企业办起一个，倒闭一个，本来摘掉了“空白村”的帽子的村又重新“返白”，就其根本原因主要是机制不活，管理不善。要改变这种状况，就必须适应市场经济的要求，根据各村的不同情况，怎么赚钱怎么干。实行招标承包经营就是有利于搞好搞活村办企业的经营管理方式之一。

（3）租赁经营。村委会以村集体企业代表的身份作为出租方，将企业有限期地交给承租方经营，承租方向出租方交付租金并依照合同规定对企业行使自主经营的一种经营方式。

租赁经营比承包经营在两权分离的程度上更进了一步，承租方要按合同规定向出租方交付租金，经营的责任和风险更加明确了。但是在推行村集体企业租赁经营时，要按村组法等法律法则行事，履行必要的民主程序，必要时还要聘请法律顾问参与。

---

① 良驹路，李方才. 七个村村办企业实行招标承包经营的调查与思考. http：// www.chinarural./news—show. aspx COlS=222710&ID—38885.

（4）合资经营。村组织可以以集体土地、建筑物、机器设备或货币资金等资产，或者用已经存在的村集体企业的整体资产，与其他投资者合作投资进行企业经营。

【案例 3】　大港村位于吴兴区织里镇，全村共有耕地 400.2 公顷，桑地 71.47 公顷，有 22 个自然村 65 个村民小组，总人口 5 244 人，1 244 户，2005 年年底全村人均收入达 10 600 元。20 世纪 80 年代初，改革开放的春风吹遍了全国大地，乡村集体经济的萌芽也在太湖南岸茁壮成长。湖州第一灯具厂和织里电镀厂也在织里镇大潘兜村先后成立。然而，由于种种原因，到 1988 年两家村办企业相继倒闭，使村集体经济背上了沉重的包袱，负债近 40 万元。面对这一烂摊子，村两委会班子一筹莫展、人心涣散，大潘兜村成了当时湖州市有名的贫困村。这时，朱新康同志临危受命担任了大潘兜村党支部书记，挑起了复苏村经济的重任。刚饱尝了经营负债之苦的村民，对朱新康要继续建办集体企业都表示疑虑和担心。但朱新康力排众议说："要想摆脱贫困，摘掉贫困村帽子，只有一条出路，那就是继续建办村集体企业，发展集体经济。"朱新康不畏艰难认定了"发展是硬道理"的信念，坚定不移地走上了这条创业路。创业之初，困难可想而知，凭着一腔热血，朱新康拿出自己的积蓄，开始跑、磨、走访、游说、联络。1990 年，凭着执著和勇闯敢冒，终于引来了第一位投资人——香港和得利化工出口公司的林成伟先生。经过双方商定，由香港和得利化工出口公司投资 7.5 万美元（合 40 万人民币），大潘兜村利用织里电镀厂的厂房和设备折价 60 万元人民币，共同投资建办一家印染企业。办印染企业审批程序复杂、涉及部门又多，朱新康穿梭于这些部门之间长达 1 年之久。1991 年 9 月湖州市城区第一家合资经营企业浙江大港印染有限公司终于成立了。"大港"的第一颗种子终于下地，并开始生根、发芽①。

"借船出海，借梯上楼"的合资经营方式，不仅可引进资金，花一份的钱，办双份的事，还可学习先进管理技术，不断壮大村集体经济。

① 湖州市中小企业局. 选好致富引路人，构建和谐新农村. http：//www.zjsine.gov.cn/changsj/list.aspid=128.

（5）股份经营。股份改制是 20 世纪 90 年代，村办企业普遍推行的一种方式。通过股份改制，一些村办企业发生了彻底的嬗变，很多村也通过村集体股权的控制，形成了新型的村集体企业。

【案例 4】 晨钟村通过清产核资和资产评估对原村办企业资产进行清查，经统计，到 2003 年 7 月，晨钟村原村办企业净资产达 1 978 万元，在此基础上村企改革分三个层次：以原企业净资产组建企业集团，把企业集团资产 40%股份留给村办经济组织作为公共积累，其收益用于村组社会经济发展、办公经费及人员工资；采取送一配一的捆绑方式，分别将企业 10%股份分配给企业经营者、职工，30%股份平均分配给村民，使晨钟集体经济组织、企业经营者和职工、村民成为集团公司或子公司的股东，解决了虚拟资产产权不清问题。由于产权明晰，企业股改时，来自村民的 500 多万元配股资金一周内全部到位，村民的投资热情高涨。实际上由于企业经营者、职工和村民的配股，集体股的份额目前只有 28.8%，去年村上集体股分红收入 70 万元，而村民通过分红获得收益 200 多万元。晨钟村企业产权改革后，原来的村办集体企业成为股份制形式的企业集团，下辖 11 家企业，总资产超过亿元，企业年产值 8 000 万元。集团的经营管理体制由股东大会、董事会、监事会组成，主要负责人由两委会领导兼任，行使村办企业经济组织职能，实现了产权明晰、村企分开、规范运作的模式。企业经营决策、人事任免、利益分配都由董事会决策，监事会实行全程监督，两委会主要职能变为服务企业和村民①。

这个案例表明，通过股份改制，村企产权不清的问题得到了有效解决。但是在村集体企业改制的过程中也要特别注意防止集体资产的流失。

2．项目经营

在村委会直接经营，或者村委员将企业经营权分离出去后，村委员会一般对村办企业的经营项目有决策权。当然一些特殊的租赁经营情况下，村级组织无须拥有项目决策权。因此在两权分离的条件下，村组织对企业的管理主要是涉及项目的决策管理。在选择村办企业的

---

① 徐勇．现代农村经营管理与案例．

经营项目时，既要按民主原则来办事，更要根据市场规律来办事。

（1）多元化经营。多元化经营是在村办企业不断滚动发展过程中采取的项目经营方式。集团多元化经营是其中的一种形式。

【案例 5】 1986 年以前的静安村集体企业，仅有木器加工、拖拉机、副食品商店，从业人员不足 10 人，资产不到 3 万元，年总收入不足 5 万元。1986 年村党支部、村委会领导班子调整后，新一届领导班子带领村民兴办集体企业，鼓励群众发展个体企业，开始走上治穷致富的道路。首先选择了投资少、见效快、吹糠见米的食品加工业，村上投资 1 万元办起了综合食品加工小作坊，加工腌卤食品和香肠，采取滚雪球的办法逐渐扩大规模，先后建起了 100 吨、400 吨容量的冻库各一座，加工作坊发展成了拥有固定资产 280 万元，年产冻精肉 1 600 吨，香肠 400 吨，年总产值达 3 000 万元的中等食品加工企业。1986 年秋，党支部书记谭启彬说服与其同办“凼凼肥”厂的合伙人，将土法生产的肥厂转为村办企业，村上向信用合作社贷款 10 万元重新修建厂房，改进生产工艺，采用“走出去，引进来”的办法培养技术人才，不断提高产品质量。几年时间，过去连厂名都没有的“凼凼肥”厂滚动发展成为拥有固定资产 403 万元，年产过磷酸钙 12 万吨，年产值 3 000 万元的大型磷肥厂，并建成年产 2 万吨优质三元复合肥，拥有固定资产 402 万元的复合肥厂一座。生产的“芳霖”牌过磷酸钙荣获“四川省优质产品”称号，“碧花”牌三元复合肥荣获“巴蜀名牌产品”称号。1987 年，静安与四川化工总厂联合投资建成方兴化工厂（现静安植物原料药厂）。1994 年，静安集团公司成立。又相继建起了水泥厂、硫酸厂等企业。到 2000 年，静安集团公司企业拥有固定资产近 3 000 万元，总产值近亿元①。

（2）单一型经营。对于集体经济基础比较差的村，创办集体企业时不宜遍地开花，分散精力，可以根据资源条件，按照靠山吃山、靠水吃水的原则，办特色农业企业，还可办旅游服务型企业等。总的来说，对于刚起步的空壳村，只选准一个好项目，办出一村一品的特色来就行。

---

① 静安集团简介 http：//www.shifang.gov.cn/z/mazz/shownews.asp newsid= 200757110229259.

村集体企业发展经历过了人民公社时期的形成期、20 世纪 80 年代的发展期和 90 年代以来的改革期三个阶段。很多村集体企业经历过辉煌，而今却不再风光，甚至烟消云散。村集体企业发展至今，有两大突出的问题摆在每一个村干部面前值得大家思考和抉择。一是企业产权的问题；二是做大做强的问题。这两个问题也可以说是一个问题的两个方面，因为这两个问题的关联性很大，最后也直接影响了村集体企业的经营管理。21 世纪是知识经济时代，高科技、信息技术和人才更显的重要并且竞争也越激烈，村集体企业的发展更显得举步维艰，乡村干部更应该对这两个问题深思不懈。

思考题

1. 简述乡镇企业管理的含义。
2. 简述乡镇企业劳动管理应遵循的原则有哪些。
3. 简述乡镇企业劳动合同的违约责任有哪些。
4. 试述乡镇企业登记的内容。
5. 试析如何进行村集体企业产权经营。

第十章　农业产业部门管理

农业是以有生命的动植物为主要劳动对象，以土地为基本生产资料，依靠生物的生长发育来取得动植物产品的社会生产部门。本章主要讲农业产业分类、农业部门管理及农业机械化经营管理。

第一节　农业产业部门含义、特点及分类

一、农业的含义及特点

农业为通过培育动植物生产食品及工业原料的产业，属于第一产业，劳动对象是有生命的动植物，获得的产品是动植物本身，我们把利用动物植物等生物的生长发育规律，通过人工培育来获得产品的各部门，统称为农业。农业是支撑国民经济建设与发展的基础产品。农业是人们利用动植物体的生活功能，把自然界的物质和能量转化为人类需要的产品的生产部门。现阶段的农业分为植物栽培和动物饲养两大类。农业是人类衣食之源、生存之本，是一切生产的首要条件。它为国民经济其他部门提供粮食、副食品、工业原料、资金和出口物资。农村又是工业品的最大市场和劳动力的来源。

农业的根本特点是经济再生产与自然再生产交织在一起，受生物

的生长繁育规律和自然条件的制约，具有强烈的季节性和地域性；生产时间与劳动时间不一致；生产周期长，资金周转慢；产品大多具有鲜活性，不便运输和储藏，单位产品的价值较低。中国幅员辽阔，从南到北跨热带、亚热带、温带和寒温带，农作物类型和作物栽培制度都不相同，从一年三季、一年二季到一年一季，区域间差异十分显著。按地理、气候条件和栽培制度的不同，可分为热带农业、亚热带农业、温带农业和寒温带农业；从东南沿海到西北高原，随着自然条件和资源类型的变化，又可分为农区农业、半农半牧区农业和牧区农业。农业是人类社会赖以生存的基本生活资料的来源，是社会分工和国民经济其他部门成为独立的生产部门的前提和进一步发展的基础，也是一切非生产部门存在和发展的基础。国民经济其他部门发展的规模和速度，都要受到农业生产力发展水平和农业劳动生产率高低的制约。

二、农业的部门分类

根据农业生产结构划分，农业分为种植业、林业、畜牧业、渔业和副业。中国由于人口多，耕地面积相对较少，粮食生产尤占主要地位。在传统观念中，种植五谷，几乎就是农业生产的同义词。种植业即狭义农业。20 世纪 50 年代以后，林业、畜牧业、渔业和副业等都在原有的基础上有了增长，但它们在农业总产值构成中的比重，总的变化不大。1979 年以后由于农村进行经济体制改革，并确定了“绝不放松粮食生产，积极发展多种经营”的方针，农村经济从较为单一的经营向多种经营的商品经济转化，林业、畜牧业、渔业和副业等都在原有的基础上有了较大较快的增长，现在人们越来越重视农业生产结构的调整，注重农业综合经济效益的提高。

1. 种植业

即狭义农业，是指栽培各种农作物以及取得植物性产品的农业生产部门。种植业是农业的主要组成部分之一，主要包括粮食作物、经济作物、饲料作物、绿肥作物以及蔬菜、花卉等园艺作物。种植五谷，其具体项目，通常用“十二个字”即粮、棉、油、麻、丝（桑）、茶、糖、菜、烟、果、药、杂来代表。有粮食作物、经济作物、蔬菜作物、绿肥作物、饲料作物、牧草等。就其本质来说，种植业是以土地为重要生产资料，利用绿色植物，通过光合作用把自然界中的二氧化碳、水和矿物质合成有机物质，同时，把太阳能转化为化学能贮藏在有机物质中。它是一切以植物产品为食品的物质来源，也是人类生命活动的物质基础。种植业特别是其中粮食作物生产的发展对畜牧业、工业的发展和人民生活水平的提高，有着十分重要的意义。中国种植业历史悠久，在农业中所占比重大。正确处理种植业与其他各业的关系，正确确定种植业内部各类作物的种植比例是合理利用土地、加快农业发展的重要条件。

种植业在我国农业的产值构成中，所占比例最大的产业。种植业是大农业的重要基础，不仅是人类赖以生存的食物与生活资料的主要来源，还为轻纺工业、食品工业提供原料，为畜牧业和渔业提供饲料。同时，种植业的分布和发展对国民经济各部门有直接影响。中国农业中种植业的比重较大，其产值一般占农业总产值的 50%以上，它的稳定发展对中国国民经济的发展和人民生活的改善均有重要意义。

2．林业

林业是指保护生态环境和生态平衡，培育和保护森林以取得木材和其他林产品、利用林木的自然特性以发挥防护作用的生产部门，是国民经济的重要组成部分之一。林业包括造林、育林、护林、森林采伐和更新、木材和其他林产品的采集和加工等。发展林业，除可提供大量国民经济所需的产品外，还可以发挥其保持水土、防风固沙、调节气候、保护环境等重要作用。

林业在国民经济建设、人民生活和自然环境生态平衡中，均有特殊的地位和作用。世界各国通常把林业作为独立的生产部门，在中国属于大农业的一部分。林业生产以土地为基本生产资料，以森林（包括天然林和人工林）为主要经营利用对象，整个生产过程一般包括造林、森林经营、森林利用三个组成部分，也是综合性的生产部门。林业生产与作物栽培、矿产采掘等既有类似性，又不相同。它具有生产周期长、见效慢、商品率高、占地面积大、受地理环境制约强、林木资源可再生等特点。林业生产的主要任务是科学地培育经营、管理保护、合理利用现有森林资源与有计划地植树造林，扩大森林面积，提高森林覆盖率，增加木材和其他林产品的生产，并根据林木的自然特性，发挥它在改造自然、调节气候、保持水土、涵养水源、防风固沙、保障农牧业生产、防治污染、净化空气、美化环境等多方面的效能和综合效益。

1978 年以来，我国已采取措施加强林业建设，提高了抗御水旱灾害的能力，从而使抚育管理不断改进，农田基本建设的巨大成就，造林面积和木材产量有所增加，用材林、经济林和防护林的构成也日趋合理。

3. 畜牧业

畜牧业是指用放牧、圈养或者二者结合的方式，饲养畜禽以取得动物产品或役畜的生产部门。它包括牲畜饲牧、家禽饲养、经济兽类驯养等畜牧业是农业的主要组成部分之一。农业的重要组成部分，与种植业并列为农业生产的两大支柱。

发展畜牧业必须根据各地的自然经济条件，因地制宜，发挥优势。畜牧业主要包括牛、马、驴、骡、骆驼、猪、羊、鸡、鸭、鹅、兔、蜂等家畜家禽饲养业和鹿、貂、水獭、麝等野生经济动物驯养业。它不但为纺织、油脂、食品、制药等工业提供原料，也为人民生活提供肉、乳、蛋、禽等丰富食品，为农业提供役畜和粪肥。故搞好畜牧业生产对于促进经济发展，改善人民生活，增加出口物资，增强民族团结都具有十分重要的意义。发展畜牧业的条件是：自然条件适宜，即光、热、水、土适合各类牧草和牲畜的生长发育，草场面积较大，质量较好，类型较多；有一定的物质基础，生产潜力很大，能做到投资少、见效快、收益高；广大农民具有从事畜牧业生产的经验和技能等。畜牧业的类型很多，其中按饲料种类、畜种构成、经营方式，可分为牧区畜牧业、农区畜牧业和城郊畜牧业。

4. 水产业

水产业即渔业，是指捕捞和养殖鱼类和其他水生动物及海藻类等水生植物以取得水产品的社会生产部门。一般分为海洋渔业、淡水渔业。渔业可为人民生活和国家建设提供食品和工业原料。

开发和利用水域，采集捕捞与人工养殖各种有经济价值的水生动植物以取得水产品的社会生产部门，是广义农业的重要组成部分。按水域可分为海洋渔业和淡水渔业；按生产特性分为养殖业和捕捞业。

广义的渔业还包括：（1）直接渔业生产前部门。渔船、渔具、渔用仪器、渔用机械及其他渔用生产资料的生产和供应部门。（2）直接渔业后部门。水产品的贮藏、加工、运输和销售等部门。渔业生产的主要特点是以各种水域为基地，以具有再生性的水产经济动植物资源为对象，具有明显的区域性和季节性，初级产品具鲜活、易变腐和商品性的特点。渔业是国民经济的一个重要部门。丰富的蛋白质含量为世界提供总消费量的 6%，动物性蛋白质消费量的 24%，还可以为农业提供优质肥料，为畜牧业提供精饲料，为食品、医药、化工工业提供重要原料。我国 18 000 多公里的大陆海岸线，有辽阔的大陆架和滩涂，有 20 万平方公里的淡水水域，1 000 多种经济价值较高的水产动植物，发展渔业有良好的自然条件和广阔前景。

5. 副业

副业是一般指主业以外的生产事业。在中国农业中，副业有两种含义：一是指传统农业中，农户从事农业主要生产以外的其他生产事业。在多数地区，以种植业为主业，以饲养猪、鸡等畜禽，采集野生植物和从事家庭手工业等为副业。二是在农业内部的部门划分中，把种植业、林业、畜牧业、渔业以外的生产事业均划为副业。后一种含义的副业包括的内容有：（1）采集野生植物，如采集野生药材、野生油料、野生淀粉原料、野生纤维、野果、野菜和柴草等。（2）捕猎野兽、野禽。（3）依附于农业并具有工业性质的生产活动，如农副产品加工、手工业以及砖、瓦、灰、砂、石等建筑材料生产。这部分工业性生产活动，按照我国 20 世纪 60 年代初期的统计规定，包括生产大队办的工业、生产队办的工业和农民家庭经营的手工业（商品部分）。当时队办工业（含生产大队和生产队两级办的工业）尚处于萌芽阶段，规模小，生产项目少，因此被列入农业中的副业范围之内。经过 20 年的发展，队办工业的规模迅速扩大，生产项目增多，其产值已占了副业产值的绝大比重。20 世纪 80 年代初，我国政府有关部门决定，今后不再把村办工业（原大队办的工业）和村以下合作经济组织办工业（原生产队办的工业）列入农业中的副业之内，其产值也不计入农业总产值中而计入全国的工业总产值中。

中国有丰富的副业资源，农民充分利用剩余劳动力、剩余劳动时间和分散的资源、资金发展副业，对于增加农民收入、满足社会需要和推动农业生产发展都有重要意义。副业生产，特别是其中的采集和捕猎对自然资源的状况影响较大。因此，发展副业时，注意保护自然资源和维护生态环境十分重要。

第二节　农业各部门经济管理

一、种子管理

种子，是指用于农业生产的籽粒、果实和根、茎、苗、芽等繁殖材料。种子的选育、生产、检验、检疫、经营、使用和管理等工作都必须依法进行。为了保护和合理利用种子资源和提高种子质量水平，规范品种选育和种子生产、经营、使用行为，维护品种选育者和种子生产者、经营者、使用者的合法权益不受侵犯，推动种子生产经营产业化，推动种植业和林业的发展，必须强化对种子的管理。

1. 种子管理的主要部门

国务院农业、林业行政主管部门分别主管全国农作物种子和林木种子工作；县级以上地方人民政府农业、林业行政主管部门分别主管本行政区域内农作物种子和林木种子工作。根据 1997 年 5 月 23 日河南省第八届人民代表大会常务委员会第二十六次会议《关于修改〈河南省农作物种子管理条例〉的决定》：

（1）各级人民政府应加强对种子管理工作的领导，把良种的选育、生产、经营、推广列入农业生产发展计划，鼓励从事农业生产的单位和个人采用良种。

（2）各级农业行政部门主管本行政区域内种子工作。

（3）工商行政管理、税务、物价、财政、银行、粮食、技术监督、交通、邮电等部门应与农业行政部门密切配合，共同做好种子管理工作。

（4）县级以上人民政府农业行政部门的种子管理机构负责本行政区域内种子管理的日常工作；县级以上人民政府农业行政部门的种子公司是生产、经营种子的主营单位，承担本行政区域内生产用种和余缺调剂任务；各级种子管理机构和种子公司应严格实行机构分设、业务分开。

2. 种子管理机构的主要职责

(1) 宣传、贯彻国家有关种子管理的方针、政策、法规和本条例；

(2) 制订种子选育、引进、繁殖、推广计划，并监督实施；

(3) 负责种子品种、生产、质量、价格、市场的管理；

(4) 负责培训种子管理、技术工作人员；

(5) 查处违章生产、经营种子的单位和个人；

(6) 指导下级种子管理机构的种子管理。

3. 种子生产的管理

根据《中华人民共和国种子法》的规定，主要农作物和主要林木的商品种子生产实行许可制度。

(1) 生产许可证的申请。申请领取种子生产许可证的单位和个人，应当具备下列条件：

① 具有繁殖种子的隔离和培育条件；

② 具有无检疫性病虫害的种子生产地点或者县级以上人民政府林业行政主管部门确定的采种林；

③ 具有与种子生产相适应的资金和生产、检验设施；

④ 具有相应的专业种子生产和检验技术人员；

⑤ 法律、法规规定的其他条件。

申请领取具有植物新品种权的种子生产许可证的，应当征得品种权人的书面同意。种子生产许可证应当注明生产种子的品种、地点和有效期限等项目。禁止伪造、变造、买卖、租借种子生产许可证；禁止任何单位和个人无证或者未按照许可证的规定生产种子。

(2) 种子生产许可证的核发。主要农作物杂交种子及其亲本种子、常规种原种种子、主要林木良种的种子生产许可证，由生产所在地县级人民政府农业、林业行政主管部门审核，省、自治区、直辖市人民政府农业、林业行政主管部门核发；其他种子的生产许可证，由生产所在地县级以上地方人民政府农业、林业行政主管部门核发。

(3) 其他要求。商品种子生产应当执行种子生产技术规程和种子检验、检疫规程。

在林木种子生产基地内采集种子的，由种子生产基地的经营者组织进行，采集种子应当按照国家有关标准进行。

禁止抢采掠青、损坏母树，禁止在劣质林内、劣质母树上采集种子。

商品种子生产者应当建立种子生产档案，载明生产地点、生产地块环境、前茬作物、亲本种子来源和质量、技术负责人、田间检验记录、产地气象记录、种子流向等内容。

根据 1997 年 5 月 23 日河南省第八届人民代表大会常务委员会第二十六次会议《关于修改〈河南省农作物种子管理条例〉的决定》种子生产必须符合以下要求：

① 种子生产应建立基地，并实行专业化生产。种子基地包括原种场、农场、农业科研单位、有关院校和农村的特约基地。

② 商品种子的生产实行许可证制度。商品种子的生产单位和个人，必须报请所在地县级以上种子管理机构批准，领取《农作物种子生产许可证》后，方准进行生产。

鼓励和支持农业科研单位、农业院校和国有原（良）种场选育、繁殖和引进常规良种，经审定通过的，优先发给《农作物种子生产许可证》。

鼓励乡村集体经济组织和个人，生产自用的良种。

③ 种子基地应连片集中，保持稳定，有一定种子生产技术基础和良好的生产条件。种子生产应执行技术操作规程，达到规定质量标准。

④ 种子生产实行合同制。生产的原种、良种符合国家规定标准的按合同收购。严禁任何单位和个人到种子基地抢购种子。

⑤ 农作物良种生产实行定期更新制度。

玉米、水稻、油菜、高粱等主要杂交制种的亲本种子，由省种子管理机构统一组织安排保纯繁殖。杂交种子由县级以上种子管理机构组织生产。在杂交制种及亲本种子繁殖隔离区内，禁止妨碍或危害种子生产的行为。

⑥ 种子生产应列入各级计划部门的种植计划。所需资金、交通工具、机械、燃料、化肥、农药等统配物资，由农业部门提出申请，

有关管理部门列入计划，优先供应。

4．种子经营的管理

根据 1997 年 5 月 23 日河南省第八届人民代表大会常务委员会第二十六次会议《关于修改〈河南省农作物种子管理条例〉的决定》规定种子经营实行许可证制度。经营种子的单位和个人应提出书面申请，报经所在地县级以上种子管理机构审查批准，领取《农作物种子经营许可证》，凭证到当地工商行政管理部门办理《营业执照》，证、照齐全后方准经营。

（1）种子经营许可证的申请。申请领取种子经营许可证的单位和个人，应当具备下列条件：

① 具有与经营种子种类和数量相适应的资金及独立承担民事责任的能力；

② 具有能够正确识别所经营的种子、检验种子质量、掌握种子贮藏、保管技术的人员；

③ 具有与经营种子的种类、数量相适应的营业场所及加工、包装、贮藏保管设施和检验种子质量的仪器设备；

④ 法律、法规规定的其他条件。

（2）种子经营许可证的核发。种子经营许可证实行分级审批发放制度。种子经营许可证由种子经营者所在地县级以上地方人民政府农业、林业行政主管部门核发。

主要农作物杂交种子及其亲本种子、常规种原种种子、主要林木良种的种子经营许可证，由种子经营者所在地县级人民政府农业、林业行政主管部门审核，省、自治区、直辖市人民政府农业、林业行政主管部门核发。

实行选育、生产、经营相结合并达到国务院农业、林业行政主管部门规定的注册资本金额的种子公司和从事种子进出口业务的公司的种子经营许可证，由省、自治区、直辖市人民政府农业、林业行政主管部门审核，国务院农业、林业行政主管部门核发。

（3）种子经营许可证的使用与管理。

① 农民个人自繁、自用的常规种子有剩余的，可以在集贸市场上出售、交换，不需要办理种子经营许可证，由省、自治区、直辖市

人民政府制定管理办法。

② 种子经营者专门经营不再分装的包装种子的，或者受具有种子经营许可证的种子经营者以书面委托代销其种子的，可以不办理种子经营许可证。

③ 种子经营许可证应当注明种子经营范围、经营方式及有效期限、有效区域等项目。

④ 禁止伪造、变造、买卖、租借种子经营许可证；禁止任何单位和个人无证或者未按照许可证的规定经营种子。有上述行为之一的，由县级以上人民政府农业、林业行政主管部门责令改正，没收种子和违法所得，并处以违法所得 1 倍以上 3 倍以下罚款；没有违法所得的，处以 1 000 元以上 30 000 元以下罚款；可以吊销违法行为人的种子生产许可证或者种子经营许可证；构成犯罪的，依法追究刑事责任。

⑤ 种子经营许可证的有效区域由发证机关在其管辖范围内确定。种子经营者按照经营许可证规定的有效区域设立分支机构的，可以不再办理种子经营许可证，但应当在办理或者变更营业执照后 15 日内，向当地农业、林业行政主管部门和原发证机关备案。

⑥ 种子经营者应当遵守有关法律、法规的规定，向种子使用者提供种子的简要性状、主要栽培措施、使用条件的说明与有关咨询服务，并对种子质量负责。任何单位和个人不得非法干预种子经营者的自主经营权。

（4）种子销售的管理。

① 销售的种子应当加工、分级、包装。但是，不能加工、包装的除外。大包装或者进口种子可以分装；实行分装的，应当注明分装单位，并对种子质量负责。

② 销售的种子应当附有标签。标签应当标注种子类别、品种名称、产地、质量指标、检疫证明编号、种子生产及经营许可证编号或者进口审批文号等事项。标签标注的内容应当与销售的种子相符。销售进口种子的，应当附有中文标签。

③ 销售转基因植物品种种子的，必须用明显的文字标注，并应当提示使用时的安全控制措施。

④ 种子广告的内容应当符合本法和有关广告的法律、法规的规定，主要性状描述应当与审定公告一致。

⑤ 调运或者邮寄出县的种子应当附有检疫证书。

⑥ 种子经营者应当建立种子经营档案，载明种子来源、加工、贮藏、运输和质量检测各环节的简要说明及责任人、销售去向等内容。一年生农作物种子的经营档案应当保存至种子销售后 2 年，多年生农作物和林木种子经营档案的保存期限由国务院农业、林业行政主管部门规定。

⑦ 有下列行为之一的，由县级以上人民政府农业、林业行政主管部门或者工商行政管理机关责令改正，处以 1 000 元以上 10 000 元以下罚款：a. 经营的种子应当包装而没有包装的；b. 经营的种子没有标签或者标签内容不符合本法规定的；c. 伪造、涂改标签或者试验、检验数据的；d. 未按规定制作、保存种子生产、经营档案的；e. 种子经营者在异地设立分支机构未按规定备案的。

5. 种子质量管理

种子的生产、加工、包装、检验、贮藏必须按照由国务院农业、林业行政主管部门制定的有关质量管理办法和行业标准，加以管理。

（1）禁止生产经营假、劣种子。

下列种子为假种子：

① 以非种子冒充种子或者以此种品种种子冒充他种品种种子的；

② 种子种类、品种、产地与标签标注的内容不符的。

下列种子为劣种子：

① 质量低于国家规定的种用标准的；

② 质量低于标签标注指标的；

③ 因变质不能作种子使用的；

④ 杂草种子的比率超过规定的；

⑤ 带有国家规定检疫对象的有害生物的。

（2）由于不可抗力原因，为生产需要必须使用低于国家或者地方规定的种用标准的农作物种子的，应当经用种地县级以上地方人民政府批准；林木种子应当经用种地省、自治区、直辖市人民政府批准。

（3）种子使用者因种子质量问题遭受损失的，出售种子的经营者应当予以赔偿，赔偿额包括购种价款、有关费用和可得利益损失；经营者赔偿后，属于种子生产者或者其他经营者责任的，经营者有权向生产者或者其他经营者追偿。

（4）从事品种选育和种子生产、经营以及管理的单位和个人应当遵守有关植物检疫法律、行政法规的规定，防止植物危险性病、虫、杂草及其他有害生物的传播和蔓延。

二、林业经济管理

1. 森林管理

（1）森林的分类。依据不同的标准可进行不同的划分。

首先，按森林的作用划分，我国《森林法》规定将森林划分为如下的五类：

① 防护林。以防护为主要目的的森林、林木和灌木丛。包括水源涵养林、水土保持林、防风固沙林、农田牧场防护林、护岸林、护路林。

② 用材林。以生产木材为主要目的的森林和林木，包括以生产竹材为主要目的的林木。

③ 经济林。以生产果品、食用油料、饮料、调料、工业原料和药材等为主要目的的林木。

④ 薪炭林。以生产燃料为主要目的的林木。

⑤ 特种用途林。以国防、环境保护、科学试验为主要目的的森林和林木。包括国防林、试验林、母树林、环境保护林、风景林、名胜古迹和革命纪念地的林木以及自然保护区的森林。

对上述不同类别的森林在管理上有不同的规定。例如，只能对用材林采伐，而对于防护林和特种用途林中的国防林、母树林、环境保护林、风景林，则只准进行抚育和更新性质的采伐。对于特种用途林中的名胜古迹和革命纪念地的林木、自然保护区的森林，严禁采伐。

其次，按人对于森林的影响程度的分类通常将森林分为原始林、次生林和人工林三类。

① 原始林位于边远地区，尚未开发利用，基本上不受人为的影响；

② 次生林是原始林经过人为的干扰破坏以后，通过林木的自然更新再度发生的森林；

③ 人工林是人为地采用播种或植苗的方式营造的森林。

原始林和次生林可统称为天然林。随着人类社会的发展，原始林越来越少，很多原始林变成了次生林，同时人工营造的森林则越来越多。当前，人们对于发展人工林都很重视，认为它是解决森林资源日益减少、木质品日益短缺的手段；同时，它也是恢复被严重破坏的森林，改善地区生态环境的重要途径。不过，在发展人工林的同时，应该注意保护天然林，特别是保护那些所剩无几的原始林。天然林和人工林相比，物种繁多、结构复杂，稳定性强，在维持生物多样性和生态保护方面是人工林所不能代替的。按林木特征的分类，森林资源是以林木为主体，它的特征最受人们的重视，也是区分森林资源的重要指标。通常用于分类的林木特征有林木组成、林木起源、林木年龄等项指标。

（2）森林使用登记制度。

① 依法使用的国家所有的森林、林木和林地，按照下列规定登记：

a. 使用国务院确定的国家所有的重点林区（以下简称重点林区）的森林、林木和林地的单位，应当向国务院林业主管部门提出登记申请，由国务院林业主管部门登记造册，核发证书，确认森林、林木和林地使用权以及由使用者所有的林木所有权。

b. 使用国家所有的跨行政区域的森林、林木和林地的单位和个人，应当向共同的上一级人民政府林业主管部门提出登记申请，由该人民政府登记造册，核发证书，确认森林、林木和林地使用权以及由使用者所有的林木所有权。

c. 使用国家所有的其他森林、林木和林地的单位和个人，应当向县级以上地方人民政府林业主管部门提出登记申请，由县级以上地方人民政府登记造册，核发证书，确认森林、林木和林地使用权以及由使用者所有的林木所有权。

d. 未确定使用权的国家所有的森林、林木和林地，由县级以上人民政府登记造册，负责保护管理。

② 集体所有的森林、林木和林地，由所有者向所在地的县级人民政府林业主管部门提出登记申请，由该县级人民政府登记造册，核发证书，确认所有权。

③ 单位和个人所有的林木，由所有者向所在地的县级人民政府林业主管部门提出登记申请，由该县级人民政府登记造册，核发证书，确认林木所有权。

使用集体所有的森林、林木和林地的单位和个人，应当向所在地的县级人民政府林业主管部门提出登记申请，由该县级人民政府登记造册，核发证书，确认森林、林木和林地使用权。

④ 国家重点防护林和特种用途林，由国务院林业主管部门提出意见，报国务院批准公布；地方重点防护林和特种用途林，由省、自治区、直辖市人民政府林业主管部门提出意见，报本级人民政府批准公布；其他防护林、用材林、特种用途林以及经济林、薪炭林，由县级人民政府林业主管部门根据国家关于林种划分的规定和本级人民政府的部署组织划定，报本级人民政府批准公布。

省、自治区、直辖市行政区域内的重点防护林和特种用途林的面积，不得少于本行政区域森林总面积的30%。

⑤ 改变森林、林木和林地所有权、使用权的，应当依法办理变更登记手续。县级以上人民政府林业主管部门应当建立森林、林木和林地权属管理档案。

（3）森林采伐管理。根据国务院法规《森林采伐更新管理办法》规定：森林采伐更新要贯彻“以营林为基础，普遍护林，大力造林，采育结合，永续利用”的林业建设方针，执行森林经营方案，实行限额采伐，并采用森林采伐许可证管理制度，发挥森林的生态效益、经济效益和社会效益的作用。

① 林木采伐许可证管理。采伐林木必须申请采伐许可证，按许可证的规定进行采伐；农村居民采伐自留地和房前屋后个人所有的零星林木除外。包括以下内容：

a. 林木采伐许可证的申请。申请林木采伐许可证，除应当提交申请采伐林木的所有权证书或者使用权证书外，还应当按照下列规定提交其他有关证明文件：一是国有林业企业事业单位还应当提交采伐区调查设计文件和上年度采伐更新验收证明；二是其他单位还应当提交包括采伐林木的目的、地点、林种、林况、面积、蓄积量、方式和更新措施等内容的文件；三是个人还应当提交包括采伐林木的地点、面积、树种、株数、蓄积量、更新时间等内容的文件。

因扑救森林火灾、防洪抢险等紧急情况需要采伐林木的，组织抢险的单位或者部门应当自紧急情况结束之日起 30 日内，将采伐林木的情况报告当地县级以上人民政府林业主管部门。

b. 有下列情形之一的，不得核发林木采伐许可证：

一是防护林和特种用途林进行非抚育或者非更新性质的采伐的，或者采伐封山育林期、封山育林区内的林木的。

二是上年度采伐后未完成更新造林任务的。

三是年度发生重大滥伐案件、森林火灾或者大面积严重森林病虫害，未采取预防和改进措施的。

c. 核发权限。国有林业企业事业单位、机关、团体、部队、学校和其他国有企业事业单位采伐林木，由所在地县级以上林业主管部门依照有关规定审核发放采伐许可证。

铁路、公路的护路林和城镇林木的更新采伐，由有关主管部门依照有关规定审核发放采伐许可证。

农村集体经济组织采伐林木，由县级林业主管部门依照有关规定审核发放采伐许可证。

农村居民采伐自留山和个人承包集体的林木，由县级林业主管部门或者其委托的乡、镇人民政府依照有关规定审核发放采伐许可证。

② 采伐森林和林木的规定，有以下几点：

a. 成熟的用材林应当根据不同情况，分别采取择伐、皆伐和渐伐方式，皆伐应当严格控制，并在采伐的当年或者次年内完成更新造林。

b. 防护林和特种用途林中的国防林、母树林、环境保护林、风景林，只准进行抚育和更新性质的采伐。

c. 特种用途林中的名胜古迹和革命纪念地的林木、自然保护区的森林，严禁采伐。

③ 森林采伐实行限额管理。国家所有的森林和林木以国有林业企业事业单位、农场、厂矿为单位，集体所有的森林和林木、个人所

有的林木以县为单位，制定年森林采伐限额，由省、自治区、直辖市人民政府林业主管部门汇总、平衡，经本级人民政府审核后，报国务院批准；其中，重点林区的年森林采伐限额，由国务院林业主管部门审核后，报国务院批准。

国务院批准的年森林采伐限额，每 5 年核定 1 次。

采伐森林、林木作为商品销售的，必须纳入国家年度木材生产计划；但是，农村居民采伐自留山上个人所有的薪炭林和自留地、房前屋后个人所有的零星林木除外。

④ 滥伐森林的法律责任，有以下几方面：

a. 盗伐森林或者其他林木，以立木材积计算 0.5 立方米以上或者幼树 20 株以上的，由县级以上人民政府林业主管部门责令补种盗伐株数 10 倍的树木，没收盗伐的林木或者变卖所得，并处盗伐林木价值 5～10 倍的罚款。

b. 滥伐森林或者其他林木，以立木材积计算不足 2 立方米或者幼树不足 50 株的，由县级以上人民政府林业主管部门责令补种滥伐株数 5 倍的树木，并处滥伐林木价值 2～3 倍的罚款。

滥伐森林或者其他林木，以立木材积计算 2 立方米以上或者幼树 50 株以上的，由县级以上人民政府林业主管部门责令补种滥伐株数 5 倍的树木，并处滥伐林木价值 3～5 倍的罚款。

超过木材生产计划采伐森林或者其他林木的，依此规定处罚。

c. 违反规定，未经批准，擅自在林区经营（含加工）木材的，由县级以上人民政府林业主管部门没收非法经营的木材和违法所得，并处违法所得 2 倍以下的罚款。

d. 违反规定，毁林采种或者违反操作技术规程采脂、挖笋、掘根、剥树皮及过度修枝，致使森林、林木受到毁坏的，依法赔偿损失，由县级以上人民政府林业主管部门责令停止违法行为，补种毁坏株数 1～3 倍的树木，可以处毁坏林木价值 1～5 倍的罚款；拒不补种树木或者补种不符合国家有关规定的，由县级以上人民政府林业主管部门组织代为补种，所需费用由违法者支付。

e. 违反森林法和实施条例规定，擅自开垦林地，致使森林、林木受到毁坏的，依照《森林法》第四十四条的规定予以处罚；对森林、林木未造成毁坏或者被开垦的林地上没有森林、林木的，由县级以上人民政府林业主管部门责令停止违法行为，限期恢复原状，可以处非法开垦林地每平方米 10 元以下的罚款。

f. 有下列情形之一的，由县级以上人民政府林业主管部门责令限期完成造林任务；逾期未完成的，可以处应完成而未完成造林任务所需费用 2 倍以下的罚款；对直接负责的主管人员和其他直接责任人员，依法给予行政处分：一是连续 2 年未完成更新造林任务的；二是当年更新造林面积未达到应更新造林面积 50%的；三是除国家特别规定的干旱、半干旱地区外，更新造林当年成活率未达到 85%的；四是植树造林责任单位未按照所在地县级人民政府的要求按时完成造林任务的。

2. 林地征占规定

勘察、开采矿藏和修建道路、水利、电力、通讯等工程，需要占用或者征用林地的，必须遵守下列规定：

（1）用地单位应当向县级以上人民政府林业主管部门提出用地申请，经审核同意后，按照国家规定的标准预交森林植被恢复费，领取使用林地审核同意书。用地单位凭使用林地审核同意书依法办理建设用地审批手续。占用或者征用林地未经林业主管部门审核同意的，土地行政主管部门不得受理建设用地申请。

（2）占用或者征用防护林林地或者特种用途林林地面积 10 公顷以上的，用材林、经济林、薪炭林林地及其采伐迹地面积 35 公顷以上的，其他林地面积 70 公顷以上的，由国务院林业主管部门审核；占用或者征用林地面积低于上述规定数量的，由省、自治区、直辖市人民政府林业主管部门审核。占用或者征用重点林区的林地的，由国务院林业主管部门审核。

（3）用地单位需要采伐已经批准占用或者征用的林地上的林木时，应当向林地所在地的县级以上地方人民政府林业主管部门或者国务院林业主管部门申请林木采伐许可证。

（4）占用或者征用林地未被批准的，有关林业主管部门应当自接到不予批准通知之日起 7 日内将收取的森林植被恢复费如数退还。

（5）需要临时占用林地的，应当经县级以上人民政府林业主管部门批准。临时占用林地的期限不得超过 2 年，并不得在临时占用的林地上修筑永久性建筑物；占用期满后，用地单位必须恢复林业生产条件。

（6）森林经营单位在所经营的林地范围内修筑直接为林业生产服务的工程设施，需要占用林地的，由县级以上人民政府林业主管部门批准；修筑其他工程设施，需要将林地转为非林业建设用地的，必须依法办理建设用地审批手续。

3. 木材经营的管理

经营木材需要符合下列要求：

（1）在林区经营（含加工）木材，必须经县级以上人民政府林业主管部门批准。木材收购单位和个人不得收购没有林木采伐许可证或者其他合法来源证明的木材。

（2）从林区运出非国家统一调拨的木材，必须持有县级以上人民政府林业主管部门核发的木材运输证。重点林区的木材运输证，由国务院林业主管部门核发；其他木材运输证，由县级以上地方人民政府林业主管部门核发。

木材运输证的式样由国务院林业主管部门规定。

木材运输证自木材起运点到终点全程有效，必须随货同行。没有木材运输证的，承运单位和个人不得承运。

（3）申请木材运输证应提交以下证明文件：木材采伐许可证或其他合法来源证明；检疫证明；省、自治区、直辖市人民政府林业主管部门给定的其他文件。符合上述条件的，受理木材运输证申请的县级以上林业主管部门应当在自接受申请之日起 3 日内发给木材运输证。依法发放的木材运输证所准运的木材运输总量，不得超过当地年度木材生产计划规定可以运输销售的木材总量。

经省、自治区、直辖市人民政府批准在林区设立的木材检疫站，负责检查木材运输；无证运输木材的，木材检疫站应当予以制止，可以暂扣无证运输的木材，并立即报请县级以上人民政府林业主管部门依法处理。

三、畜牧业经济管理

畜牧业是我国农村经济主导产业之一，目前，已有比较完善的管理法规可依。最早出台的有《中华人民共和国草原法》，最完善的法规体系有《药政管理条例》及其配套法规，和农村经济关系最为密切的法规是《中华人民共和国动物防疫法》，和牧区经济关系最为密切的法律是《中华人民共和国草原法》，加入世界经济贸易组织后我国农村经济经常会面对的管理法律法规是《饲料管理条例》和《中华人民共和国进出境动植物检疫法》。畜牧业的管理体系也逐渐在理顺，过去是政府各部门分割管理，现在已逐渐统一到畜牧兽医行业主管部门。管理的内容发生了重大变化，过去主要是管理生产环节，现在已逐渐转入到畜牧兽医的全行业管理，特别是兽医管理。

1．动物防疫管理

根据《中华人民共和国动物防疫法》第一章第六条规定：动物的防疫管理工作由县级以上地方人民政府畜牧兽医行政管理部门负责主管，由县级以上人民政府所属的动物防疫监督机构负责实施，军队的防疫管理工作由军队自己负责。动物的防疫管理工作主要分几个部分：

（1）疫情的管理。指对动物传染病、寄生虫病等疫情的监测、报告和发布以及疫情的控制和扑灭的管理。

动物疫病分成三类：一类疫病，是指对人、畜危害严重、需要采取紧急、严厉的强制预防、控制、扑灭措施的；二类疫病，是指可造成重大经济损失、需要采取严格控制、扑灭措施，防止扩散的；三类疫病，是指常见多发、可能造成重大经济损失、需要控制和净化的。三类疫病的具体病种名录由国务院畜牧兽医行政管理部门规定并公布。

《中华人民共和国动物防疫法》第三章第十九至二十九条规定了各级畜牧兽医部门管理动物疫情的责任和权限。国务院畜牧兽医行政管理部门统一管理并公布全国动物疫情，也可以根据需要授权省、自治区、直辖市人民政府畜牧兽医行政管理部门公布本行政区域内的动物疫情。任何单位或者个人发现患有疫病或者疑似疫病的动物，都应当及时向当地动物防疫监督机构报告。动物防疫监督机构应当迅速采取措施，并按照国家有关规定上报。任何单位和个人不得瞒报、谎报、阻碍他人报告动物疫情，对于瞒报、谎报或者阻碍他人报告动物疫情的，《中华人民共和国动物防疫法》第六章第五十三条还规定了具体的法律责任和处罚办法。

发生一类动物疫病时，当地县级以上地方人民政府畜牧兽医行政管理部门应当立即派人到现场，划定疫点、疫区、受威胁区，采集病料，调查疫源，及时报请同级人民政府决定对疫区实行封锁，将疫情等情况逐级上报国务院畜牧兽医行政管理部门。县级以上地方人民政府应当立即组织有关部门和单位采取隔离、捕杀、销毁、消毒、紧急免疫接种等强制性控制、扑灭措施，迅速扑灭疫病，并通报毗邻地区。在封锁期间，禁止染疫和疑似染疫的动物、动物产品流出疫区，禁止非疫区的动物进入疫区，并根据扑灭动物疫病的需要对出入封锁区的人员、运输工具及有关物品采取消毒和其他限制性措施。疫区范围涉及两个以上行政区域的，由有关行政区域共同的上一级人民政府决定对疫区实行封锁，或者由各有关行政区域的上一级人民政府共同决定对疫区实行封锁。

发生二类动物疫病时，当地县级以上地方人民政府畜牧兽医行政管理部门应当划定疫点、疫区、受威胁区。县级以上地方人民政府应当根据需要组织有关部门和单位采取隔离、捕杀、销毁、消毒、紧急免疫接种、限制易感染的动物、动物产品及有关物品出入等控制、扑灭措施。

发生三类动物疫病时，县级、乡级人民政府应当按照动物疫病预防计划和国务院畜牧兽医行政管理部门的有关规定，组织防治和净化。疫点、疫区、受威胁区和疫区封锁的解除，由原决定机关宣布。

发生人、畜共患疫病时，有关畜牧兽医行政管理部门应当与卫生行政部门及有关单位互相通报疫情。畜牧兽医行政管理部门、卫生行政部门及有关单位应当及时采取控制、扑灭措施。

（2）防疫的管理。国家对动物疫病实行预防为主的方针，《中华人民共和国动物防疫法》第二章第十一条规定，国家对严重危害养殖生产和人体健康的动物疫病实行计划免疫制度，实施强制免疫。实施强制免疫的动物疫病病种名录由国务院畜牧兽医行政管理部门规定并公布。实施强制免疫以外的动物疫病预防，由县级以上地方人民政府畜牧兽医行政管理部门制订计划，报同级人民政府批准后实施。《中华人民共和国动物防疫法》第二章第十三至十八条对动物防疫工作作了比较具体的规范。动物防疫监督机构应当加强对动物疫病预防的宣传教育和技术指导、技术培训、咨询服务，并组织实施动物疫病免疫计划。乡、民族乡、镇的动物防疫组织应当在动物防疫监督机构的指导下，组织做好动物疫病预防工作。

饲养、经营动物和生产、经营动物产品的单位和个人，应当依照本法和国家有关规定做好动物疫病的计划免疫、预防工作，并接受动物防疫监督机构的监督。动物、动物产品的运载工具、垫料、包装物应当符合国务院畜牧兽医行政管理部门规定的动物防疫条件。染疫动物及其排泄物、染疫动物的产品、病死或者死因不明的动物尸体，必须按照国务院畜牧兽医行政管理部门的有关规定处理，不能随意处置。保存、使用、运输动物源性致病微生物的，应当遵守国家规定的管理制度和操作规程。因科研、教学、防疫等特殊需要，运输动物病料的，应当按照国家有关规定运输。

从事动物疫病科学研究的单位应当按照国家有关规定，对实验动物严格管理，防止动物疫病传播。

国家禁止经营下列动物、动物产品：① 封锁疫区内与所发生动物疫病有关的；② 疫区内易感染的；③ 依法应当检疫而未经检疫或者检疫不合格的；④ 染疫的；⑤ 病死或者死因不明的；⑥ 其他不符合国家有关动物防疫规定的。

（3）检疫的管理。主要指动物和动物产品的检疫，《中华人民共和国动物防疫法》第四章第三十条规定，动物防疫监督机构要按照国家标准和国务院畜牧兽医行政管理部门的规定对动物及其相应产品实施检疫。《中华人民共和国动物防疫法》第四章第三十一至四十条对动物及其相应产品的检疫作了具体规定，并由动物检疫员具体实施检疫。县级以上畜牧兽医行政管理部门应当加强动物检疫员的培训、考核和管理。动物防疫监督机构依法进行检疫，可按照国家有关规定收取检疫费用，但不得从事经营性活动。

国家对生猪等动物实行定点屠宰、集中检疫。省、自治区、直辖市人民政府规定本行政区域内实行定点屠宰、集中检疫的动物种类和区域范围；具体屠宰场（点）由市（包括不设区的市）、县人民政府组织有关部门研究确定。动物防疫监督机构对屠宰场（点）屠宰的动物实行检疫并加盖动物防疫监督机构统一使用的验讫印章。国务院畜牧兽医行政管理部门、商品流通行政管理部门协商确定范围内的屠宰厂、肉类联合加工厂的屠宰检疫按照国务院的有关规定办理，并依法进行监督。农民个人自宰自用生猪等动物的检疫，由省、自治区、直辖市人民政府制定管理办法。

经检疫合格的动物、动物产品，由动物防疫监督机构出具检疫证明，动物产品同时加盖或者加封动物防疫监督机构使用的验讫标志，经检疫不合格的动物、动物产品，由货主在动物防疫员监督下做防疫消毒和其他无害化处理；无法做无害化处理的，予以销毁。动物凭检疫证明出售、运输、参加展览、演出和比赛。动物产品凭检疫证明、验讫标志出售和运输。检疫证明不得转让、涂改、伪造。检疫证的格式和管理办法，由国务院畜牧兽医行政管理部门制定。

人工捕获的可能传播动物疫病的野生动物，须经捕获地或者接受地的动物防疫监督机构检疫合格，方可出售和运输。

对于逃避检疫引起重大动物疫情，并造成重大损失或严重危害人体健康的按照《中华人民共和国动物防疫法》第六章第五十四条规定，要依法追究刑事责任。

（4）防疫的监督管理。主要指对动物防疫工作的监督，《中华人民共和国动物防疫法》第五章第四十一条规定，有动物防疫监督机构对动物防疫工作进行监督。动物防疫监督机构的执行检测、监督任务时，可以对动物、动物产品估样、留检抽检，对没有检疫证明的动物、动物产品进行补验或重验，对染疫或者疑似染疫的动物和动物产品进行隔离、封存和处理。

经铁路、公路、水路、航空运输动物、动物产品的，托运人必须提供检疫证明方可托运；承运人必须凭检疫证明方可承运。动物防疫监督机构有权对动物和动物产品运输依法进行监督检查。

动物防疫监督工作人员执行监督检查任务时，应当出示证件，有关单位和个人应当给予支持、配合。动物防疫监督机构工作人员滥用职权，玩忽职守，徇私舞弊，隐瞒和延误疫情报告，伪造检疫结果，构成犯罪的，依法追究刑事责任；尚不构成犯罪的，依法给予行政处分。阻碍动物检疫监督工作人员依法执行职务，构成犯罪的，依法追究刑事责任；尚不构成犯罪的，依法给予治安管理处罚。

动物防疫监督工作人员执行监督检查任务时，应当出示证件，有关单位和个人应当给予支持、配合。动物防疫监督机构及人员进行动物防疫监督检查，不得收取费用。动物防疫监督工作人员滥用职权，玩忽职守，徇私舞弊，隐瞒和延误疫情报告，伪造检疫结果，构成犯罪的，依法追究刑事责任；尚不构成犯罪的，依法给予行政处分。阻碍动物防疫监督工作人员依法执行职务，构成犯罪的，依法追究刑事责任；尚不构成犯罪的，依法给予治安管理处罚。

动物饲养场所、贮存场所、屠宰厂、肉类联合加工厂、其他定点屠宰场（点）和动物产品冷藏场所的工程选址和设计，应当符合国务院畜牧兽医行政管理部门规定的动物防疫条件。动物饲养场、屠宰厂、肉类联合加工厂和其他定点屠宰场（点）等单位，从事动物饲养、经营和动物产品生产、经营活动，应当符合国务院畜牧兽医行政管理部门规定的动物防疫条件，并接受动物防疫监督机构的监督检查。

为控制、扑灭重大动物疫情，动物防疫监督机构可以派人参加当地依法设立的现有检查站执行监督检查任务，必要时要报请省、自治区、直辖市人民政府批准，设立临时性的动物防疫监督检查站执行监督检查任务。

2. 草原管理

草原管理主要指对我国的草原包括草山和草地的管理，其目的是为了加强草原的保护、管理、建设和合理利用，保护和改善生态环境，管理的主要依据是由中华人民共和国第九届全国人民代表大会常务委员会第三十一次会议于 2002 年 12 月 28 日修订通过的《中华人民共和国草原法》该法自 2003 年 3 月 1 日起施行。

新的草原法是保护、建设和合理利用草原的法律保障，是管理草原、治理草原的法律依据，它所确定的国家的草原实行科学规划、全面保护、重点建设、合理利用的方针。该法第九条“草原属于国家所有，由法律规定属于集体所有的除外。国家所有的草原，由国务院代表国家行使所有权。任何单位或者个人不得侵占、买卖或者以其他形式非法转让草原。”“第十条　国家所有的草原，可以依法确定给全民所有制单位、集体经济组织等使用。使用草原的单位，应当履行保护、建设和合理利用草原的义务。”“第十一条　依法确定给全民所有制单位、集体经济组织等使用的国家所有的草原，由县级以上人民政府登记，核发使用权证，确认草原使用权。未确定使用权的国家所有的草原，由县级以上人民政府登记造册，并负责保护管理。集体所有的草原，由县级人民政府登记，核发所有权证，确认草原所有权。依法改变草原权属的，应当办理草原权属变更登记手续。”“第十二条　依法登记的草原所有权和使用权受法律保护，任何单位或者个人不得侵犯。”“第十三条　集体所有的草原或者依法确定给集体经济组织使用的国家所有的草原，可以由本集体经济组织内的家庭或者联户承包经营。”

草原的管理工作主要包括两个部分：利用和保护。

（1）草原的利用管理。草原除了法律规定属于集体所有的外，均属于国家所有，即全民所有。《草原法》规定，全民所有的草原，可以固定给集体长期使用。全民所有的草原、集体所有的草原和集体长期固定使用的全民所有的草原，可以由集体者或者个人承包从事畜牧业生产。

《草原法》第三十三条规定草原承包经营者应当合理利用草原，不得超过草原行政主管部门核定的载畜量；草原承包经营者应当采取种植和储备饲草饲料、增加饲草饲料供应量调剂处理牲畜、优化畜群结构、提高出栏率等措施，保持草畜平衡。为此要抓好以下工作：调整放牧强度，补种牧草，恢复植被。对已经建成的人工草场应当加强管理，合理经营，科学利用，防止退化。在保护、管理和建设草原，发展草原畜牧业等方面成绩显著的单位或者个人，由各级人民政府给予精神的或者物质的奖励。违法开垦草原的，县级以上地方人民政府农牧业部门有权责令停止开垦，恢复植被；情节严重的，还可以处以罚款。

（2）草原的保护管理。在草原的保护方面，新的《中华人民共和国草原法》的规定更为具体，如国家实行基本草原保护制度、国务院草原行政主管部门或者省、自治区、直辖市人民政府可以按照自然保护区管理的有关规定在下列地区建立草原自然保护区、县级以上人民政府应当依法加强对草原珍稀濒危野生植物和种质资源的保护管理、国家对草原实行以草定畜、草畜平衡制度、禁止开垦草原、对严重退化、沙化、盐碱化、石漠化的草原和生态脆弱区的草原，实行禁牧、休牧制度、国家支持依法实行退耕还草和禁牧、休牧等。为了更好地依法搞好草原的保护管理，要抓好的工作：

① 保护草原植被和草原生态环境。国家鼓励草原畜牧业科学研究，鼓励在农、林、牧区和城镇种草，改善生态环境。保护草原的生态环境，防治污染。严格保护草原植被，禁止开垦和破坏。草原使用者进行少量开垦，必须经县级以上地方人民政府批准。已经开垦并造成草原沙化或者严重水土流失的，县级以上人民政府应当限期封闭，责令恢复植被，退耕还牧。

在草原上割灌木、挖药材，挖野生植物、刮碱土、拉肥土等，必须经草原使用者同意，报乡级或者县级人民政府批准，在指定的范围内进行，并做到随挖随填，保留一部分植物的母株。禁止在荒漠草原、半荒漠草原和沙化地区砍挖灌木、药材及其他固沙植物。未经县级人民政府批准，不得采集草原上的珍稀野生植物。违法在草原上砍挖固沙植物和其他野生植物或者采土，致使草原植被遭受破坏的，乡级人民政府或者县级人民政府农牧业部门有权制止，并责令恢复植被，赔偿损失；情节严重的，还可以处以罚款。

② 做好草原防火工作。要贯彻“预防为主，防消结合”的方针，建立防火责任制，制定草原防火制度和公约，规定草原防火期。在草原防火期间，应当采取安全措施，严格管理。发生草原火灾，应当迅速组织群众扑灭，查明火灾原因和损失情况，及时处理。

③ 防止鼠虫害。地方各级人民政府应当采取措施，防治草原鼠虫害，保护捕食虫的益鸟益兽。猎捕草原野生动物，应当严格遵守当地人民政府的有关规定。

3．兽药管理

兽药产品具有一定的特殊性，除了涉及产品质量问题外，还有一个很重要的是动物食品的药物残留问题，即动物食品的安全问题。其管理的依据主要是国务院于 1987 年 5 月 21 日颁布实施的《兽药管理条例》，该条例把兽药的管理权限集中在农业部和省（区、市）两级畜牧兽医管理部门，地县两级畜牧兽医管理部门权限和职责主要包括：贯彻执行《兽药管理条例》以及国家有关兽药药政法规和上一级农牧行政管理机关发布的有关兽药管理规定；行使本辖区兽药生产、经营、使用的监督管理权；调查、处理兽药生产、经营、使用中的质量事故和纠纷，决定行政处罚；向上级农牧行政管理机关反映兽药生产、经营使用中存在的问题。县以上各级农牧行政管理机关负责处理本辖区内违反《兽药管理条例》及其实施细则所规定的兽药案件，对没收的假劣兽药，应会同有关部门并有当事人在场的情况下监督销毁处理。

各地的兽药监督员是在各级农牧行政管理机关领导下代表政府对兽药管理行使监督、检查的专业执法人员，其主要职责是：

（1）宣传贯彻《兽药管理条例》以及国家有关兽药药政法规，监督辖区内兽药生产、经营、使用单位和个人执行兽药药政法规。

（2）向所属农牧行政管理机关反映兽药生产、经营、使用情况及存在问题。

（3）对兽药生产、经营、使用单位或个人违反兽药管理规定的事件进行检查，并向农牧行政处理机关提出处理意见。

（4）对生产和市场销售的兽药质量进行监督、检查，发现质量可疑的兽药，有权按规定抽样送兽药监察检验处理，并严格取缔假劣兽药。

（5）对兽药广告的宣传品进行监督，发现违反规定的，向本辖区农牧行政管理机关和工商行政管理机关提出处理意见。

4. 饲料和饲料添加剂管理

饲料和饲料添加剂是指经工业化加工、制作的供动物食用的饲料，包括单一饲料、添加剂预混合饲料、浓缩饲料、配合饲料和精料补充料。管理的依据是国务院于 1999 年 5 月 18 日发布施行的《饲料和饲料添加剂管理条例》。该条例共有五章三十二条，是饲料行业最新的规范性法律文件。该条例规定，县级以上地方人民政府饲料管理部门负责本行政区域内的饲料、饲料添加剂的管理工作。其主要职责包括：

（1）定期抽查饲料和饲料添加剂产品质量。县级以上地方人民政府饲料管理部门根据饲料、饲料添加剂质量监督抽查工作规划，可以组织对饲料、饲料添加剂进行监督抽查，并会同同级产品质量监督管理部门公布抽查结果。

（2）对各种违规行为实施行政处罚。《饲料和饲料添加剂管理条例》规定了对 10 多种违规行为的处罚办法和处罚标准，包括责令停止生产和经营、罚款和吊销生产经营许可证等。这些违规行为包括：

① 未取得饲料生产许可证生产饲料添加剂、添加剂预混合饲料的；

② 已取得生产许可证，但未取得产品批准文号的；

③ 经营未附具产品质量检验合格证和产品标签的饲料、饲料添加剂的；

④ 不附具标签或者附具的标签不符合规定的；

⑤ 不具备规定条件经营饲料、饲料添加剂的；

⑥ 违规生产、经营已经停用、禁用或者淘汰以及未经审定公布的饲料、饲料添加剂的；

⑦ 在生产、经营过程中，以非饲料添加剂冒充饲料、饲料添加剂或者以此种饲料、饲料添加剂冒充他种饲料、饲料添加剂的；

⑧ 生产、经营的饲料、饲料添加剂所含成分的种类、名称与产品标签上注明的成分的种类、名称不符的；

⑨ 生产、经营的饲料、饲料添加剂不符合饲料、饲料添加剂产品质量标准的；

⑩ 经营的饲料、饲料添加剂失效、霉变或者超过保质期的；

⑪ 经营未经国务院农业行政主管部门登记的进口饲料、进口饲料添加剂的。

5．种畜禽管理

种畜禽是指种用的家畜家禽，包括家养的猪、牛、羊、马、驴、驼、兔、犬、鸡、鸭、鹅、鸽、鹌鹑等及其卵、精液、胚胎等遗传材料。

管理的目的主要是保护畜禽品种资源，保障种畜禽质量，管理的依据主要是国务院于1994年4月15日颁布的《种畜禽管理条例》(1994年7月1日起实施），该条例规定，县级以上地方人民政府畜牧行政主管部门主管本行政区域内的种畜禽管理工作。还有就是《中华人民共和国动物防疫法》的部分条款。

对种畜禽品种资源的保护，国务院规定对畜禽品种资源实行分级保护。保护名录和具体办法由国务院畜牧行政主管部门制定。国务院畜牧行政主管部门和省、自治区、直辖市人民政府有计划地建立畜禽品种资源保护区（场）、基因库和测定站，对有利用价值的濒危畜禽品种实行特别保护。县级以上人民政府对畜禽品种资源的普查、鉴定、保护、培育和利用给予扶持。从国外引进或者向国外输出种畜禽的，依照国家有关规定办理。

对种畜禽质量的管理主要包括两个方面：一是种用畜禽的质量，要符合种用质量标准，要有《种畜禽生产经营许可证》；二是种畜禽的健康要符合兽医卫生标准，即要有《动物防疫合格证》，国内异地引进种用动物及其精液、胚胎、种蛋的，应当先到当地动物防疫监督机构办理检疫审批手续并须检疫合格。

（1）生产经营种畜禽的单位和个人，必须向县级以上人民政府畜牧行政主管部门申请《种畜禽生产经营许可证》；工商行政管理机关凭此证依法办理登记注册。

（2）生产经营畜禽冷冻精液、胚胎或者其他遗传材料由国务院畜牧行政主管部门或者省、自治区、直辖市人民政府畜牧行政主管部门核发《种畜禽生产经营许可证》。

（3）生产经营种畜禽的单位和个人，必须按照规定的品种、品系、代别和利用年限从事生产经营；变更生产经营范围的，必须办理变更手续。

（4）生产经营种畜的单位和个人，必须遵守种畜禽繁育、生产的技术规程，建立生产和育种档案，建立和实施防疫制度。

（5）销售的种畜禽，应达到种畜禽的国家标准、行业标准或者地方标准，并附有种畜禽场出具的《种畜禽合格证》、种畜系谱。进行畜禽专业配种（包括人工授精）、孵化的，必须使用从种畜禽场引进并附有《种畜禽合格证》、种畜系谱的种畜禽。

（6）从事畜禽人工授精的人员，必须取得县级以上人民政府畜牧行政主管部门核发的证书后方可从事工作，并执行操作规程。

国务院对四种违规行为赋予县以上的畜牧兽医部门实施行政处罚的权力，处罚的方式包括责令改正、没收违法所得、处以罚款，情节严重的可以吊销《种畜禽生产经营许可证》。这四种违规行为是：未取得《种畜禽生产经营许可证》生产经营种畜禽的；未按照规定的品种、品系、代别和利用年限生产经营种畜禽的；推广未经评审并批准的畜禽品种的；销售种畜禽未附具《种畜禽合格证》、种畜系谱的。

6．兽医从业管理

兽医是一个特殊的职业，要具备一定的条件。目前，国家正在制定相应的管理法规进行规范。需要规范的兽医从业人员主要是两部分：

（1）从事动物诊疗活动的兽医，包括民间兽医，应当具有相应的专业技术知识，并取得畜牧兽医行政管理部门发放的《动物诊疗许可证》。患有人、畜共患传染病的人员不得直接从事动物诊疗以及动物饲养、经营和动物产品生产、经营活动。

（2）国家聘用的动物检疫员，应当具有相应的专业技术知识，具体资格条件和资格证书颁发办法由国务院畜牧兽医行政管理部门规定。动物检疫员取得相应的资格证书后，方可上岗实施检疫。动物检疫员应当按照检疫规程实施检疫，并对检疫结果负责。根据《中华人民共和国动物防疫法》第六章第五十五条的规定，动物检疫员对未经检疫或者检疫不合格的动物、动物产品出具检疫证明、加盖验讫印章的，由其所在单位或者上级主管机关给予记过或者撤销动物检疫员资格的处分；情节严重的，给予开除的处分；如果给有关当事人造成损害的，由动物检疫员所在单位承担赔偿责任。

四、渔业经济管理

为了加强渔业资源的保护、增殖、开发和合理利用，发展人工养殖，保障渔业生产者的合法权益，促进渔业生产的发展，适应社会主义建设和人民生活的需要，必须加强对渔业的管理。

1．渔业管理的基本原则

（1）国家对渔业的监督管理，实行统一领导，分级管理。

（2）海洋渔业，除国务院划定由国务院渔业行政主管部门及其所属的渔政监督管理机构监督管理的海域和特定渔业资源渔场外，由毗邻海域的省、自治区、直辖市人民政府渔业行政主管部门监督管理。

（3）江河、湖泊等水域的渔业，按照行政区划由有关县级以上人民政府渔业行政主管部门监督管理；跨行政区域的，由有关县级以上地方人民政府协商制定管理办法，或者由上一级人民政府渔业行政主管部门及其所属的渔政监督管理机构监督管理。

2．渔政管理体系建设

改革开放以来的 30 年间，全国各级人大、政府和有关行政主管部门制定的渔业法律、法规、规章和规范性文件已有近千个，涉及渔业经济活动的各个领域，初步形成了我国渔业法的法律法规体系，标志着我国渔业已进入依法治渔、以法兴渔的新的发展阶段。

依法从事渔业生产，保护渔业资源和生态环境，保证渔业的可持续发展，已为越来越多的渔民群众所理解和接受，为渔业法律、法规的有效贯彻执行创造了有利的环境和条件。

渔业行政执法队伍在发展中不断壮大。根据《渔业法》和有关法律、法规的规定，全国县和县以上渔业行政主管部门和重点渔港均设立了渔政渔港监督管理机构，配备了渔业行政执法人员和执法装备，初步形成了一支统一领导、分级管理的渔业行政执法队伍。到 1999 年年底，全国共有渔业执法机构 2 100 多个，有渔政渔港监督管理人员约 3 万人，渔业执法船艇 2 000 余艘，并建立了渔业资源监测网、渔业环境监测网、近海渔业安全救助通讯网等信息系统，为渔业管理提供必要的依据和技术支持。

3．伏季休渔制度管理

伏季休渔，就是国家在鱼类繁育较集中的时期（通常是 6—9 月），划定一定的海域，禁止在该海域内从事某一种或几种捕捞作业，使鱼类具备生长繁育的时间与空间。伏季休渔制度是现阶段适合我国国情的一项保护渔业资源的有效措施。

伏季休渔制度始于 20 世纪 70 年代末。20 世纪 70 年代以来，由于盲目增船增网，酷渔滥捕，传统经济鱼类资源明显恶化。

1979 年浙江省水产局率先提出伏季休渔，实行 8—10 月拖网伏休 3 个月。1980 年国家规定整个东海区群众渔业实行 7—10 月 4 个月伏休，国有渔船不休，实行幼鱼比例检查。

其后，农业部分别在 1987 年、1992 年、1995 年、1998 年和 1999 年对伏季休渔制度进行了多次修改。1998 年，农业部重新制定的伏季休渔制度规定：北纬 26°—35°海域，每年 6 月 16 日 0:00 至 9 月 15 日 24：00，禁止所有拖网和帆张网作业，北纬 35°以北的黄海，每年 7 月 1 日 0：00 至 8 月 31 日 24：00，禁止所有拖网和帆张网作业。1999 年鉴于南海的渔业资源持续衰竭，农业部决定在南海首次实施伏季休渔制度，规定在北纬 12°以北的南海海域（含北部湾），每年 6 月 1 日 0：00 至 7 月 31 日 24：00，禁止拖网、围网作业，同时黄海的休渔时间延长了半个月，从 7 月 1 日 0：00 至 9 月 15 日 24：00。至此，黄海、东海、南海海域首次全部实施了伏季休渔制度。

4．养殖证制度管理

养殖证制度是贯彻党中央、国务院农业和农村经济政策的一项重要法律制度，也是一个被实践证明为行之有效的法律制度。《渔业法》规定：国家对水域利用进行统一规划，确定可以用于养殖业的水域和滩涂。单位和个人使用国家规划确定用于养殖业的全民所有的水域、滩涂的，使用者应当向县级以上地方人民政府渔业行政主管部门提出申请，由本级人民政府核发《养殖证》，许可其使用该水域、滩涂从事养殖生产。

贯彻实施养殖证制度，有利于调动广大农、渔民的生产积极性，促进农村、渔村的社会稳定。要做到：

（1）因地制宜，重视宜养水域和滩涂的规划，各级渔业行政主管部门要在当地政府的领导下，积极搞好全民所有的宜养水面；滩涂的开发利用规划，并将规划及时公布于众。

（2）认真承办《养殖证》的发放工作，要做到积极稳妥、严格规范，《养殖证》要统一规范，并注明养殖单位名称、养殖面积、水域、滩涂的“四至”范围、养殖类型等内容，同时在《养殖证》发放之前，要专门举行培训班，指导农民、渔民正确填写《养殖证》和有关表格，并在实践中不断总结并规范《养殖证》的功能、性质等法律内容。

（3）贯彻优先发放原则。各地要把适宜养殖的水域、滩涂，首先安排给当地没有土地资源的渔民，特别是捕捞渔船淘汰后的渔民使用，引导、支持、扶持他们从事养殖生产，同时，还要确定其他的优先对象和原则。

（4）积极争取政府的支持，加强商品鱼基地和城市郊区重要养殖水域的划定，并采取有效措施，加强商品鱼生产基地和城市郊区重要养殖水域的保护。

（5）在政府统一规划的前提下，加强养殖区域使用情况的监督管理，防止养殖水域荒芜。

（6）认真履行水产苗种管理规定，加强科学指导，要充分发挥全国水产原种和良种审定委员会的作用，严格执行水产新品种的审批制度。

5．捕捞许可证制度管理

国家对捕捞业实行捕捞许可证制度是控制渔船盲目增长的主要措施。它以国家“鼓励、扶持远洋捕捞业的发展，并根据渔业资源的可捕捞量，安排内水和近海捕捞力量”的方针为指导，以渔业资源的可捕捞性为依据，以捕捞渔船为主要调整对象，以掌握发证条件和控制发证数量为手段，以违法惩处为保障措施，从而形成完整的捕捞许可证制度。

海洋大型拖网、围网作业以及到我国与有关国家缔结的协定确定的共同管理的渔区或者公海从事捕捞作业的捕捞许可证，由国务院渔业行政主管部门批准发放。其他作业的捕捞许可证，由县级以上地方人民政府渔业行政主管部门批准发放；但是，批准发放海洋作业的捕捞许可证不得超过国家下达的船网工具控制指标，具体办法由省、自治区、直辖市人民政府规定。

捕捞许可证不得买卖、出租和以其他形式转让，不得涂改、伪造、变造。

到他国管辖海域从事捕捞作业的，应当经国务院渔业行政主管部门批准，并遵守我国缔结的或者参加的有关条约、协定和有关国家的法律。

全面实施捕捞许可证制度，应着重做好以下工作：

（1）加强到他国管辖海域作业的渔船管理。随着各国对海洋资源争夺加剧和管理的加强，我国渔船被抓、被罚甚至被炮击，人员死伤等事件时有发生。因此，各级渔业行政主管部门要加强对到他国管辖海域从事捕捞作业的渔船管理，按《渔业法》的规定，必须经过国务院渔业行政主管部门批准，获得许可后，方可准许其从事生产。对未经批准，擅自进入他国管辖海域作业的渔船，要按照有关规定，严肃处理。

（2）严格执行捕捞许可证发放条件的规定。各地在发放捕捞许可证时，要严格按照《渔业法》的规定，除要有渔业船舶登记和检验证书外，还应符合国务院渔业行政主管部门规定的其他条件。特别是批准发放的捕捞许可证，应当与上级人民政府渔业行政主管部门下达的船网控制指标相适应，不得突破。对不履行法定义务、滥用职权、徇私舞弊的，要依法追究责任。

（3）严厉查处无证捕捞。针对“三无”渔船（无船籍港、无船名号、无船舶证书）泛滥、无证捕捞严重的状况，各地除应对广大群众加强宣传教育，阻止其违法作业外，还应当加强海（水）上监督检查，对敢于以身试法的无证捕捞渔船要认真查处，严厉打击。对个别违法情节严重的单位，可以通过严密的手续，实行没收渔船的处罚，充分发挥法律的震慑力。

6．捕捞限额制度管理

捕捞限额一般是指对一定时间、一定水域内捕捞鱼类资源的数量规定一个限额。捕捞限额制度是《渔业法》确立的一项重要制度，也是国际通行的渔业管理制度，它对渔业资源和生态环境的保护，具有十分重要的作用。各级渔业行政主管部门对此要有高度的认识。

考虑到捕捞限额制度是一个新的法律制度，目前全面执行还有一定难度。为此应注意以下几点：

（1）各地首先要改革现有的渔业统计制度，采取多种统计方式，逐步建立起一个比较完善的统计制度，为实行捕捞限额制度提供准确的决策数据。

（2）要切实做好捕捞日志填写和管理工作，要根据《渔业法》和中日、中韩渔业协定的有关规定，认真规范，加强培训，并结合经常性的监督检查，建立起比较规范的捕捞日志填写制度。

（3）要借鉴先进国家和地区的成功经验，在执行中日、中韩渔业协定关于配额捕捞的基础上，针对我国现有的资源状况，积极开展限额捕捞制度的试点，并总结经验，为全面实行捕捞限额制度打下基础。

（4）要充分发挥高等院校、科研院所的作用，通过不断的实践，积极探索出一套关于渔业资源总量的调查与评估制度，对发放捕捞许可证的渔船数量管理制度，对持有捕捞许可证的渔船作业情况的监督管理检查制度（包括作业网具的监督、水上随船检查），对产地水产品批发市场上市鱼货物数量的监督制度等，为全面实施捕捞限额制度创造良好的监督管理机制。

五、农业机械化管理

在加快我国农业现代化建设中，农业机械化是重要的物质基础和生产手段，有着举足轻重的地位和作用。目前，我国正处于社会主义初级阶段，农业生产力落后，市场化程度低，发展农业和农村经济的任务艰巨。近年来，在国内出现的有效需求不足、农产品市场疲软、农民增收难度大的现实，在很大程度上与生产方式落后有直接的关系。要改变这种状况，必须依靠科技进步，在技术和生产方式上有所突破，强力推进农业机械化。为此就要结合我国实际，加快农业机械化发展步伐，运用先进的农机化技术和农机装备，提高劳动生产率和农产品加工转化能力，从技术和生产手段上支持农业结构调整，从而促进农业整体素质和效益的提高。

1．进一步完善农机经营体制

我国农机经营体制大致可以归纳为这样几种形式：（1）农机产权是个人，使用是个人。按农机作业市场需求，个人决定是否为其他农户服务，这在近年来的跨区机收服务中得到了充分的体现；（2）农机产权是个人，统一管理，统一使用。如黑龙江农垦，它们的做法是将机械折价到户，个人所有，但是统一管理，统一使用，即实行机具停放、作业价格、管理调配、技术标准、机具保养、维修服务“六统一”。有些省也实行了统一耕种、统一作业等几统一要求，这些统一使用要求有利于集约化经营，提高农机作业质量；（3）农机集体所有，承包到户。吉林省榆树县弓棚镇就是这种做法，土地承包到户，但拖拉机站没有散，农机产权集体所有，使用承包到农机手，农机手每年要提供流动资金，甚至给农户提供种子、化肥，实行一条龙服务。他们下一步的打算是成立合作社，由这些农机手通过土地使用权的合理流转，把土地承包起来，搞粮食生产合作社，其他人专心搞多种经营。这种形式在一些经济发达地区也有。在自愿的条件下，合理集中土地，实行适度规模经营，有利于提高土地和农机化经营效益。

目前主要是这几种农机经营形式，特别是第二、第三种形式，实质上是农机经营体制上的统分结合。我国农业以家庭承包经营为基础，规模小，这是我国实际情况所决定的，发展农机化必须适应这一经营形式。今后进一步完善农机经营形式要注意以下工作：

（1）要在家庭承包经营体制下，研究发挥农机作用的有效途径，不断创新农机经营体制和服务模式，提高农机经营效益，形成良性循环。

（2）在农机经营体制上，要鼓励和发展多种经济结构、经营形式的农机经营服务组织，优化农机资源的配置。

（3）要研究和发展农机合作组织，农机合作有利于农民适应社会化生产。通过合作，可以把农产联系起来，形成比较稳定的农机作业面，以降低农业生产经营成本，降低农机经营风险，提高经营效益。

（4）在农机服务模式上，借鉴小麦跨区机器收割模式的成功经验，发展玉米或水稻的跨区机器收割，把农民直接引入市场，解决一家一户解决不了的实际困难，提高农机具利用率，增加农民收入。

2．进一步完善农机经营运行机制

（1）在以家庭承包经营为基础、统分结合的双层经营体制下，鼓励和发展多种经济结构、经营形式的农机经营服务组织，促进机具、资金、技术、劳动力等合理流动和优化组合，吸纳更多的农村富余劳动力。

（2）盘活现有农机存量资产，努力提高农机具利用率和生产、加工能力，增加农民的收入。

（3）结合农业和农村经济发展新阶段，不断创新农机社会化服务模式，探索农机服务专业化、社会化的具体途径，将机械化生产、加工服务一体化，提高农业生产效率和效益。

（4）培育和发展农机服务中介组织，规范中介行为，充分发挥中介组织的自我管理、自我约束及纽带、桥梁等功能作用，为农民开拓农村市场提供服务，带动农机经营者参与市场竞争，提高经营效益。

（5）切实加强农机市场建设，发挥市场对农机经销、租赁和作业的积极作用，充分利用市场配置资源，利用好资源，以新的机制激发农民经营、使用农业机械的积极性。

（6）加强农机服务信息建设，建设全国统一的信息网络，向农民提供及时准确的农机服务市场信息。

（7）稳定和发展县、乡农机技术推广和管理服务机构，明确职责，按照建立社会主义市场经济的要求，发挥自身的优势和技术特长，增强服务功能和活力，壮大经济实力，充分发挥作用，特别是带动农民开展农机社会化服务的龙头作用。要依法保护基层农机技术推广机构的权益，坚决制止变卖乡镇农机管理服务站财产和削弱其功能的行为。要积极争取当地政府对农机技术推广工作的投入，保证推广工作顺利开展。

3．发展农业机械化措施

发展农业机械化是实现农业现代化的重要举措，因此，我们应注重农业机械化发展布局的合理调整，进一步明确农业机械化发展主攻方向，有选择、有重点地推进我国农业机械化的发展。

（1）要继续发展粮食作物机械化，重点抓好小麦、水稻、玉米等作物机械化生产。要以此为突破口，以点带面，带动全局，促进整个农村农机化水平的提高。

（2）要搞好经济作物机械化。目前，我国经济作物机械化发展潜力较大，农民需求也大，近年来小型园艺机发展较快，反映了农民对这方面的需求愿望。发展经济作物机械化，重要的是选好方向，对种植面积大，适合机械化作业的项目，要组织开发、推广应用。

（3）要发展养殖业机械化。重点围绕发展草食型、节粮型畜牧业，发展秸秆青贮和秸秆氨化处理机械化。

（4）要提高农机服务水平。积极引导农机服务向深度、广度发展，延长服务链，开拓新的市场领域，发展农业产业化经营。

发展农业机械化，促进农村经济的发展，要充分发挥基层农机服务组织的作用，重点发挥基层农机服务组织在农机社会化服务上的主导作用，带动农民增加对农业机械化的投入，提高农机具利用率和赢利率，形成农机化发展的良性循环，以增加农民收入和促进新农村建设。

思考题

1. 简述经营种子生产应符合哪些要求。
2. 简述林地征占规定的内容有哪些。
3. 简述如何进行动物防疫管理。
4. 简述如何进一步完善农机运行机制。

第十一章　农村经济决策

第一节　农村经济决策概述

一、决策

1．决策的含义

决策就是作出决定或选择，是指通过分析、比较，在若干种可供选择的方案中选定最优方案的过程。对决策概念的界定有许多种，至今仍未形成统一的看法，归纳起来，基本有以下三种理解：一是把决策看做是一个包括提出问题、确立目标、设计和选择方案的过程。这是广义的理解。二是把决策看做是从几种备选的行动方案中作出最终抉择，是决策者的拍板定案。这是狭义的理解。三是认为决策是对不确定条件下发生的偶发事件所作的处理决定。这类事件既无先例，又没有可遵循的规律，作出选择要冒一定的风险。也就是说，只有冒一定的风险的选择才是决策。这是对决策概念最狭义的理解。以上对决策概念的解释是从不同的角度作出的，要科学地理解决策概念，有必要考察决策专家西蒙在决策理论中对决策内涵的看法。即决策是指组织或个人为了实现某种目标而对未来一定时期内有关活动的方向、内容及方式的选择或调整过程。主体可以是组织也可以是个人。

2. 决策类型

不同的分类方法，具有不同的决策类型。决策所要解决的问题十分广泛，而各种问题的性质、特点、解决的办法等各不相同。因此，为了区别对待，可以从不同角度将决策分成几种类型。

（1）按决策的作用不同分为战略决策和战术决策。

① 战略决策。战略决策是指影响全局活动和长远发展的重大问题的决策。它事关全局，如果决策失误，必将造成深远影响，导致全局的失败。例如，一个地区的农业发展的总目标和方向；一个企业的经营方针、投资方向、经营规模、竞争目标、经营形式等重大问题都属于战略性决策。它一般通过长远规划来体现。

② 战术决策。战术决策是指在实现战略目标过程中对所采取的具体方法、手段的决策。战略决策是战术决策的依据和前提，战术决策则是战略决策的具体化和实现的保证。如管理决策、业务决策都属于战术决策。管理决策是为保证总体战略目标的实现而解决局部问题的重要决策，一般由中层管理人员作出；业务决策是指为解决日常工作和作业任务中的问题所作的决策。一般由基层管理人员作出。

（2）按决策的性质不同分为程序化决策和非程序化决策。

① 程序化决策又称常规化决策。即有关常规的、反复发生的问题的决策。这些问题由于经常发生，经常处理，容易积累经验和掌握规律，因而可以制定出一套相应的政策、原则、规章制度以及常规处理办法和程序，在问题发生时，就照章办理，不必每次都重新进行决策。

② 非程序化决策又称非常规决策，是指偶然发生的或首次出现而又较为重要的非重复性决策。这些问题没有现成的处理办法和程序。必须进行新的决策。这类决策也往往是重大战略问题的决策。例如，产品方向变更，企业规模扩大等问题，就属于非常规性决策问题。这类问题，不能采用现成的常规办法或按一套固定的程序进行决策，必须根据内部和外部条件的变化情况进行新的决策。

（3）按决策的问题的条件不同分为确定型决策、非确定型决策和风险型决策。

① 确定型决策。是指可供选择的方案中只有一种自然状态时的决策。即决策的条件是确定的。这类决策，一个方案只有一种确定的结果，只要比较各个方案的结果，就可以根据决策目标选择一个优化方案。

② 不确定型决策。是指在可供选择的方案中存在两种或两种以上的自然状态，而且，这些自然状态所发生的概率是无法估计的。指未来事件发生的条件（或自然状态）和结果不能肯定，不可控制，一个方案可能出现几种不同的结果，各种结果出现的可能性无法估计，对方案的选择也没有确定的、客观的、共同的准则。

③ 风险型决策。是指在可供选择的方案中，存在两种或两种以上的自然状态，但每种自然状态所发生概率的大小是可以估计的。风险型决策与非确定型决策相类似，即同样存在着不确定、不可控制的影响因素，一个方案可能出现几种不同的结果，但是对各种结果出现的可能性大致可以估计出来，因而决策的最后结果，往往受概率的影响。由于概率只是一种可能性的大小，并不等于现实，以概率为依据进行决策，仍然要冒一定风险，故称风险型决策。

（4）按决策者的地位和决策层次不同分为：高层决策、中层决策和基层决策。

高层领导者的决策主要是解决全局性的重大问题，因而多属战略决策和非程序化决策，中层管理者的决策和基层执行者的决策则主要是解决具体任务的组织安排，某些经济技术问题的日常处理等，因而多属战术决策和程序化决策，一般都具有短期性、技术性、业务性的特点。

3．决策的程序

（1）确定决策目标。决策目标是指在一定外部环境和内部环境条件下，在市场调查和研究的基础上所预测达到的结果。决策目标是根据所要解决的问题来确定的，因此，必须把握住所要解决问题的要害。只有明确了决策目标，才能避免决策的失误。

（2）确定备选方案。决策目标确定以后，就应拟订达到目标的各种备选方案。拟订备选方案，第一步是分析和研究目标实现的外部因素和内部条件，积极因素和消极因素以及决策事物未来的运动趋势和发展状况；第二步是在此基础上，将外部环境各不利因素和有利因素、内部业务活动的有利条件和不利条件等，同决策事物未来趋势和发展状况的各种估计进行排列组合，拟订出实现目标的方案；第三步是将这些方案同目标要求进行粗略的分析对比，权衡利弊，从中选择出若干个利多弊少的可行方案，供进一步评估和抉择。

（3）评价备选方案。备选方案拟订以后，随之便是对备选方案进行评价，评价标准是看哪一个方案最有利于达到决策目标。评价的方法通常有三种：即经验判断法、数学分析法和试验法。

（4）选择方案。选择方案就是对各种备选方案进行总体权衡后，由决策者挑选一个最好的方案。

4．决策的特性

（1）及时性。市场具有瞬息万变的特征，并且决策环境在不断的变动，所以，任何决策都是有风险的。因而决策者必须及时发现影响决策的积极因素和限制性因素，作出决策，抓住机遇。任何一个决策的正确与否都是与当时的环境条件相联系的。

决策时要注意避免产生“布里丹毛驴效应”。丹麦哲学家布里丹写过这样一则寓言：一头小毛驴在干枯的草原上好不容易找到了两堆草，由于不知道先吃哪一堆好，结果长时间选择而被活活饿死。后来，人们把决策时犹豫不决的现象，称为“布里丹毛驴效应”。可见，要实现有效决策，就要善于决策，敢于决策。

（2）经济性。企业的生产经营活动的目的是取得经济效益，因而决策必须掌握经济性原则，在生产经营过程中，应考虑资金的时间价值、机会成本、资金收益率等经济因素和指标，并进行各种核算，以取得经济效益。

（3）系统性。即进行经营决策应综合考虑各种制约因素和有利条件，正确处理好当前利益与长远利益之间的关系。

（4）灵活性。根据企业内外部条件的变化，及时调整决策的重点和内容。

二、农村经济决策

1．农村经济决策的含义及作用

农村经济决策，是指农村各个经济部门或企业在各项经济活动中，对所遇到的问题进行科学的分析、判断，从多种可行方案中选择出最佳行动方案，以实现其最终目标的一系列活动。决策要科学，只有科学的决策才能促进农村社会经济的迅速发展。科学决策，在农村经济管理中具有十分重要的作用。

（1）科学决策是保证农村经济科学发展的重要条件。农村经济发展的各个环节都离不开决策，决策是否科学，对农村经济的发展有决定性影响。农村的宏观经济决策，关系到整个农村经济的发展方向、发展战略、奋斗目标等根本问题。如果宏观经济决策失误，就会给整个农村经济的发展造成巨大的损失和浪费。农村的微观经济决策，关系到一个农村企业或农户的生产经营方向、经营方针、经营策略等根本问题，关系到企业的兴衰成败，影响到企业的生存和发展。所以，只有实行科学决策，保证决策的合理性和正确性，才能促使农村经济健康发展。

（2）科学决策是农村经济管理的核心工作。农村经济管理的各项职能的发挥运用都是建立在科学决策基础上的，都是以决策为前提，围绕着决策目标的实现和决策方案的实行而展开的，所以决策贯穿在农村经济管理工作的各个方面，是管理工作的核心。离开了决策，其他管理活动就会失去依据。

（3）科学决策是提高领导水平的关键。决策能力和决策水平是领导者素质的重要表现。农村经济工作的领导者，在日常管理工作中，面对着瞬息万变的客观环境，需要经常进行决策以指导行动。而领导者决策能力的强弱，决策水平的高低，对行动的成败有着重大的影响，在同样条件下，由于领导者的决策水平不同，取得的效果也会不同。所以，提高领导水平的关键是要提高决策水平，增强决策能力，掌握科学决策的程序和方法。

（4）科学的经济决策有利于加强农村经济的民主管理。经济决策不是由某个领导者在一瞬间“拍板”作出行动的决定，而是进行调查预测，作出对策的过程。要搞好经济决策，必须搞好科学的预测，即按照客观事物发展的规律，深入调查研究，在掌握大量情报信息的基础上进行科学的分析判断，然后决定对策。同时，要集思广益，倾听各方面的意见，力求在反复讨论的基础上形成统一的认识。这个过程，也就是加强调查研究，充分发扬民主的过程。

2．农村经济决策的类型

农村经济决策包括农村各个经济领域和各项经济活动的决策，内容十分广泛。概括起来，主要有宏观和微观两个方面的内容。当然根据不同的依据也可进行其他分类。

（1）农村宏观经济决策。农村宏观经济决策指对涉及农村经济全局活动和长远发展等重大问题的决策，是政府对农村经济进行宏观控制和指导的重要依据，因此，一般由各级领导机关作出决策。主要包括：

① 农村经济发展的战略目标、战略重点和战略措施。

② 农村生产力布局和经济结构；农村各产业部门发展的规模、速度、比例关系。

③ 农村自然资源和经济资源的开发利用。

④ 农村基本建设规划。

⑤ 农村经济管理体制的改革方案。

⑥ 农村经济发展与科学技术、生态环境、社会发展的协调统一等。

（2）农村微观经济决策。农村微观经济决策是指农村各个企业或经济组织，以至农户在经营活动中对产、供、销、人、财、物的决策。具体包括：

① 生产决策。如企业的生产经营项目、经营方针、产品结构、生产规模、资源分配与利用方案、技术措施的选择和确定等。

② 投资决策。如投资方向的确定，投资项目、基本建设、企业改造、设备的购置与更新方案的选择、确定等。

③ 供应决策。如原材料供应渠道的选择，供应方式、采购时间、采购数量的确定等。

④ 销售决策。产品销售渠道、销售方式、销售范围、销售价格、储运方式、产品包装、商标和广告等的选择和确定。

⑤ 财务决策。财务方面的决策，如资金筹集的来源、资金的构成、贷款的时机与数量、资金调度和使用策略、产品成本或投用目标、利润分配等的确定。

⑥ 组织与人事决策。如管理层次和职能机构的设置、责权的划分，管理人员的选拔、考核、任免、奖惩制度的建立，职工的思想教育与技术培训等问题的决策。

这类微观经济决策主要是由农村企业或经济组织的领导层作出的，农民在从事家庭经营时，对上述有关问题，往往也需要独立作出决策。

第二节　农村经济决策的原则与步骤

一、农村经济决策的原则

农村经济决策，对整个农村和农村各个经济组织的经济发展有决定性的作用。它所要解决的问题往往十分复杂，涉及的范围也十分广泛，包括政治、经济、社会、法律、自然、生态、技术和人的行为等各个方面，如果决策不当，就会造成严重的不良后果。为了避免失误，达到科学决策，就必须遵循一定的原则。农村经济决策遵循的主要原则有：

（1）整体性原则。即以决策的整体的、全局的利益为目标，用系统的观念和方法来协调各个局部的利益，使各个局部的优化统一在全局的优化之中。这就要求人们在处理问题时，要从全局的整体的利益出发，切忌片面性。具体来说，在进行农村经济决策时，必须坚持局部决策服从全局决策，微观决策服从宏观决策，下级决策服从上级决策。同时，要统筹兼顾，使各个局部的决策相互协调，相互配合。只有这样，才能保证全局、整体利益的实现。

（2）最优性原则。即决策方案必须最优，能够科学地实现人力、物力、财力等资源合理配置，从而达到低成本、高效率、高收益，并能实现经济效益与社会效益、生态效益有机统一。这是农村经济决策的出发点和归宿。为此，在农村经济决策过程中，必须深入调查研究，解放思想，大胆探索，精心设计，寻找出多种可能方案。并认真地对各种方案进行分析评价，从中选择出最佳行动方案。

（3）可行性原则。即农村经济决策必须符合客观规律和农村的客观实际，使决策方案切实可行，能够顺利实施。如果决策方案不切合实际，不能付诸实施或实施不下去，就不仅失去了决策的意义，还会造成人力、物力和财力的浪费，甚至带来不良的严重后果。因此，在进行农村经济决策时，必须实事求是，坚持从实际出发，充分考虑内部和外部环境因素，认真分析人力、物力、财力等资源条件和产、供、销各方面的情况，把决策者的主观愿望与客观可能结合起来。尤其是对于那些关系全局的重大问题的决策，更要持慎重态度，绝对不能草率从事。同时，要注意留有余地，使决策保持一定的弹性，以便能够在方案实施过程中，因可能出现的新情况而加以调整。

（4）民主性原则。随着社会生产力的发展和科学技术的进步，决策问题复杂程度与日俱增，许多问题的决策已非决策者个人或少数人的判断能力所能解决的。因此，只有实行民主决策，才能集思广益，得到较为理想的方案。这是农村经济决策合理、切实可行的重要保证。在进行农村经济决策时，我们既要充分发挥专职管理人员的作用，又要认真实行民主。特别要鼓励提出不同意见或反面意见，在不同意见的讨论中，使决策方案进一步优化。

二、农村经济决策的步骤

农村经济决策要能做到科学决策，必须经过一个科学的决策过程，按照一定的程序，有步骤地进行。决策的程序又常因决策的内容不同而略有区别。一般来讲，任何一项科学的经济决策，必须经过下列五大步骤，即确定决策目标、预测分析、拟订备择方案、评价和选择方案、方案的执行和反馈。以下逐步分析。

1. 确定决策目标

决策目标是指在一定环境条件下，在预测基础上所希望达到的结果。确定决策目标是进行决策的前提条件，是拟订和选择可行方案的依据，也是决策过程中的关键环节，因为决策过程的其他步骤都是为实现决策目标服务的。如果决策目标错了，那么无论决策程序及以下步骤再科学，也必然会导致整个决策失误。科学决策是以目标制定为起点，也以达到某个目标要求为归宿。决策目标不仅为决策指明方向，而且为决策实施提供依据。有人说，目标一经确定，决策就完成了一半。这种说法不无道理。一个好的决策目标应当具有针对性、前瞻性、可行性、连续性、系统性，这样的决策目标只能建立在调查研究、充分论证的基础之上。有这样一则寓言故事，说明了决策目标的重要性：一群老鼠开会，讨论怎样对付猫的袭击。一只聪明的老鼠提出给猫的脖子上挂一个铃铛，这样当猫出动的时候铃铛就响，老鼠就可以及时跑掉。众老鼠们公认这是一个好目标。可是，由谁去实现这个目标呢?谁去给猫挂铃铛?怎样才能挂得上?这虽是鼠辈的空谈，人类的笑话，但是在现实生活中却屡见不鲜。那些只凭主观愿望、不考虑实际可能的决策，不是时有发生吗?改革开放以来，我国决策科学化、民主化进程大大加快，决策的准确率、成功率大幅度提高，但是盲目确立决策目标的现象仍不少见。因此确定决策目标在决策过程中显得更为重要，在确定决策目标时要特别注意以下几方面：

（1）以解决的问题作为确定决策目标的出发点。所谓问题，主要是指预期状况和现实状况之间的差异和矛盾。例如，产量没有完成计划，产品质量不合标准，合同订购任务没有完成等。而这些差异和矛盾又总是由一定的原因造成的。因此，要确定决策目标，首先就要发现问题，并对这些问题的性质、特点和范围要了解清楚，然后尽量以“差距”的形式把问题的症结所在表达出来，并进一步找到产生差距的真正原因。为了发现差距，查明原因，就需要收集和掌握大量有关的信息资料，采用正确的、科学的分析方法。只有在确认问题找到问题的真实原因之后，才能制定正确的决策目标。

管理中的问题是指在组织目标的实现过程中先要研究讨论并加以解决的矛盾、疑难点。具体地讲，它经常表现为管理中各项活动的实际执行结果与预期结果之间的差距。如果实际结果与计划预期规定的结果相差甚远，那就说明在管理中存在许多问题需要解决。在这种情况下，需将这些问题逐一摆出来，并确定哪些是影响管理目标实现的主要问题，以便分清主次矛盾，有重点地解决。

问题按其性质可以分为四种，即常见的问题；特殊事件（本质上仍是普通常见的问题）；真正例外及特殊事件；一般性问题首次出现。如果对所面临的问题属于哪种性质判断错了，就会导致决策失误。在这方面常出现的错误有：

① 将普遍性问题当特殊事件处理，就事论事作出相互矛盾的决策。

② 对新问题的出现不敏感，仍然采用老办法去解决。

③ 对基本问题的确定似是而非，导致在决策上犹豫不决。

④ 只看到问题的某些侧面，会出现片面决策。

对决策者来讲，当遇到常见性问题时，要深入到问题的本质去思考；当遇到的是特殊现象时，要分析是否是新问题的到来，是否是一种新的普遍问题首次出现。由此可以制定出新的原则，去解决将会出现的一连串的同类问题。决策目标的根据就是想要解决的问题。

（2）明确决策目标的基本要求。首先，决策目标的概念要明确，表达应单义，避免多义性。例如，“农业总产值翻两番”，这个表达是单义的。如果表达为“农业生产翻两番”，就会产生多义性，人们可以理解为农业总产值翻两番，也可以理解为农业总产量或农业总收入翻两番。决策目标必须具体明确，不能含糊不清。否则行动方案的制订和选择就会无所适从。其次，决策目标要有一定的时间界限，并规定约束条件，以便在满足约束条件的前提下实现目标。例如，“1980—2000 年，我国经济建设的奋斗目标是在不断提高经济效益前提下，力争工农业总产值翻两番”。其中，“1980—2000 年”，是决策目标的时间界限；“在不断提高经济效益前提下”，是规定的约束条件。再次，决策目标应尽可能数量化，以便为评价和选择方案提供明确的衡量标准。有些目标，如质量目标，难以直接规定数量界限，可以采取间接指标使其数量化。例如，优良畜种的体形、外观等，可以采用合格率或等级等指标来反映。

（3）注意决策目标的层次。决策目标是由总目标（或称大目标、上一级目标）到具体目标（或称小目标、下一级目标）所构成的多层次体系。自上而下，一级一级，目标越来越具体，从而组成了一个“分级目标结构”。所以，在确定决策目标时，必须注意目标所处的层次。每个单位都只能从实际情况出发，确定本单位在某个问题上的具体目标，而不能笼统地照搬上一级的总目标，这样才能使目标落实。但在明确本单位决策目标的同时，还应该知道它上一级的大目标和下一级的更为具体的小目标，这样才有助于深入分析问题，进行有效决策。

（4）处理好多目标问题。许多复杂的决策问题，往往不止一个决策目标，而是有多个，有时各个目标之间还有矛盾。如不能妥善处理多目标问题，就会给决策带来困难。常用的处理办法有两个：一是在不影响决策要求的条件下，采用削减、合并、调整、综合等方法，尽量减少目标数量；二是将决策目标按重要性大小，区分为必须达成的“必须目标”和希望达成的“期望目标”。然后把每类目标按轻重缓急排成先后顺序。将来在选择行动方案时，可以首先把注意力集中在重要的“必须目标”方面，先淘汰那些不能实现这一目标的方案，然后再考虑其他目标的要求；这样就不会因目标众多而无从下手了。

2．预测分析

预测是决策和计划的前提和基础。没有科学的预测，就不能有科学的决策，也不能有成功的计划。管理中各种问题的出现是与管理环境的变化紧密相关的。管理是一种综合系统活动，是一个动态过程。组织内外部影响管理的因素是不断变化的。之所以出现问题，说明组织计划中的一些指标已不再适应变化了的管理环境，必须对组织计划进行调整。调整组织计划，重新进行决策，需要管理人员掌握大量的信息和数据，这些信息不仅包括有关的历史资料，而且包括对未来情况的估计和预测，在预测的基础上对管理问题进行深入的分析。

3．拟订备择方案

制订可行的经营方案的阶段也是发动群众，集思广益的阶段。在这一阶段应当使人们的想法充分地表达出来，就某一单独的管理问题的解决和处理办法，都可以设计出许多具体的实施方案来，并说明各种方案之间的区别和联系。只有存在两个以上的多种可供选择的方案才构成决策。制订各种备选方案是为了管理者比较各种方案，并从中选出一种最适合的方案。

制订方案的基本原则是创造性原则。在西方，比较盛行的一种能够激发人们创造性思维的方法是所谓的“头脑风暴法”。头脑风暴法是在会议上将有关各部门的人都集中在一起，就某一管理问题，如质量管理、如何提高劳动生产率等问题展开无约束的讨论。参加讨论的成员不是固定的，可因问题的性质而选择。在集体讨论过程中，允许每一个讨论者自由地发表自己的看法，鼓励大家提出与他人不同的观点，对一些看起来显得离奇甚至荒唐怪诞的想法也不允许他人批评。

参加讨论的有各层管理者，讨论在一种自然和谐的气氛中展开。实践证明，这种方法确实是激发人们创造性思维的一种行之有效的方法。

4．评价和选择方案

决策就是要对某问题作出最后的处理决定。决策进入到评价与选择经营方案的阶段，所要做的事情就是确定最后的经营方案，这是对各个方案进行全面评价之后，从中选出一个较优方案的工作。在选择方案时，要综合考虑方案实施后的各种结果。选择方案的标准对于某一特定的组织和特定的管理人员来说不一定是最优的，但应是最合适的。这是由于决策总是要面临大量未知的因素，未来的形势也会不断地变化。也就是说，不可避免要经历一定的风险，根本就不可能“全优”。如果力求“全优”，就要权衡大量的因素，左思右想会花费较长的时间，而丢掉时间也就丢掉机会。正确的决策总是以达到目标为基本目的，而要达到目标总要舍弃点什么。选择方案时应注意使用科学适宜的方法。

评价方案可以从三个方面进行比较：

（1）技术方面，选择在技术上先进、实用、技术效果好的方案。

（2）经济方面，选择经济有效，能以最少投入获取更多产出的方案。

（3）社会方面，选择社会效益好，能够更好地满足社会需要的方案。

评价方法，一般可以采用经验判断法，即根据决策者的经验和分析判断能力，对多种方案的利弊得失加以权衡。同时要借助数学方法，即将定性分析与定量分析结合起来，以克服各自的局限性，取得准确的结论。近年来，随着管理科学的发展，决策工作中常用的经济数学方法有：线性规划、决策分析法、决策目标评分法、变动成本法、经济批量模式、边际分析法以及其他各种决策技术（如矩阵决策、树状决策、统计决策、模糊决策等）。这些方法对实现决策的科学化、合理化，弥补经验判断法的不足，具有一定作用。但是，也必须看到运用这些方法的局限性。在决策工作中，主要的还得依靠决策者的思维、判断和创新能力。数学分析方法只能是一种决策的手段，但不能当作唯一的手段。

备选方案经过分析评价，比较优劣就能选定一个或综合一个最好的方案。这就是领导者的决策行为。由于人们进行决策时常会受到许多主客观条件的限制，因而实际上都是按"满意标准"来选定方案的。也就是说选定的只是在目前条件下比较令人满意的切实可行的方案。

决策方案选定以后，还要分析估计决策实施后的影响，可能发生的不良后果及其严重程度、发生可能性的大小等。这样可以采取一些预防性措施，以保证决策方案的实施。

5. 执行和反馈

决策是人们根据预定目标，对未来的行动作出决定。由于各种主客观条件的限制，人们在决策时，对未来事件发生的情况只能作出预测、估计，按照目前条件下令人满意的标准来选定行动方案，这就使得决策方案在实施过程中，难免不会发生偏差。因此，在决策方案选定，并付诸实施以后，还必须通过控制系统，建立一套跟踪、检查、报告制度，随时掌握决策方案的实施情况，以便及时纠正可能出现的偏差，确保决策方案顺利实施。如果由于原决策错误，或者主客观条件发生重大变化，使决策方案的实施将严重影响决策目标的实现时，就需要对决策目标或决策方案进行根本性的修正，这就叫做追踪决策。这种情况是经常可能发生的。追踪决策实质上是对原来问题重新进行一次决策。但它与正常决策还有所区别，比正常决策更为复杂。

由此可见，决策是一个动态的过程，必须遵守一定的程序和步骤。如果任意违反，将会导致决策的失误和混乱。

三、农村经济决策的基本要求

农村经济决策是一个动态过程，必须按照一定的程序，有步骤地进行。除此之外，要保证农村经济决策的科学性还必须满足以下几方面要求：

1. 决策必须建立在调查研究、充分论证的基础之上

调查研究、分析论证是谋事之基，成事之道。科学的决策来源于周密深入的调查研究，来源于对客观形势、相关信息和实际情况、事物规律的充分了解和把握。调查研究、科学论证的过程，就是收集信息、处理信息、判断信息、应用信息的过程。信息丰富，判断准确，决策就会正确；信息不灵，判断有误，决策就会失误。所有决策失误的出现，都与决策者对信息的了解掌握不够和分析判断失误有关。

一个好的决策目标应当具有针对性、前瞻性、可行性、连续性、系统性，这样的决策目标只能建立在调查研究、充分论证的基础之上。

决策信息的收集和处理是决策的重要环节，也是决策科学化的基础。决策是否正确，关键在于能否获取足够数量的准确的信息。离开了相关的信息，决策者就会变成瞎子、聋子，难免步入“盲人骑瞎马，夜半临深池”的险境。作为领导干部，要有捕捉信息的热情、分析信息的习惯和驾驭信息的能力，对信息要有强烈的占有欲。收集决策信息有多种方法：一是创建现代化的信息系统，全面收集信息；二是设立“热线”，定向收集重点信息；三是运用大众媒体，广泛收集信息；四是依托专业部门，收集专业与技术信息；五是使用现代通信手段，收集突发性信息；六是从档案、图书、资料系统中，寻找开发历史信息；七是通过参谋咨询系统，提供深层次的信息；八是深入实际，调查研究，掌握第一手信息。信息收集到之后，要进行精心筛选，去伪存真，去粗取精，作出正确的分析判断。唯有如此，才能把握决策的先机和主动权。

决策归根到底是要解决某个或某些问题，办成某件事情，达到某种目的，消除或缩小现实与要求之间存在的差距。所以，决策者必须有针对性地回答“要干什么”、“怎么干”、“谁去干”、“何时何地动手干”等问题。为此，首先要摸清情况，找准问题症结，然后“对症下药”，方能“妙手回春”。一般来说，调查研究是决策的首要步骤和环节，分析论证是对调研结果的梳理、深化和提升。

2. 决策必须进行多方案综合评价、对比选优

围绕决策目标提出多种可供选择的方案，对决策者来说是绝对必要的。在决策学中，人们把只有单方案而无选择余地的决策称为“霍布森选择”，它源于 1931 年英国剑桥商人霍布森在贩马时，只允许顾客挑选离马厩门口最近的那匹马，这实际上是不让顾客选择。人们把这种别无选择的“选择”称之为“霍布森选择”。事实上，单方案选择很难作出科学决策，是决策之大忌。

决策体制和思路发展到今天，已经走出了“单方案决策”的时代。在瞬息多变的市场经济条件下，要决定一件重要的事项，如果只寻一条路走，那么这条路就有可能是一条走不通的路。一般来说，较大的决策，或战略性决策，总要考虑多种可能性、风险性，设计多个方案。方案越多，选择的余地就越大，决策就可能更加优化。在多种可供选择的方案之间，会有正确、错误之分，即使都是能够实现决策目标的方案，也有优劣之别，因为不同方案投入产出比可能有较大的差别，有的耗时少、花费低而效率高；有的可能代价大、耗时多而效率低。

领导决策过程就是决策方案的优选优化过程。没有两个或两个以上的方案加以比较，就不应当决策，这是科学决策的基本原则。决策过程中，各个方案之间可能互相矛盾甚至互相排斥、冲突，这有利于通过比较辨别不同方案的优势，实现互补，使决策方案得以优化。三峡水利工程开工后，有记者采访工程总设计师，问他三峡工程上马谁的贡献最大。这位总设计师的回答非常出人意料："反对者的贡献最大！"他的这一回答并非言不由衷，他认为正因为一部分领导干部、专家学者几十年来反对上三峡工程，并提出上三峡工程可能出现的种种可怕后果，才促使决策者在三峡工程设计中充分考虑这些弊端和后果，并力求避免留下隐患、带来严重损失，从而进一步优化了工程设计。可见，不同方案、不同意见对决策科学化有着极其重要的作用。

在决策方案对比优选的过程中，应当紧扣实现决策目标这个主题，以能否实现决策目标为首要标准。例如，1981 年中央决定密云水库要确保北京用水，今后就不再为天津供水了。天津用水只能靠滦河下游的潘家口水库解决。为此，天津市确立了引滦入津的决策目标。当时，各方面的专家提出了南线和北线两个方案。有人认为，南线引水投资少，见效快，还能同时解决唐山与沿水道地区的用水问题。而且南线工程上马已 5 年，投资 1.65 亿元，接着进行可以确保提前竣工，既解天津燃眉之急，也节省国家资金。但是，有人却认为要上北线方案，认为北线是直接和单独向天津引水，投资虽然比南线大一倍，工程难度大，时间长，但可以利用一些原有河道，占地少，拆迁任务小，特别是可以保证天津用水这一决策目标的实现。当时的决策者们权衡评估南北两个方案，认为南线方案虽然顾及了唐山和河北沿水道地区用水，却很难保证天津用水，因为唐山是个耗水量非常大的工业城市，容易使天津用水的目标落空。无论南线方案有多少优点，但毕竟偏离了"天津用水"这一决策目标。北线方案虽然投资多、工期长、难度大，但它是单独用水，能够确保天津用水这一决策目标的实现，因此是最佳方案。由于决策者在方案择优过程中，头脑清醒，目标明确，最终作出了正确的决断。①

3．要进行可行性研究

可行性研究是科学决策的根本保障。决策是否科学、可行，是领导者在决策之前必须认真反复论证的重大问题。实践表明，可行性研究能够防止因决策不当造成重大损失。我们以往有些重大决策失误、特别是工程项目的决策失误，大都是由于忽视了可行性研究，不少是先决策、后论证，或者根本不论证。往往是领导者指定了或批准了某工程项目，然后再让专家们作出可行性研究，使可行性研究成为一种形式，或者变成了“必行性研究”。这种可行性研究往往是附和领导意图的官样文章，不仅无益，而且有害，会给领导者的错误决策找到各种所谓根据和理由，借以压制不同意见，以致酿成大错，并一错到底。

不可行性研究是可行性研究的重点。只进行可行性研究，就算研究者再客观，也只能是相对的客观，也会受到研究者自局限性的制约，难免自觉不自觉地掺杂一些诸如个人好恶之类的主观因素，或者被自己心目中设想的美好前景所迷惑。一项决策，难免会遇到种种不利因素和问题，在分析论证时，应当像毛泽东同志指出的那样，从坏处着想，向好处争取，把我们的工作基点放在出现最坏的可能性的基础之上。如果只顾目标，不注意可行性，只讲必要性，不讲可能性，最终很可能因无法实现目标而导致决策失误。因此，进行不可行性研究十分重要。忽视不可行性分析的论证注定是残缺不全的。不可行性研究的目的，是要找出项目实施可能存在的风险、问题，制定相应对策、措施。只有充分考虑了各种不可行性因素的“可行性研究”，才能作为决策的依据。

如果在决策之前认真进行“可行性研究”，特别是进行“不可行性论证”，从正反两个方面对项目进行综合比较分析，不少重大决策失误是可以避免的。

---

① 姜春云. 桥和船——新时期领导方法18篇. 新华出版社：68-94.

4．完善公众参与、专家论证和领导决策相结合的决策机制

建立和完善公众参与、专家论证和领导决策相结合的决策机制，提高决策的透明度，提高决策的民主化程度，坚持按程序决策，是防止和减少决策失误、特别是重大决策失误的根本保证。党的十六大报告强调，要“逐步形成深入了解民情、充分反映民意、广泛集中民智、切实珍惜民力的决策机制”。胡锦涛同志指出：“各级党委和政府要坚持从群众中来、到群众中去的工作路线，倾听群众呼声，反映群众意愿，集中群众智慧，推进决策科学化民主化，创新发展思路，努力使我们的方针政策更好地体现人民群众的利益，使先进生产力和先进文化更快更好地发展起来，不断让人民群众得到实实在在的利益。”各级领导者在作决策时，应当把握好上述原则，把广大人民群众的根本利益始终放在首位，把了解民情、反映民意、集中民智、珍惜民力和“权为民所用，情为民所系，利为民所谋”体现到决策的每一个环节中去。为此要做到：

（1）深入了解民情，这是决策的基础。各级领导干部在进行决策时，务必要深入基层，深入群众，了解实际情况，了解人民群众的愿望、要求和承受能力，这是决策的依据，也是决策客观公正的现实基础。否则，就会丧失这一重要基础。

2003 年，中南某县一家商贸城开发公司包下了当地商贸城的开发项目。由于开发商给的搬迁条件极不合理，施工范围内的 1 100 户居民意见很大，可是该县的领导却在拆迁过程中制定了“四包两停”这一违规的土政策，即要求全县公职人员配合做好被拆迁对象中自己亲属的拆迁安置工作，包括在规定期限内完成拆迁补偿评估工作、签订好补偿协议、腾房并办理各种证件以及协助做好妥善安置工作，否则将实行暂停原单位工作、停发工资处理，甚至开除公职、下放到边远地区工作等。县里还打出了“谁不顾本县的面子，谁就被摘帽子”、“谁工作通不开面子，谁就要换位子”、“谁影响项目一阵子，我就影响他一辈子”的标语。这一政策造成了当地 300 多户居民无家可归和 11 位国家干部、工作人员受到不公正待遇，严重损害了党和政府在群众中的形象和威信。已经被免职的原县委书记在事后反省中认为，县委、县政府的决策没有民意基础是“利民工程”变为“害民工

程”、“行政权力”堕落为“行政暴力”的根本原因。[①]

（2）充分反映民意，这是决策的关键。人民群众既是各项决策的直接受益者，又是决策的具体实践者，他们最了解实际情况，也最能提出切实合理的决策意见和建议，对正确决策具有极重要的意义。所以，各级领导干部在进行决策时，必须切实把人民群众拥护不拥护、赞成不赞成、高兴不高兴、答应不答应，作为衡量各项决策正确与否的根本标准。

史来贺这位党的优秀基层领导干部在这方面就是一个典范。1952年冬，史来贺当上了河南省新乡县刘庄村党支部书记，他用四年时间带领群众改水排涝过上了好日子。1956 年上级来了指示要刘庄所在的夏庄乡 21 个初级社合并为一个高级社并提名他担任高级社社长，但他认为成立高级社时机不成熟，不如以村为单位的小社有利于发展生产，所以拒绝到任，结果他个人挨了批，但刘庄的小社红红火火，而邻乡的大社由于不合乎实际，管理不善，人心涣散，生产遭受很大损失，一年后就解体了。在“大跃进”的日子，各地都在放卫星，但刘庄村坚持只种 0.2 公顷卫星田，没有造成大的损失。“文革”期间，各地都在喊“宁要社会主义的草，不要资本主义的苗”，史来贺却说“咱要除草留苗”。他带领全村老少顶住压力搞生产，先后办起机械厂、面粉厂、食品加工厂、冰糕厂等。党的十一届三中全会之后，各地都在推行家庭联产承包责任制，刘庄的地分不分到户？工厂包不包到人？史来贺戴上老花镜反复琢磨中央文件精神。他认为三中全会的精神实质是解放生产力，发展生产力，刘庄已由传统的自然经济转入了商品经济，2/3 的劳动力已经到了第二、第三产业，集体经济力量雄厚，如果一分了之，必然会阻碍生产力发展。他通过广泛征求群众意见，从刘庄的实际出发，成立了农工商联合社，实行“综合经营、专业生产、分级管理、奖惩联产”的联产承包责任制。50 多年来，史来贺这个刘庄村好带头人，始终以群众利益为决策出发点，坚定地相信、依靠群众，避过了各种政治风浪，抓住每一次的历史机遇，实现了经济社会大发展。如今史来贺虽然已经去世，但刘庄村已成为一个

---

① 姜春云. 桥和船——新时期领导方法 18 篇. 新华出版社：68-94.

拥有 9.1 亿元固定资产、年上缴税收 4 500 万元、人均年收入上万元、户均存款 20 万元以上的“中原首富村”。史来贺最常说的一句话就是：“遇事要有主心骨，不能听风就是雨。千变万变，发展经济、让老百姓过上好日子这一条啥时候也不能变！”[①]

（3）广泛集中民智，这是决策的核心。近年来，各地在重大决策之前，倾听群众的意见和反映也已逐渐成为工作常态，如在网上、媒体上发布决策方案，请广大群众提出意见和建议，然后根据群众意见和建议，修改、选择决策方案。人民群众是物质财富的创造者，也是精神财富和政治财富的创造者。面临着新形势下复杂多变的情况，要解决各种错综复杂的问题，单凭领导者个人或少数几个人的智慧和才能是远远不够的，必须依靠群众的智慧、集体的智慧，群策群力，才能应对自如，立于不败之地。在决策中集中民智，关键是要尊重人民群众的实践，尊重人民群众的首创精神，让人民群众参与决策过程。人民群众的才能、智慧和丰富的想象力、强大的创造力，是科学决策取之不尽的源泉和动力。例如在修建长江三峡工程的过程中，党中央、国务院为全党全国树立了一个广泛吸收各界意见进行重大决策的榜样。这项重大工程，在经过几十年的调查研究、反复论证的基础上，最后由七届全国人大第五次会议通过了《关于兴建长江三峡工程的决议》，决定将兴建三峡工程列入国民经济和社会发展十年规划，由国务院根据国民经济发展的实际情况和国家财力、物力的可能，选择适当的时机组织实施。这一决议以 1 767 票赞成、177 票反对、664 票弃权、26 人未按表决器通过。人大代表中 1/3 未投赞成票，充分说明了这一重大决策的民主化程度。[②]

（4）切实珍惜民力，这是决策的落脚点。领导者在决策时，务必要立足于当地实际，珍惜民力，充分考虑人民群众的实际承受能力，量力而行。如 2004 年，地处革命老区的某市宣布将在市区升级、新建 5 座五星级酒店，全市近 30 家新建或改建的宾馆酒店也正着手进行星级创建工作，工程总投资高达 10 多亿元。正当政府官员们忙于创“星”的时候，该市的干部群众却说这项工程是“政府脸上光，百

① 姜春云. 桥和船——新时期领导方法 18 篇. 新华出版社：68-94.
② 同上。

姓心里慌”。调查显示，该市的星级饭店创建工程资金虽然有一部分来自外商投资，但绝大部分属于政府投资，全市的财政收入并不宽余，经济实力还比较薄弱，城乡困难群体认为政府把有限的资金花在豪华宾馆建设上搞的是“形象工程”。农民说“把保命田拿去建生态公园、五星级宾馆太让人寒心了”。旅游专家则认为，大搞五星级宾馆，不切合本市实际，高档宾馆酒店只能靠公款消费来维持，最终将损害当地老百姓利益。①

（5）建立和完善防范决策风险与失误的科学民主决策制度。改革和完善决策制度，推进决策民主化、科学化，是防范决策风险和决策失误的根本保证。正如邓小平同志所说，“制度问题更带有根本性、全局性、稳定性和长期性”。只有加强制度建设，才能把科学决策落到实处。

民主议政，集体决策，是科学决策的必然选择，也是现代决策制度发展的一大趋势。防止决策失误的重要一环，就是要坚持“集体领导、民主集中、个别酝酿、会议决定”的原则，凡属重大问题都必须经过民主讨论、集体表决，坚决杜绝“少数人说了算”。《中共中央关于加强党的建设几个重大问题的决定》指出：“重大问题的决定，要充分酝酿、协商和讨论，并按少数服从多数原则表决。”《中共中央关于加强和改进党的作风建设的决定》指出：“讨论决定问题，要充分发扬民主，广泛听取意见，严格执行规定程序。”这一系列的规定，对建立和完善集体决策制度，避免决策失误有着十分重要的作用。

南水北调工程就是落实集体决策制度，实现决策科学化、民主化的一个范例。近年来，随着北方持续干旱，水资源短缺已成为制约经济、社会和环境协调发展的重要因素。为此，水利部于 2000 年 9 月，在多年调查论证的基础上提出了《南水北调工程实施意见》，重点分析了北方地区的缺水形势，就南水北调工程的总体布局、近期实施方案、投资结构与筹资方式、生态建设与环境保护等进行了论证，并征求了有关部门和部分资深专家的意见。2000 年 9 月 27 日，国务院召开南水北调工程座谈会，提出南水北调工程的规划和实施要建立在节

① 姜春云. 桥和船——新时期领导方法 18 篇. 新华出版社：68-94.

水、治污和环境保护的基础上，务必做到先节水后调水，先治污后通水，先环保后用水。2000 年 12 月，国家计委、水利部召开南水北调工程前期工作座谈会，部署南水北调工程总体规划工作。此后开展了节水、治污和环境保护专项规划，沿线 44 座城市水资源配置规划，工程总体布局和分期实施方案拟定，水价形成机制和管理体制研究等专项工作，形成了 12 个附件和 45 项专题研究报告，在此基础上形成《南水北调工程总体规划》。在编制总体规划过程中，坚持民主论证、科学选比的原则，认真研究了社会各界和专家的建议，对参与选比的重要线路进行了现场查勘和复勘。参加总体规划的，除水利系统的 10 个规划、设计和科研单位外，还有有关部委的 14 个科研教育单位和沿线省市的有关部门，涉及经济、水利、社会、环境、农业等多个学科的科研人员 2 000 多人。水利部先后召开了近百次专家咨询会、座谈会和审查会，与会专家 6 000 多人次，其中有院士 110 多人次。水利部还将总体规划分送有关部委、省市广泛征求意见，并分别向全国人大和全国政协作了汇报。2002 年 8 月 23 日，国务院总理办公会审议并原则同意了南水北调工程总体规划。2002 年 10 月 10 日，中央政治局常委会议审议通过了南水北调工程总体规划，并要求抓紧实施。正是由于这一重大决策坚持了民主化、科学化的决策原则和程序，才保障了这项工程决策的科学性、正确性。①

社会公示和听证制度是现代社会民主政治建设的一项重要内容，也是实现决策民主化的重要步骤。对那些与人民群众利益密切相关的重大决策，如干部人事任免、收费标准调整、城市规划、土地征用、居民搬迁、环境保护及行政处罚事项等，实行社会公布制度、听证制度，有利于调动人民群众的政治参与热情，扩大公民有序的政治参与；有利于维护人民群众的根本利益，保证决策的正确取向；有利于提高决策的透明度，保证人民群众知情权、选择权的落实；有利于及时倾听民意，增强决策的可行性，防范决策风险；有利于及时发现决策中存在的问题，及时重新决策或追踪决策，避免出现不可挽回的损失；有利于加强人民群众对决策过程的监督，保证决策的公平公正、科学

① 姜春云. 桥和船——新时期领导方法 18 篇. 新华出版社：68-94.

合理。

2004 年初，国家发改委和有关部门举行的两个听证会受到社会各界的关注：一个是民航价格听证会。与会者就机票基准价确定的依据是否合理、机票折扣能否低于六折、票价降低最终靠什么等展开了激烈的争论。另一个就是铁路价格调整听证会。12 名消费者代表在听证会上发了言，他们认为铁路价格调整应特别关注和保护低收入者。在发达国家居民交通费支出占总收入的 10%左右，发展中国家只占 5%左右，而我国一个民工回一次家，往往要用掉 1～2 个月的工资，负担偏重。因此，铁路价格调整应对低收入者予以倾斜。这两个听证会是实现决策公开化、透明化的有益探索，同时也为其他行业的科学决策提供了有益的借鉴和启示①。以往政府有些重大决策，或者秘而不宣，或者向群众征求意见后便再无下文，人民群众缺少知情权，更缺少参与权、监督权。党的十六大报告指出："各级决策机关都要完善重大决策的规则和程序，建立社情民意反映制度，建立与群众利益密切相关的重大事项社会公示制度和社会听证制度。"目前，全国已有相当部分城市在实行与人民群众生活密切相关事项的决策前（如公交水电提价、倒垃圾收费、教育收费等）实行公示或听证制度。事实证明，凡是经过公示或听证然后作出的决策，不但增强了科学性，而且实施起来容易得到群众的理解和拥护。

近年来，随着决策民主化、科学化的推进，各级领导者的科学决策意识明显增强，但仍然存在一些不经科学论证随意决策的"拍脑袋工程"、"领导工程"、"政绩工程"、"面子工程"，给国家财产造成严重损失。出现决策失误以后，鲜见有决策者因决策失误而承担责任或者被追究责任的。法律对决策失误的责任追究难以落实，责任人也往往因此而不以为训，继续做劳民伤财的蠢事。建立与完善决策论证制度和决策失误责任追究制度，实属当务之急。为了增强决策的科学性、正确性，各地进行了多种形式的论证尝试。如 2002 年深圳市专门出台了《深圳市重要经济社会决策事项专家论证办法》，对决策之前要组织专家学者进行可行性论证作出了规定。

---

① 姜春云. 桥和船——新时期领导方法 18 篇. 新华出版社：68-94.

只有建立健全决策系统，才能实现决策程序化、科学化。一个健全的决策系统，好比一台运转良好的流水线。需要决策的事项，必须严格按照“流水线”的操作规程办事，不能有一个程序被疏忽、漏掉，不能有一个环节出错，否则，就不会产生科学的决策结果。

（6）善于辩证思维，提高决策能力和决策水平。实现全面建设小康社会的宏伟目标，要求各级领导干部必须加强学习，学会辩证思维，努力提高决策能力和决策水平，有效地推进各项事业的发展。为此，要做到：一是要放眼全局，正确处理好眼前利益和长远利益的关系。领导者在进行重大决策时，务必从全局、整体利益出发，注意处理好眼前和长远、局部和整体的关系，在经济发展的基础上推动社会进步和人的全面发展；必须着力于提高经济增长的质量和效益，实现速度和结构、质量、效益相统一，经济发展和人口、资源、环境相协调，维持和增强发展的可持续性。也就是说，要尽力避免决策中的短期行为、非理性行为，避免出现“吃祖宗的饭、断子孙的路”的现象。二是要善于运用辩证法，长于逆向思维。辩证法是我国哲学思想的精华。2 500 多年前老子就说过“祸兮福之所倚，福兮祸之所伏”。决策者既要长于从逆境中发现机遇，更要从发展中察觉危机。只有居安思危，方能使决策具有前瞻性。三是要善于抓主要矛盾，增强决策的针对性。对决策者来说，能否抓住决策中的主要矛盾是非常重要的。判断力是对事物本质属性以及事物之间内在联系的深刻揭示能力。决策者只有具备了这种能力，才能在纷繁复杂的事物中，透过现象看本质，抓住主要矛盾，用辩证思维方法，进行科学的归纳、概括、判断和分析，触类旁通，找出解决问题的关键所在；才能分清决策中的主次轻重，有助于工作按计划、分阶段、分层次推进。如深圳机场建设，曾有两套选址方案：其一是在闹市区北部的西乡至黄田地区建机场，其二是在市区南部边缘靠近香港填海修建白石洲机场。两个方案争论不休：持“黄田方案”的人反对“白石洲方案”，认为机场离市区过近，妨碍城市发展，机场本身也无扩展余地，特别是城市噪声和空间限制问题突出。持“白石洲方案”者认为，与香港争客源、争繁荣是主要矛盾，其他问题可以采取一些工程措施解决。最后，国务院派工作组进行考察，听取各方面意见，重新论证，否定了“白石洲方案”，批准了“黄田方案”。这一决策抓住了深圳的长远发展这个主要矛盾，判断准确，把特区的长远发展与机场效益有机地结合起来，是一次成功的决策。四是要见微知著，防止小因素引起大失误。在科学技术飞速发展的今天，对决策者提出了一项新的要求，那就是见微知著，不能忽视细节。2003 年 2 月 1 日，美国“哥伦比亚”号航天飞机返回地面途中，着陆前意外爆炸，飞机上的 7 名宇航员全部遇难。事后调查的结果表明，造成这一灾难的元凶竟是一块脱落的隔热瓦，而隔热瓦只是航天飞机数以百万计的零部件中的一种，脱落的隔热瓦又只是航天飞机上 2 万多块隔热瓦中的一块。在决策方面，也不乏这样的例子。如某地投资几十亿元的制药厂，最后竟连一片药也没生产出来，原因是厂里的设备是从两个国家购买的，设备安装好之后，才发现两种设备之间不能对接。这都警示领导者，在决策过程中一定要见微知著，预测大势。要有敏锐的洞察力，重视细节，防止小的因素酿成大的恶果[①]。

第三节　农村经济决策的方法

决策是人们在改造客观世界的进程中，寻求并实现某种最优化目标的活动，是人们对自己或团体行动的设计和选择。决策随着领导的产生而产生，又随着领导活动的发展而发展，并逐渐成为整个领导过程中最为关键的环节，成为社会生活中最普遍、最具影响力的因素之一。科学决策是指在科学的理论和方法指导下，按照科学的决策程序，运用科学的决策技术，选择行动目标，决定行动方案的行为。因此，在实际工作中我们必须坚持科学的决策，杜绝单凭主观意志、“拍脑袋”决策。因此要做好农村经济决策，就需要决策者在正确决策原则指导下，运用科学的经济决策方法，进行多方案比选决策。决策者在进行决策时，面临的未来情况我们称之为自然状态。农村经济未来发展情况就属于自然状态范畴。根据决策者对自然状态的预测了解程度，农村经济决策可划分为三种类型：

① 姜春云. 桥和船——新时期领导方法 18 篇. 新华出版社：68-94.

（1）确定型决策，即决策者对未来的情况有十分把握，也就是决策者对未来事件发生的条件为已知情况下的决策。其主要特点是：

① 未来事件发生的条件即自然状态（决策人不能控制的因素，如气候状况、产品销售情况等）是完全确定的。

② 选出的最优方案也是确定的。

（2）风险型决策，亦称随机性决策或统计型决策，是指未来事件机遇发生条件的概率为已知情况下的决策。也就是说，决策者对未来的情况无法作出肯定的判断，但可判明其各种不同情况发生的概率。其主要特点：

① 未来事件机遇条件发生的概率是已知的。

② 择优原则是一定的，可以按照最佳期望值原则选出最优方案。

风险决策的关键是能否知道自然状态的发生概率。

（3）非确定型决策，即决策者对未来的情况虽然有些了解，但无法确定各种情况可能发生的概率。也就是指未来事件机遇条件发生的概率不肯定情况下的决策。其主要特点是：

① 未来事件机遇的几种自然状态虽然知道，但不知其发生的概率特征。

② 由于采用的择优法则不同，不同决策人对同一决策问题的择优方案不尽相同。可见，这类决策的条件和结果都是不确定的。

因此，决策的类型不同，所采用的方法也不同，下面逐一进行分析。

一、确定型决策方法

1. 比较收益值法

就是指根据已知方案的收益值的大小来选出最优方案的决策方法。对于确定型决策，由于决策者对决策需用的数据均已掌握，且对未来情况也能确定，因此不难通过一定的评价方法计算出各种方案的收益值，然后加以比较，选出其中收益值最大的投资方案。

例 1 拟建设投资项目，经过市场调查和供需的预测，可行性研究后提出新建、扩建和改建三个备选方案。随着市场需求量的提高、一般和较低的变化，对建厂方案进行决策，选择最优方案。三个备选方案的市场需求量和相应的收益值如表 11-1 所示：

表 11-1　决策收益表

方案 / 收益值 / 自然状态	方案Ⅰ（新建）	方案Ⅱ（扩建）	方案Ⅲ（改建）
需求量较高	1 200	7 500	6 800
需求量一般	6 800	9 000	7 500
需求量较低	2 500	3 000	4 500

按表 11-1 各方案的获利水平，当市场需求量较高时，决策者应选择方案Ⅰ，即新建；当市场需求量为一般时，应选择方案Ⅱ，即扩建；如果市场需求量较低时，应选择方案Ⅲ，即改建方案。由于确定型决策的特点是决策者对未来情况有十分把握，已确知属于哪一种自然状态，所以把三个备选方案在确知自然状态下的收益值加以比较，选出最优方案。决策论指出：决策问题要同时具备若干条件，其中有一条要求就是今后出现哪种自然状态，决策者不能肯定。而确定型决策正缺少这一条，因此它不是严格意义上的决策。

2．盈亏平衡分析法

（1）盈亏平衡分析法概念。盈亏平衡分析法也称本利分析法或保本分析法。其基本思路是：根据产量、成本、价格和利润之间的数量关系，计算盈亏分界点，来进行经济决策的一种方法。在运用这种方法进行决策之前，首先要明白固定成本与可变成本的概念，并且懂得如何区分固定成本与可变成本。其次要明白盈亏平衡点的含义。

① 盈亏平衡点又称零利润点、保本点、盈亏临界点、损益分歧点、收益转折点。通常是指全部销售收入等于全部成本时（销售收入线与总成本线的交点）的产量。以盈亏平衡点的界限，当销售收入高于盈亏平衡点时企业赢利，反之，企业就亏损。盈亏平衡点可以用销售量来表示，即盈亏平衡点的销售量；也可以用销售额来表示，即盈亏平衡点的销售额。

② 固定总成本和不变成本。固定总成本是指不随产品产量及销售量的增减发生变化的各项成本费用，主要包括非生产人员工资、折

旧费、无形资产及递延资产摊销费、修理费、办公费、管理费等。可变成本是指随产品产量及销售量增减而呈正比例变化的各项费用，主要包括原材料、燃料、动力消耗、包装费和生产人员工资等。

不变成本是进行短期分析时所使用的一个概念。在长期内，由于投入的所有成本都会发生变化，例如企业可以通过扩建厂房、购买设备，或卖掉厂房、设备，增加或减少成本来改变各种成本支出。因此，从短期看，企业的成本分为可变成本与不变成本，但从长期看，所有成本都是可变成本。这种方法也有一定的局限性。

（2）盈亏平衡点分析。指企业收入和成本相等的经营状态，即边际贡献等于固定成本时，企业所处的既不赢利也不亏损的状态。顾名思义，盈亏平衡点分析就是用于确定公司盈亏平衡时所需达到的销售量的一种分析方法。为了进一步分析需要明确以下几个概念：边际贡献、边际贡献率和变动成本率。

边际贡献是管理会计中一个经常使用的十分重要的概念，它是指销售收入减去变动成本后的余额，常常被人们通俗地称作毛利。

边际贡献率：边际贡献在销售收入中所占的百分比，其公式为：

边际贡献率=（边际贡献/销售收入）×100%

如果是一种产品，则：

边际贡献率=（单位边际贡献/单价）×100%

如果是多种产品，则：

边际贡献率=∑（每种产品的边际贡献率×该产品销售收入占全部销售收入的比重）

通常，边际贡献率是指产品边际贡献率。

边际贡献率，可以理解为每1元销售收入是边际贡献所占的比重，它反映产品给企业作出贡献的能力。

与边际贡献率相对应的概念是“变动成本率”，即变动成本在销售收入中所占的百分比。其公式为：

变动成本率=（变动成本/销售收入）×100%

变动成本率与边际贡献率之和为1，因为变动成本总额与其边际贡献总额之和正好等于销售收入总额。因此，变动成本率通常是指产品变动成本率。

边际贡献方程式是在损益方程式中体现出边际贡献的大小，以明确表达本量利之间的数量关系。

利润=销量×单位边际贡献－固定成本

（3）盈亏平衡点的计算公式。按实物单位计算：盈亏平衡点=固定成本/（单位产品销售收入－单位产品变动成本）按金额计算：盈亏平衡点=固定成本/（1－变动成本/销售收入）=固定成本/贡献毛益率

例 2　单一产品企业盈亏平衡点分析

假设某企业生产一种产品，其单价为 9 000 元/件，单位变动成本为 7 000 元/件，固定成本为每年 40 000 元，计算该企业的盈亏平衡点销售量。

$$盈亏平衡点销售量=\frac{40\,000}{9\,000-7\,000}=20(件)$$

这个销售量说明该企业的年销售量不能低于 20 件，否则企业就盈亏不平衡，会发生亏损。

例 3　多品种产品企业盈亏平衡点分析对于多品种产品企业来说，一般是通过销售额来计算盈亏平衡点：

$$盈亏平衡点销售额=\frac{40\,000}{(9\,000-7\,000)\div 9\,000}=180\,000(元)$$

这个销售额说明该企业的年销售额不能低于 180 000 元，否则盈亏就会不平衡，会发生亏损。

（4）盈亏平衡法进行决策的思路：

① 研究产量、成本变化与利润变化之间的关系。

利润＝收入－成本＝产量×产品单价－（固定成本+可变成本）＝产量×产品单价－固定成本－产量×单位可变成本

② 确定盈亏平衡点的产量。盈亏平衡点产量是指企业不盈不亏时的产量。企业家从事企业经营的目的就是为了获得利润，影响利润的因素很多，但最不确定的因素是销售量。所以管理者总是希望抛开销售量的因素，先找出本企业的盈亏平衡点产量是多少，然后看某个方案所带来的销售量是多少。如果一个方案的销售量大于盈亏平衡点产量，说明该方案有利可图，是可取的；否则就会亏本，是不可取的。所以盈亏平衡点产量也是决策的一个重要依据。盈亏平衡点分析法研

究产量、成本等因素对利润的影响，它把重点放在寻找盈亏平衡点的产量上。

根据前述有关各个量之间的关系，可以求得：

盈亏平衡点产销量＝固定成本/（产品单价－单位可变成本）

③ 确定经营安全率。它是利用盈亏平衡点法的原理来表示经营状态的一个重要指标，是指产品赢利销售量比实际销售量的百分比。分数越高，安全率也越高，说明企业经营状况越好，经营安全率的计算公式如下：

经营安全率=[（实际年销产量－盈亏平衡点产量）/实际年产销量]×100%

盈亏平衡点分析法是一种在企业里得到广泛应用的决策分析方法。它的应用范围很广，可以用于确定保本和保利润销售量；确定最佳的价格水平和质量水平；确定选用什么样的技术来生产某种产品；分析各种因素变动对利润的影响；判断企业经营安全状况等诸方面。

例 4 已知某企业年固定成本额为 20 万元，单位产品变动成本为 10 元，产量销售价格为 20 元，问（1）要实现盈亏平衡，企业产品的产量应达到多少?（2）若企业要赢利 10 万元，企业产品的产量应达到多少?

盈亏平衡点产销量＝200 000/（20－10）＝20 000（台）

根据：目标利润＝产量×单价－固定成本－产量×单位可变成本，可得：

赢利 10 万元的产销量＝（200 000+100 000）/（20－10）

＝30 000（台）

例 5 某企业生产某种产品，售价为 500 元/台，固定成本为 1 000 万元，单位变动成本为 300 元/台，年销售量为 75 000 台，求经营安全率是多少?

盈亏平衡点产销量＝10 000 000 元/（500－300）＝50 000（台）

经营安全率＝[（75 000－50 000）/75 000]×100%=33%

根据安全率来判断企业经营安全状况，见表 11-2。

表 11-2 根据安全率判断企业经营安全状况

经营安全率/%	＞30	25～30	15～25	10～15	＜10
经营安全状态	安全	较安全	不太安全	警惕	危险

二、风险型决策的方法

风险型决策的特点是影响或决定决策项目的各种因素是否会发生，决策者在事前不能可定，只能估计未来各种因素发生的概率。常用以下两种方法。

1．最佳期望值原则法

最佳期望值原则法首先要计算出每个备选方案的期望值，然后选出期望收益最大者或期望损失最小者为最佳方案。

例 6 案例资料：

以表 11-3 资料为例，就已经知道各个状态下的概率来说明风险型决策的原理。

表 11-3 不同需求状态下的收益 单位：万元

状态	概率	收益值			
		A	B	C	D
畅销	0.4	200	150	360	290
一般	0.3	70	60	140	250
较差	0.2	40	－70	20	30
滞销	0.1	－130	－180	－20	－80

方案 A 的期望收益值=200×0.4+70×0.3+40×0.2－130×0.1=96 万元
方案 B 的期望收益值=150×0.4+60×0.3－70×0.2－180×0.1=46 万元
方案 C 的期望收益值=360×0.4+140×0.3+20×0.2－20×0.1=188 万元
方案 D 的期望收益值=290×0.4+250×0.3+30×0.2－80×0.1=189 万元
D 方案期望收益值最大，故选择 D 为最佳方案。

2．决策树分析法

当决策涉及多种方案选择时，一般采用决策树分析法进行研究。采用这种方法，对各种方案以及这些方案可能性的大小，可能出现的概率及其可能产生的后果，都简明地画在一张图上，其伸出的线条像树枝，整个图形像棵树，故得名决策树。利用这种方法分析问题时，同样是以损益期望值为标准对方案进行评价，所不同的是，它把决策中的多种方案及其面临的条件用树枝图形表示出来，使分析简单化、条理化。尤其是在可行方案较多，未来周期较长，需要进行多级决策时，这种方法就更为适用。

决策树法是把影响各方案的有关因素，如自然状态、概率、损益值等，画成一张树形图，通过计算，在图上进行决策。

例 7 南方医院供应公司是一家制造医护人员的工装大褂的公司。该公司正在考虑扩大生产能力。它可以有以下几个选择：（1）什么也不做；（2）建一个小厂；（3）建一个中型厂；（4）建一个大厂。新增加的设备将生产一种新型的大褂，目前该产品的潜力或市场还是未知数。如果建一个大厂且市场较好就可实现 100 000 元（人民币）的利润，如果市场不好则会导致 90 000 元（人民币）的损失。但是，如果市场较好，建中型厂将会获得 60 000 元的利润，市场不好则损失 10 000 元。当然，还有一个选择就是什么也不干。最近的市场研究表明市场好的概率是 0.4，也就是说市场不好的概率是 0.6。参见图 11-1。

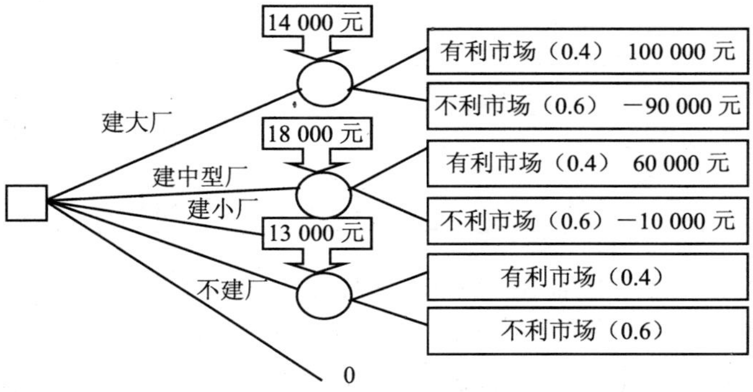

图 11-1 决策树分析

在这些数据的基础上，可计算出各种条件下预期收益值，经过比较就可选择出最佳方案。

建大厂收益值=0.4×100 000+0.6×（−90 000）=−14 000 元

中型厂的收益值=0.4×60 000+0.6×（－10 000）=18 000 元

建小厂的收益值=0.4×40 000+0.6×（－5 000）=13 000 元

不建厂的收益值=0

根据计算的预期收益值可看出，南方公司应该建一个中型厂。

根据决策树法进行风险型决策时可采用以下步骤：

第一步：画决策树图。首先画一个方框，作为出发点，叫做决策点；从决策点画出若干条直线，每条线代表一个方案，叫方案枝；在每个方案枝的末端画一个圆圈，叫做方案点或机会点；再从这个点引出若干条直线（即概率分支），表示方案面临的条件（或自然状态），叫概率枝；在概率枝末端画一个方块或三角形，叫结果点，在它后边记上相应自然状态下的损益值。

第二步：计算损益期望值。首先在结果点填上相应的期望值，然后在机会点上面填上各方案的相应期望值。

第三步：比较期望值选优。比较各个方案的损益期望值的大小，进行剪枝选优。

决策树分析方法，比较直观，可以使决策者将各个方案在不同阶段的情况一步步展开，并按科学的推理步骤去全面考虑各种有关因素，它思路清晰，阶段明显，便于决策者集体讨论研究。因此，在决策工作中已得到广泛应用。

三、非确定型决策的方法

非确定型决策方法，在对决策项目进行方案比较时，虽然不同方案在不同的自然状态下的收益值可以计算出来，但对各种方案可能出现的概率却无法估计，这类问题统称为非确定型决策。对这类问题进行分析时，一般采用下列三种方法。即一是小中取大法；二是大中取大法；三是大中取小法。

（1）小中取大法，又称最小最大收益法、悲观法则。这种方法是选出各个不同方案中分别找出不同条件下经济效果的最小值，再将不同方案中的最小收益值彼此进行比较，最后从中选取其值之最大者，即为最优方案。

例 8　某基建项目经过可行性研究，提出了新建、扩建和改建的三种方案，其产品的销路则估计出现三种情况，即：销路较好、销路一般、销路较差。但每种情况出现的概率却难以预测。各方案的年盈亏（亏损用负数表示）如表 11-4 所示。

表 11-4　决策收益表　　单位：万元

方案 收益值 自然状态	方案Ⅰ（新建）	方案Ⅱ（扩建）	方案Ⅲ（改建）
需求量较高	700	500	250
需求量一般	400	300	150
需求量较低	−500	−300	50
各方案最小收益值	−500	−300	50

从表 11-4 可知，将各方案的最小值相比，显然，以第三方案为最大，在需求量较低的情况下，方案Ⅰ、方案Ⅱ分别亏损 500 万元和 300 万元，而方案Ⅲ仍然获利 50 万元，因而，方案Ⅲ视为最优方案而被选用。这是一种比较保险的方案选择的方法。

（2）大中取大法，又称乐观法则。它以最好的打算来决策，从每个方案中选取最大值，然后再从各方案最大值中选取最大者为最优方案。表 11-4 中各方案的最大值分别为 700、500、250，它们分别表示每种方案遇到畅销时的利润额。按照大中取大法，应采取方案Ⅰ为最优方案。这样，当遇到最有利的销售状态时，将获得更多的利润。

（3）大中取小法，亦称最大最小后悔值法。就是选择一个作出决策后最不感到后悔的方案。这种决策方法，是选找出各个方案的最大后悔值，经过互相比较，从最大后悔值中选择后悔值最小的方案作为最优方案。仍以上面的例子来计算各方案的后悔值如下：

需求量较高时：方案Ⅰ后悔值　700−700=0
方案Ⅱ后悔值　700−500=200 万元
方案Ⅲ后悔值　700−250=450 万元
需求量一般时：方案Ⅰ后悔值　400−400=0
方案Ⅱ后悔值　400−300=100 万元
方案Ⅲ后悔值　400−150=250 万元

需求量较低时：方案Ⅰ后悔值　　50－（－500）=550 万元
方案Ⅱ后悔值　　50－（－300）=350 万元
方案Ⅲ后悔值　　50－50=0

表 11-5 中计算的各种方案最大后悔值：方案Ⅰ后悔值为 550 万元；方案Ⅱ后悔值为 350 万元；方案Ⅲ后悔值为 450 万元，各方案后悔值相比较，以方案Ⅱ350 万元为最小，所以选择方案Ⅱ（即扩建方案）为最优方案。这样的情况下，即使销售量最为不佳的情况下，机会损失最小。

表 11-5　决策收益表　　单位：万元

方案 / 后悔值 / 自然状态	方案Ⅰ（新建）	方案Ⅱ（扩建）	方案Ⅲ（改建）
需求量较高	0	200	450
需求量一般	0	100	250
需求量较低	550	350	0
各方案最小收益值	550	350	450

对于解决非确定型决策问题，理论上还不能证明哪一种评选方法是最合理的；因此，实际工作中采用哪种方法，还带有一定程度的主观随意性。最后如何解决，还得由决策者判断。

思考题

1. 简述农村经济决策的作用。
2. 简述农村经济决策的原则。
3. 简述农村经济决策的基本要求。